中国北方危機言語のドキュメンテーション

ヘジェン語／シベ語／ソロン語／ダグール語／シネヘン・ブリヤート語

李林静・山越康裕・児倉徳和＝編著

三元社

目　次

まえがき ……………………… 1

アルタイ諸言語　　　　　　　　　　　風間伸次郎 ……………… 3

    1. 中国北方の少数民族言語　3

    2. 危機言語におけるドキュメンテーションの緊急性　4

    3. アルタイ諸言語と類型論的なタイプとしての「アルタイ型」言語　4

    参考文献　6

ヘジェン語　　　　　　　　　　　　　李林静 ……………… 7

    概説　8

    ヘジェン語の音素目録　9

    主要接尾辞一覧　10

    略号一覧　11

    テキスト1．熊狩り　12

    テキスト2．臨時住居の建て方　18

    テキスト3．民間療法——黄疸の治し方　25

    テキスト4．会話1——何淑珍氏の生い立ちについて　31

    テキスト5．会話2——七夕、葡萄の育ち具合　40

    コラム　魚の食べ方いろいろ　53

    参考文献　54

シベ語 　　　　　　　　　　　児倉徳和 ……………… 55

概説 56

シベ語の音素目録 58

主要接尾辞一覧 58

略語一覧 60

テキスト1．オウムの話（民話） 61

テキスト2．イリ河 78

コラム　シベ族の移住——西遷 99

参考文献 100

ソロン語 　　　　　　　　　　風間伸次郎 ……………… 101

概説 102

ソロン語の音素目録 103

主要接尾辞一覧 103

略号一覧 105

テキスト1．黒い龍と白い龍 106

テキスト2．シャーマンやオヲーについて 132

コラム　モンゴルの影響を強く受けた遊牧の文化 158

参考文献 159

ダグール語　　　　　　　　　　山田洋平 ……………… 161

概説　162

ダグール語の音素目録　163

主要接尾辞一覧　164

略号一覧　165

テキスト 1. 大根三姉妹の民話　166

コラム　ダグールの食文化　203

参考文献　204

シネヘン・ブリヤート語　　　　　　山越康裕 ……………… 205

概説　206

シネヘン・ブリヤート語の音素目録　207

主要接尾辞一覧　208

略号一覧　209

テキスト 1. 白鳥の羽衣　211

テキスト 2. 豚占い師　222

テキスト 3. ブリヤートからシャーマンがいなくなったわけ　236

コラム　伝統文化と近代技術の融合　248

参考文献　249

執筆者紹介　251

まえがき

編者

　本書は成蹊大学アジア太平洋研究センター叢書であり、また、同センターの助成によるプロジェクト「近代中国の危機言語と言語政策」の研究成果の一部です。本書では、中国北方（東北部＆西北部）で使用されるツングース語族（ヘジェン語、ソロン語、シベ語）・モンゴル語族（ダグール語、シネヘン・ブリヤート語）のいくつかの言語のテキスト（言語資料）を収録しています。いずれもそれぞれの言語を専門に調査する言語研究者が現地に赴き、話者の話す自然な発話を採録し、それを文字化し、分析を加えたものです。

　20世紀後半以降、世界の言語状況はかつてないほど急速に変化しています。現在世界に存在する6000〜7000の言語の大半は、次世代・次々世代への母語の継承が困難な危機言語であるといわれています。社会的に優勢な大言語に押され、言語の消滅へと向かっていく状況は、中国でも見受けられます。中国の国境周辺にはさまざまな少数民族言語が分布しており、その大半は多かれ少なかれ漢語（＝中国語）の影響を受け、徐々に話者が減少している状態にあります。本書で扱った五つの言語も、程度の差こそあれ危機的な状況にあるという点で共通しています。

　こうした状況の中、少数言語を研究対象とする言語研究者が取り組んでいる研究に「言語の包括的記録（言語ドキュメンテーション）」があります。当該言語の音声を（とくに近年では映像とともに）記録し、情報を付与して加工・公開し、恒久的に保存しようという研究手法です。こうして蓄積される言語資料を文字化したものの一つが、本書に収録されているようなテキスト（言語資料）です。

　テキスト（言語資料）というと、「話者がしゃべったことをそのとおりに文字に起こすだけ」の簡単な作業であるかのように取られることもあります。しかし、無文字言語で、なおかつ音韻・文法構造が解明されているとはいいがたい言語のテキストを成形するためには、非常に困難な作業が連続します。音声をどのように表記し、語と語をどのように区切り、また語内部の要素（形態素）をどのように区切るか、それぞれの要素が果たす文法役割にどのようなラベル付けをするのか、といった数々の悩ましさを解決するためには、当該言語の体系を把握したうえで、論理的に分析する必要があります。この分析は、分析者、つまり言語研究者自身の文法観が具現化したものといってもよいでしょう。この点において、母語話者が（独自に表記法を考案して）書き起こすような資料と、言語研究者が客観的に分析したテキストには決定的な差があるといえます。

　その決定的な差を見せているのが、「原文・グロス（文法情報付き逐語訳）・日本語訳」の、とくに中段の「グロス」です。この「グロス」があるかないかで、当該言語の構造を読み手が把握するための難易度が大きく変わることは想像がつくかと思います。「グロス」のつけ方はさまざまですが、近年ではドイツのマックス・プランク進化人類学研究所の言語学部門が提案した Leipzig Glossing Rules に準拠するテキストが増えています。本書も基本的な部分は Leipzig Glossing Rules に沿い、それぞれの言語の特性を把握しやすくするために、各自で文法情報を付け足しています。これらを統一することも検討しましたが、上記のとおり「研究者自身の文法観」を反映するために、厳格に統一することを避けています。同じく、原文の文法構造をある程度反映させるために、日本語訳も「こなれた」日

本語ではなく、「直訳調」の日本語になっています。

　分析されたテキストは、当然ながら当該言語のさらなる構造解明にも重要な役割を果たします。本書に収録されている5言語は、本書内で風間伸次郎氏が言及しているように「アルタイ型」の構造を有するという点で共通しています。この類型に含まれる言語の最大の特徴は、一つの文の中に多くの節を含む節連鎖構造（鎖型動詞連続：本書 p. 5 参照）を有する点です。この節連鎖構造は、単文ごとの聞き取り調査では得られにくいのですが、話者の自然な発話を収録した本テキスト集のような資料では非常によく観察されます。

　また、特定の文法事象の解明の手がかりとすることを目的にテキストを収集することもあります。たとえばシベ語のテキストでは、話者の経験に基づいた視点から語っているのか、もしくは客観的な視点から語っているのかで補助動詞が使い分けられていることがテキストから読み取ることができます。つまり、このシベ語のテキストはこうした補助動詞の用法、話者の視点による表現方法の差異といったことを細かく分析するきっかけとなる資料と言えるでしょう。

　さらに本書のようなテキスト集は、同じく風間氏が言及しているように、単なる「用例」の羅列ではなく、当該民族の文化を知る上でも貴重な資料となります。たとえばソロン語、シベ語、シネヘン・ブリヤート語のテキストの中にはシャーマンに関する民話が、ヘジェン語のテキストには民間療法についての語りが収録されています。こうした民話や語りからは彼らの精神世界をうかがい知ることができます。またダグール語のテキストでは大根と人参と二十日大根が主役となっています。狩猟・漁撈を主たる生業としてきたツングース系の人々、牧畜を主たる生業としてきたモンゴル系の人々に伝わる民話には動物が主役となる民話は多いのですが、野菜が主役となる話はそれほど見られません。こうした野菜が主役となる民話が伝わっているのも、比較的早い時期から農業も生業の一つとしてきたダグールならではといえるでしょう。原文・グロスの分析が難しい場合には、まずは日本語訳の箇所を読むだけでも、それぞれの言語を話す人々の世界観を楽しむことができるはずです。

　上述のとおり、本書に収録した5言語はいずれも次世代への母語の継承が危ぶまれる危機言語です。なかでもヘジェン語は母語話者が5人以下となっており、こうした言語調査の場を除くと、すでに日常生活では用いられなくなっています。このような状況で、本書はヘジェン語の母語話者同士が日常的な話題について会話する場面を収録した貴重な記録となっています。次世代のヘジェンの若者たちが、自らのアイデンティティの一つでもあるヘジェン語の姿をとらえたいという思いを抱いた際に、こうした記録が活用されることを願ってやみません。

　本書の刊行に際し、原文・グロス・日本語訳という三段組のスタイルに加え、発音記号や漢語表記のための簡体字などが入り混じる複雑な原稿を丁寧に編集・組版してくださった石田俊二社長はじめ三元社のみなさまに御礼申し上げます。また、こういったテキストの収集・公開は研究者の手によってのみ成立するものではありません。自らの言語でそれぞれの話を語り、公開することを認めてくださった母語話者および遺族の方々、調査にさまざまな便宜を図ってくださった現地コミュニティの方々の協力なしには本書は完成することはありませんでした。末尾になりますが、改めて調査協力者・現地のみなさまに厚く御礼申し上げます。出版の機会を与えてくださったアジア太平洋研究センターにも改めて感謝の意を表します。本書が中国北方少数民族言語の記録と保存に関わる活動の一助となれば幸いです。

2018年1月　　　　　　　　　　　　　　　　　　　　　　　　　　　　　　　　　　　編者

アルタイ諸言語

風間伸次郎

1. 中国北方の少数民族言語

　中国には独自の言語を持つ少数民族が多数存在する。中国政府によれば、中国国内には漢民族の他に 55 の民族があるとされている（ただし、実際にはもっと多数の民族や言語の存在することが明らかになっている）。南方にはチベット・ビルマ語族やタイ・カダイ語族、ミャオ・ヤオ語族の言語が分布する。西方にはやはりチベット・ビルマ語族の言語とともにアルタイ諸言語のうちチュルク語族の言語が分布する。これに対し本書が扱っているのは、中国の主に北方に位置する少数民族言語であり、どれもいわゆるアルタイ諸言語に属する諸言語である。アルタイ諸言語は上記のチュルク語族の他、モンゴル語族とツングース語族からなる。この三つの語族内部の言語の系統関係は明白であるが、三つの語族間の関係はなお不明である。同系統であるとする説もあるが、それぞれが別起源であって、影響によって互いに似て来たという可能性も否定できない。ツングース諸語の中からはソロン語とヘジェン語とシベ語、モンゴル諸語の中からはシネヘン・ブリヤート語とダグール語が取り上げられている。残念ながらチュルク諸語の言語は含まれていない。ツングース諸語はロシアへと北に広がっており、モンゴル諸語はモンゴル国とアフガニスタンなどの西方に、北方はやはりロシアに広がっている。チュルク諸語はウズベキスタンやカザフスタンなど中央アジアからトルコ、さらにその北のヨーロッパに、北方ではシベリアにも広がっている。

　この地域の諸言語は、特に言語接触の観点から注目すべき存在である。詳しくは各言語の概説を参照されたい。ここでも少し触れておくならば、まずソロン語とダグール語はより北に故地を持ち、清の政策などにより現在の分布地域へと移された。ともに満洲語の影響を受け、ソロン語およびハイラルのダグール語はモンゴル語の影響も強く受けている。シベ語はやはりより古い時代にモンゴル語の影響を受けたものと考えられる。現在はウイグル語をはじめとする近隣のチュルク諸語の影響も受けている。シネヘン・ブリヤート語も、ソロン語、ダグール語とともにモンゴル語の影響下にある。上記の三言語を共に解する者も多く、互いの言語をよく理解する。したがってハイラルおよび周辺の地域は、一つの言語地域をなすといってもよいだろう。ヘジェン語はツングース諸語の歴史研究において、重要な位置を占める言語である。音対応の上からは、より東に位置するウデヘ語やオロチ語との類似を示すが、文法や語彙をはじめ違いも非常に大きい。文化的にはより下流に分布するナーナイ語と共通しており、その影響を受けたことは疑いない。他方、上流の満洲語の影響も大きく受けてきたものと考えられる。

　どの言語も現在は漢語（中国語、他の中国の少数民族の言語と区別するため、以下では一貫して漢語とよぶ）のきわめて強い影響を受けていることはいうまでもない。

2. 危機言語におけるドキュメンテーションの緊急性

　本書で扱われている諸言語はいずれも、消滅の危機に瀕している「危機言語」であり、その話者は減少の一途をたどっている。詳しくは各言語の概説を参照されたい。特にヘジェン語の話者はもはや老年層にわずかに残るのみであり、他の言語も漢語の強い影響下にあって、若い世代によく受け継がれているとは到底言い難い状況にある。

　同時に、本書で扱われている諸言語はいずれも「無文字言語」であって、基本的に書き言葉による資料の蓄積がない。したがってその記録（＝ドキュメンテーション）は急務である。

　特に、音韻から文法、語用論に至るまでの包括的な言語研究のためには、いわゆるエリシテーション（聞き出し）によって得た資料だけではなく、自然な前後の文脈を備えたまとまった量のテキストの記録、分析、公開が重要となる。さらに、テキストは必然的にその民族の文化や精神世界などについての重要な情報を多く含むものであり、やはりきわめて重要である。テキストは民族学、文化人類学、口承文芸研究など、言語学以外の他の学問分野にとっても貴重な資料を提供するものとなる。

　しかしテキストの記録・分析・公開には大きな時間と労力を要する。そのため、文法の問題を扱う論文等に比べ、なかなか成果公開が進まない状況にある。

3. アルタイ諸言語と類型論的なタイプとしての「アルタイ型」言語

　ここでは日本語という言語の類型、および日本語に似たタイプの言語、という観点から、本書で扱う言語の特徴について若干述べることにする。下記に関してより詳しくは、風間（2015）を参照されたい。

　ツングース諸語とモンゴル諸語とチュルク諸語、この三つの言語群は共にいわゆるアルタイ諸言語を形成する。たしかにこの三者の間には人称代名詞の形式をはじめとする無視できない類似が認められるが、上述のように、この三者の間の系統関係はなお不明であり、別起源の三つのグループの言語が、言語接触によって互いに似てきた可能性も考えられる。他方、それぞれの諸語の内部の親縁関係は明白であり、それぞれツングース語族、モンゴル語族、チュルク語族と呼んでもかまわない。きわめておおまかな分類では、ツングース諸語とモンゴル諸語は10、チュルク諸語は27ほどの言語からなるといえる。

　アルタイ諸言語は類型論的にみて日本語と最もよく似た言語の一つである。形態的にはもっぱら接尾辞による膠着的性質をもち、統語的にはSOV語順（S: 主語、O: 目的語、V: 動詞）で、なおかつかなり厳密な修飾語-被修飾語の語順をとる。オーストロネシア語族の言語をはじめ日本の南に位置する諸言語が、もっぱらSVO語順やVSO語順で、接頭辞や接中辞を豊富に有し、かなり徹底した後置修飾であるのとはまさに対称的である。

　亀井・河野・千野（編）（1996: 28-29）はすでに「アルタイ型言語」という言語類型を提案している。その定義は「語または要素（形態素）が一定の「連辞関係」に従って、一定の配列の中にそれぞれの位置をもち、それが文法機能を果たしている」ような言語であるという。残念ながらこの言語類

型についてそれ以上の詳しい特徴は述べられていないが、アルタイ諸言語、朝鮮語、日本語、さらにインドのドラヴィダ語族の言語もこのアルタイ型言語であるという。言語は体系的にできているので、ある一つの特徴を持っていれば、それは他の面にも影響する。したがってある特徴は他の特徴の存在の必然的な理由となる。これを有機的な「内的関連」を持つ諸特徴と呼ぼう。そのような一連の内的関連を持つ諸特徴の束こそが、一つの言語類型であると考えられる。この観点から、「アルタイ型」言語について再考してみたいと思う。

アルタイ諸言語に対峙していてまず強く感じることは、日本語の連体形や連用的な諸形（V ナガラ、V テ、V ト、V バ、V タラ、V ノデなど）にあたるような動詞の諸形式がきわめて多用されている、ということである。以下では連体形に相当する形式に形動詞、連用的な諸形式に副動詞の用語を用い、両者を合わせたものを準動詞 (verbal) と呼ぶことにする。この「準動詞優位」という点を中心に、「アルタイ型」言語というタイプについて整理してみよう。

アルタイ諸言語において、連体修飾節はもっぱら形動詞によって形成される。一般的な欧米の印欧語（以下 SAE: Standard Average European とする）の多くで区別される関係節も補文節も、等しく形動詞によって形成される。アルタイ諸言語の形動詞は、そのままで名詞的にも用いられ、格などの形式を取り得る。これは、日本語の古文における連体形の準体法に似ている。形動詞に場所を表す格がつくと、時間節を形成するが、これも古文と同様である。

副動詞についてみると、SAE には基本的にこれに対応するものがないため、副動詞に関する理論的・類型論的な研究は遅れている。日本語やアルタイ諸言語で多用される副動詞というものが、なぜ SAE には必要ないのだろうか？　それはもっぱら定動詞形と諸種の接続詞（and, if, because など）が用いられるためである。このことは、もっとも頻度が高い連鎖である「物語的連鎖（narrative chain）」、つまり時間の流れに沿った継起的動作、を見ればすぐにわかる。日本語やアルタイ諸言語では「私は朝起き<u>て</u>、顔を洗っ<u>て</u>、でかけた。」のように終止形とは異なるテ形（アルタイ諸言語では継起副動詞）によって表現されるのに対し、SAE では定動詞形を and のような接続詞によって繋ぐ。これはそれぞれ鎖型動詞連続（verb chaining）と団子型動詞連続（co-ranking structure）と呼ばれる（亀井・河野・千野（編）(1996: 1106)）。

日本語の特性として、「入れ子型構造」や、「包み包まれの階層構造」（仁田（1985: 81））ということが言われる。これはすなわち、文末述語における諸形式や格助詞のスコープが大きいことを言っているに他ならない。準動詞優位は文末の定動詞が文全体を支配していることと表裏一体の関係にある。

以上にみてきた準動詞優位と内的に関連すると考えられる諸特徴を示すと、次のようになる。

<u>準動詞優位・SOV 語順・修飾語−被修飾語の語順・鎖型動詞連続・接続詞の不在・文法接辞の大きなスコープ・相対テンス・非事実法の不在・条件文と非条件文の連続性・句と節の連続性・単文要素の拡張による複文の形成</u>

先に示したように、こうした内的関連のある諸特徴の束がすなわち「アルタイ型言語」という類型を意味するものと考える。

参考文献

亀井孝・河野六郎・千野栄一（編）（1996）『言語学大辞典 第 6 巻 術語編』東京：三省堂.

風間伸次郎（2015）「対照研究で読み解く日本語の世界――ツングース諸語をはじめとするアルタイ諸言語」『日本語学』34(11): 58-67.

仁田義雄（1985）「文の骨組み――文末の文法カテゴリーをめぐって」『応用言語学講座1 日本語の教育』東京：明治書院.

ヘジェン語

李林静

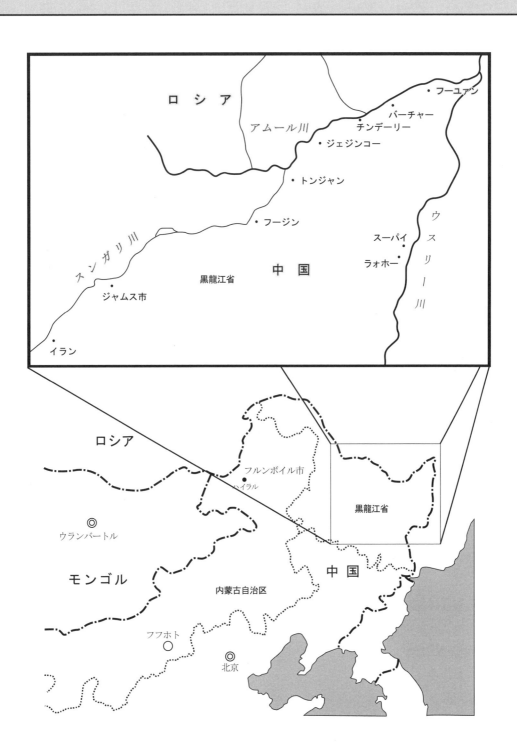

概説

　ヘジェン語[1]は古くから中国黒龍江省アムール川（黑龙江）、スンガリ川（松花江）、ウスリー川（乌苏里江）流域に居住するヘジェン族によって話されているツングース諸語の一つである。現在、ヘジェン族は主に黒龍江省トンジャン市（同江市）ジェジンコー郷（街津口乡）、バーチャー郷（八岔乡）、ジャムス市アオチー鎮（佳木斯市敖其镇）、ラォホー市シーリンズ郷スーパイ村（饶河市西林子乡四排村）の4つのヘジェン民族郷（赫哲民族乡）を中心に居住しており、極く一部だがトンジャン市、ジャムス市、フーユァン県（抚远县）に居住している人もいる。人口は5354人（2010年の国勢調査による）であり、話者数は10人以下と推定される。話者年齢は70代以上で、皆漢語とのバイリンガルである。60代以下の人は漢語しか話せない。ヘジェン語は消滅の危機に瀕している言語であり、言語データの記録・保存の緊急度は極めて高いと見られている。

　ヘジェンの人々は大きくキーレン（奇楞；自称 na nio, na bei）とヘジェン（赫真；自称 na nai）の二つのグループに分けられ、それぞれの話す方言はキーレン方言及びヘジェン方言だとされている。本章はキーレン方言について記録し、分析を行う。キーレンには na nio と自称するグループと na bei と自称するグループがある。na は「土地」の意、nai、nio、bei は皆「人」の意、三つの自称とも「土地の人」の意である。したがって、厳密にいえばキーレン方言はさらに下位分類できると考えられるが、na nio と na bei 両グループの話すヘジェン語には若干の語彙の差が見られる程度であるため、筆者もキーレン方言をさらに細かく分類はしない立場を取る。本章で取り上げるテキスト4、5は na nio と自称する話者と na bei と自称する話者による会話であり、お互いにスムーズにコミュニケーションがとれることが分かる。

　ヘジェンの人々は川、山の近くに居住しており、古くから漢人と共存してきたため、漢人の影響を受け、農耕も営んできたものの、主に漁労、狩猟、採集で生計を立ててきた。漁の対象とする魚の種類はチョウザメ、鮭、カワカマス、鯉、鮒、鯰など。漁のシーズンは春（川の氷が解けた頃）、夏（7月）、秋（10月、鮭が産卵に遡上する頃）である。冬はマイナス30度の中で、厚く凍った川に穴を開け、網を設置し、魚を待ったり、釣り具で魚を釣ったりする。昔は魚を燻製し保存食を作っていたが、1950年代以降捕ったその場で買い取り業者に売るため、保存技術も失われつつある。米、麦、粟、トウモロコシを主食とし、野菜は自家菜園で賄い、漢人と変わらない生活をしている。狩猟に関しては、昔は主に鹿、ノロジカ、イノシシ、熊、狸などを獲っていたが、動物保護法により、80年代から狩猟が禁止されている。採集に関しては、昔は山でベリー（稠李子など）を採り、小麦粉を混ぜ、魚のデンブと一緒に保存していたが、現在そのような保存食を作れる人もいなくなった。夏に行われるシイタケなどのキノコ類の採集は現在も続いており、市場で販売したり、自分たちで食べたりする。農耕は自分たちで営むより、畑を人に貸し出し、レンタル料を徴収する人が多い。

　昔、ヘジェンは魚皮や鹿の皮で服、ズボン、靴など、ノロジカの皮で帽子、筒状の布団などを作っていた。皮を布のようにやわらかくなめす技法や道具も非常に発達していた。1930年代以降、漢人、満洲人、ロシア人から布が手に入るようになると魚皮衣を着ることはほとんどなくなった。近年は博物館の展示品として、魚皮衣が作られている。かなりの経済収入になるので、漢人もヘジェン人に倣って、魚皮製品（展示用や観光客に販売するような服、帽子、携帯ストラップ、巾着などの小物、魚皮でできた絵画などの工芸品）を作っているという。北海道で捕れた鮭の皮をハバロフスク経由で手に入れ、それをなめして使用することもあるそうである。

住居に関しては、昔は夏漁に出かけた時には、チョロアンコ（coloanko；テキスト 2 を参照）と呼ばれる木や草で覆われた円錐形の臨時住居、狩猟の時には、木や白樺の皮でできた円錐形の臨時住居アンコ、冬には半地下竪穴式住居に住んでいた。現在は、普段はレンガの家に起居し、漁の際にはモーターボートで寝泊まりするようになっている。

上述の通り、ヘジェン語の母語保持状況は極めて悪い。日常生活においては使われなくなっており、次世代への継承は途絶えようとしている。近年政府による無形文化遺産保護活動が盛んに行われている。言葉の保護活動としては、同江市、ラォホー市（饶河市）、アオチー鎮（敖其镇）、などにおいて、長編英雄叙事詩イマカン（伊玛堪）の伝承人が何人か立てられ、伝承人たちが古い録音資料を通じ、イマカンを覚え、さらに週 1 〜 2 回の授業を通じ弟子たちに学ばせ、これによりイマカンの語り手を育てようとする活動が見られる。メディアでも間もなく言語や文化が伝承されなくなる民族としてしばしば取り上げられ、記者による取材や研究者によるインタビューが頻繁に行われている。筆者のコンサルタントの中で、普段はヘジェン語をあまり話さないが、取材者に対応するうちに次々と言葉を思い出し上手になっていく話者もいれば、毎年夏、筆者の調査に応じる際しかヘジェン語を口にしない話者もいる。二人の話者にヘジェン語のみで会話するよう注文しても、無意識のうちに会話が漢語に切り替わることが多々ある。そのような時にはすかさずヘジェン語で話すようにと促すが、このような漢語の混ざったヘジェン語ですらいずれは聞けなくなる日が来ることだろう。

ヘジェン語の音素目録

母音音素

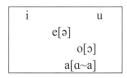

子音音素

		両唇音	唇歯音	歯茎音	後部歯茎音	硬口蓋音	軟口蓋
閉鎖音	無声音	p		t			k
	有声音	b		d			g
摩擦音	無声音		f	s	S[ʃ]		x
	有声音						
破擦音	無声音				c[tʃ]		
	有声音				j[dʒ]		
流音				l			
				r			
鼻音		m		n			N[ŋ]
わたり音		w				y[j]	

主要接尾辞一覧

表1　名詞の格接辞

主格「〜が」	-ø
対格「〜を」	-we/-me
与格「〜に」	-du
方向格「〜へ」	-le/-dule
奪格「〜から」	-tki
具格「〜で」	-ji

表2　動詞の屈折接辞（テキスト内で用いられていないものも含む）

定動詞	直説法	非過去「〜する」	-re / -ren
	命令法「〜しろ」		-ø / -ru
	勧誘法「〜しよう」		-mai
	禁止法「〜するな」		eji…-re
形動詞	肯定	非過去「〜する」	-yi-
		過去「〜した」	-xe- / -xa- / -xo-
	否定	非過去「〜しない」	-Se- 〜 -S-
		過去「〜しなかった」	-Sci-
副動詞	条件「〜したら」		-ki-
	同時「〜しながら」		-mi
	先行「〜してから」		-re

表3　動詞及び所有者人称接辞

	1人称	2人称	3人称
単数	-yi	-si	-ni
複数	-wu	-su	-ti

表4　動詞の派生接辞

ヴォイス	使役態「〜させ（る）」	-kune-
	相互態「〜しあ（う）」	-maci-
	非人称態「〜するものだ」	-uyi
アスペクト	反復反動体「〜し直す、繰り返して〜する」	-rgi-
	恒常体「〜するもの」	-xci-
その他	願望「〜したい」	-kci-
	生理的欲求「〜したい」	-me
	趣向「〜しに行く、〜しに来る」	-a-/-an-

略号一覧

-: suffix boundary 接辞境界

=: clitic boundary 接語境界

1, 2, 3: 1st, 2nd, 3rd person 人称

ABL: ablative 奪格

ACC: accusative 対格

ALL: allative 向格

CAUS: causative 使役

CLF: classifier 助数詞

CLT: clitic 付属詞

COND: conditional 条件

CVB: converb 副動詞

DAT: dative 与格

DIR: directional 趨向

EXCL: exclusive 除外

FIL: filler いいよどみのフィラー

GEN: genitive 属格

IMP: imperative 命令

IMPRS: impersonal 非人称

INCL: inclusive 包括

IND: indicative 直説法

INTJ: interjection 間投詞

INS: instrumental 具格

NEG: negative 否定

NOM: nominative 主格

NPST: non-past 非過去

PL: plural 複数

PN: proper noun 固有名詞

PROP: proprietive 所有

PST: past 過去

PTCL: particle 小詞

PTCP: participle 形動詞（分詞）

Q: interrogative marker 疑問

RCP: reciprocal 相互

REFL: reflexive 再帰

REPET: repetitive 反復・反動

SG: singular 単数

TOP: topic 主題

VBLZ: verbalizer 動詞化

本文テキスト中、言い淀み、言い差しや言い誤りなどはスラッシュ（/）で囲んで表す。漢語による発言は声調ぬきのピンイン表記にし、斜体で示す。なお、現時点で分析できない形態素については ??? で示す。

注

1 「ヘジェン」の中国語による正式な漢字表記は「赫哲」である。日本語のカナ表記は、「ヘジェン」の他に、「ホジェン」、「ヘジェ」が存在する。音声記号による表記は [xədʒən] であり、ローマ字による表記は Hezhen である。筆者はこれまで「ホジェン」を使用してきたが、本書では、ローマ字表記に準じ、「ヘジェン」を使用する。赫哲という表記は康熙二年（1663年）の『清聖祖実録』が初出である。その後、1934年に凌純声が『松花江下游的赫哲族』の中で「赫哲」という表記を用いたことから、この表記が広く使われるようになった。1809年、間宮林蔵が黒龍江下流域を訪れた時に会った「官夷」は三姓（現在のイラン（依兰））からやってきたヘジェンの役人のことだと思われる。当時、三姓から毎年、清朝の命を受けた官夷が黒龍江下流域の一地点に出張して、アイヌを含む周辺諸民族から朝貢品の貂皮を徴収していた。また、ここでは各民族間の交易も行われていた。毛皮の徴収にあたった官夷はヘジェン人であり、周辺諸民族と清政府を結びつける重要な役割を果たしていたのである。

テキスト1. 熊狩り

【語り手】 故尤金玉氏、男性、1935年ジェジンコー（街津口）ハユー島（哈鱼岛）生まれである。幼少期に両親と死別し、祖母に育てられた。1944年ラォホー（饒河）に移り、1954年にフージン（富錦）出身の（テキスト4, 5の語り手の一人である）何淑珍氏と結婚し、のちジェジンコーに定住する。尤氏は漁や狩の経験がとても豊富である。漁、狩、獣皮・魚皮のなめし方、家の作り方についてヘジェン語で語ってくださり、民族学的にも貴重な資料を残してくださった[1]。

【収録日】 2003年8月26日
【収録場所】 黒龍江省ジェジンコー郷尤金玉氏宅
【イニシャル】 Y: 尤金玉氏、L: 筆者
【解説】 本篇は尤金玉氏が秋にトウモロコシ畑で熊を獲った実経験と、熊の洞窟まで追いかけて洞窟の中にいる熊を獲る方法について語ったものである。後者は昔銃がない時槍で獲るやり方と銃が手に入った後銃で獲る仕方との二通りについて語っている。語りのあらすじは次のようである。

　昔、スキー板を履いて熊を追いかけ、ナイフで熊を獲っていた。後で銃が手に入ったら、遠くからでも熊を殺せるようになった。尤氏が若い時、ある秋、トウモロコシ畑で、友達と二人で一晩で7匹も熊を獲った。熊が夜トウモロコシ畑にトウモロコシを盗みに来る。狩人たちが銃を持って、待ち構えて、この時に行って、引き金を引けば熊がバタンと倒れる。

　銃がなかった時代は槍で刺して殺していた。熊のいる洞窟の中に、横に縦にたくさんの棒を差し込む。熊が中から棒を引っ張り込む。洞窟が棒でいっぱいになると、熊は身動きが取れなくなって、頭を洞窟の外に出す。この時に、槍で刺して殺す。

　後で、銃で獲るようになったら、棒を差し込まなくなった。熊の足跡を追って、洞窟まで追いかける。洞窟の上に上って、弾丸を入れて銃を持って持ち構える。熊の頭が出てきたら、銃で撃ち殺す。

(1) Y:　jule,　mafke-we　*jiu*　kiarcket　iti-re　asaxte-uyi.
　　　　昔　　熊-ACC　　就　　スキー板　履く-CVB　追う-IMPRS.NPST

　　昔、スキー板を履いて、熊を追いかけていた。

(2) 　　kioto-ji　　　kioto-le-uyi.
　　　　ナイフ-INS　　ナイフ-VBLZ-IMPRS.NPST

　　ナイフで（熊を）切った。

(3) 　　miaocin　　anci,　ti　　elin.
　　　　銃　　　　ない　　その　時

　　当時銃はなかった。

(4) amile *jiushi* miaocen bi-ren.
後 就是 銃 ある-IND.3

後には銃が手に入った。

(5) kira-le-ni ene-Se-n=de goro-ji=de wa-uyi.
近く-ALL-3SG 行く-NEG.NPST-3SG=CLT 遠い-INS=CLT 殺す-IMPRS.NPST

近くに行かなくても、遠くからも殺せる。

(6) miaocen digane-ki-n *jiu* wa-uyi.
銃 鳴る-COND-3SG 就 殺す-IMPRS.NPST

銃声がしたら、殺している（熊はもう殺されている）。

(7) L: *ni ziji daguo xiong ma*?
你 自己 打过 熊 吗

ご自分で熊を獲ったことがありますか。

(8) Y: *eiya, wo yi nian na ji nian de shihou,*
欸呀 我 一 年 那 几 年 的 时候

ershiliuqi na shihou, yi nian
26,7 那 时候 一 年

dou da bajiushi lai ge. jiu ge zheme wanghou...
都 打 8,90 来 个 就 搁 这么 往后

それは、26、7才の時は、一年間で 80、90 の熊を獲っていたよ。そこからは…

(9) L: nanio gisun-ji...
ヘジェン 言葉-INS

ヘジェン語で…

(10) Y: a, nanio gisun-ji...
INTJ ヘジェン 言葉-INS

そうか、ヘジェン語で。

(11) isikili-du-yi orin ilan²-du-yi *hai* mafke-we *hai*...
小さい-DAT-REFL 二十 三-DAT-REFL 还 熊-ACC 还

tim borolin /giu.../ usin-me-ni Solko-we
その 秋 FIL 畑-ACC-3SG トウモロコシ-ACC

Solko jefu-m eme-yi-ni elin tukia-mi.³
トウモロコシ 食べる-CVB 来る-PTCP.PST-3SG 時 見張る-IND.1SG

若い時、二十代三十代の時、熊を…ある秋、(熊が) トウモロコシを食べに畑にやってきた

時に、私が見張っていた。

(12)　em　　dorbo　　*jiushi*　　nadan　　mafke-we　　wa-uxen.
　　　一　　晩　　　　就是　　　七　　　　熊-ACC　　　殺す-IMPRS.PST

一晩で七匹の熊を殺した。

(13)　*women*　　bu　　　　　　　ju　　nio
　　　我们　　　1PL.NOM.EXCL　二　　人

我々二人で。

(14) L:　ju　　nio?
　　　　二　　人

二人で？

(15) Y:　a,　　　ju　　nio.
　　　　INTJ　　二　　人

うん、二人で。

(16) L:　ju　　nio　　nadan　　mafke-we?
　　　　二　　人　　七　　　　熊-ACC

二人で七匹の熊を？

(17) Y:　nadan　　mafke　　ou-xo-ti,　　　　　　　em　　dorbu-n　　*jiu*　　wa-uxen.
　　　　七　　　　熊-ACC　　降りる-PTCP.PST-3PL　一　　晩-3SG　　　就　　　殺す-IMPRS.PST

七匹の熊が（山から）下りてきて、一晩でそれを殺したのだ。

(18)　*nashi*　　jakun　　bia,　　Solku　　　　　ai　　　da-xa-n=de,
　　　那是　　　八　　　　月　　　トウモロコシ　よい　　なる-PTCP.PST-3SG=CLT

　　　usin-dule　　jefu-a-m　　　　　　eme-yi-du-ni=de,
　　　畑-ALL　　　食べる-DIR[4]-CVB　　来る-PTCP.NPST-DAT-3SG=CLT

　　　nian-me=de　　tukia-uyi.
　　　3SG-ACC=CLT　　見張る-IMPRS.NPST

それは八月。トウモロコシが実った。熊は食べに畑に来た時に、やつを見張るのだ。

(19)　Solku　　　　　dulan-du-ni　　/ili-re/　　comki-re　　tukia-uyi.
　　　トウモロコシ　　中-DAT-3SG　　立つ-CVB　　しゃがむ-CVB　見張る-IMPRS.NPST

トウモロコシの中にしゃがんで見張るのだ。

(20) Solku-we jefu-yi-ni.
トウモロコシ-ACC 食べる-PTCP.NPST-3SG

（熊は）トウモロコシを食べる。

(21) emken digda-re kafa=ke temken-me jefu-m edi-re,
一つ 押さえる-CVB カファー[5]=CLT その一つ-ACC 食べる-CVB 終わる-CVB

timken-me digda-re kafa~[6] digda-yi-ni.
その一つ-ACC 押さえる-CVB カファー～ 押さえる-PTCP.NPST-3SG

一つをポキポキ取ったら、もう一つを食べる。もう一つもポキポキもぎ取る。

(22) esi ene-m=du miaocen ai-ji toxtoci-m,
今 行く-CVB=CLT 銃 よい-INS 狙う-CVB

em miaocen dudu-rgi-re.
一 銃 横になる-REPET-IND.3

今行くと銃でよく狙って、一発で倒れる。

(23) nadan mafke-we wa-uxen.
七 熊-ACC 殺す-IMPRS.PST

七匹の熊を殺した。

(24) julepti alen-du-ni ba miaocen anci-du-n=te
昔 時-DAT-3SG 吧 銃 ない-DAT-3SG=TOP

gida-ji gida-le-m waxci-uyi.
槍-INS 槍-VBLZ-CVB 獲る-IMPRS.NPST

昔銃がなかったときには、槍で刺して獲っていた。

(25) ei mafke-we=te aNmene-du-ni mo-we xetu xetu
この 熊-ACC=TOP 穴-DAT-3SG 木-ACC 横 横

yorgu duSkin gida-le-uyi.
縦 中 槍-VBLZ-IMPRS.NPST

熊の穴の中に横に縦に棒を刺し込む。

(26) ti gida-le-xe-yi. mo-we gida-le-xe-yi.
それ 槍-VBLZ-PTCP.PST-1SG 木-ACC 槍-VBLZ-PTCP.PST-1SG

mafke tate-m duSki tate-yi-ni.
熊 引っ張る-CVB 中 引っ張る-PTCP.NPST-3SG

棒を刺し込んだら、熊は棒を中から引っ張る。

(27) tate-yi-ni,　　　　　　dulan　　jiu　　jar　　　　ne-xe-ni.
　　 引っ張る-PTCP.NPST-3SG　中　　　就　　いっぱい　する-PTCP.PST-3SG

　　 引っ張って、穴の中は棒でいっぱいになる。

(28) jar　　　　ne-rgi-re　　　　　jiu　　tate　　　mete-S　　　　da-xa-n.
　　 いっぱい　する-REPET-CVB　　就　　引っ張る　できる-NEG.NPST　なる-PTCP.PST-3SG

　　 いっぱいになったら、引っ張ることもできない。

(29) tate　　　mete-S　　　　da-ki-n=le
　　 引っ張る　できる-NEG.NPST　なる-COND-3SG=CLT

　　 hai　dili　ai　　niu-ki-n=le
　　 还　　头　　よい　出る-COND-3SG=CLT

　　 /jobgo-ji/　gida-ji　　gida-le-uyi.
　　 やす-INS　　槍-INS　　槍-VBLZ-IMPRS.NPST

　　 引っ張ることができなくなったら、頭が外に出る。すると、ギダー（槍）で刺す。

(30) tui　　　　　waxci-uyi　　　　e.
　　 そのように　獲る-IMPRS.NPST　PTCL

　　 そうやって獲っていたのだ。

(31) miaocen　waxci-yi-du-yi　　　　　　jiu　　mo-we　nodo-S　　　　　da-xa-n.
　　 銃　　　獲る-PTCP.NPST-DAT-REFL　就　　木-ACC　投げる-NEG.NPST　なる-PTCP.PST-3SG

　　 銃で獲るようになったら、棒を投げ込まなくなった。

(32) miaocen　da-ki-n　　　　jiu　　xoxto-ni
　　 銃　　　なる-COND-3SG　就　　道(跡)-3SG

　　 asaxte-m　ene-uyi　　　　　ba,
　　 追う-CVB　行く-IMPRS.NPST　吧

　　 ne-m=du　　　 mafke　ome-ni　sa-xa-n,　　　　　ici-xe-n.
　　 する-CVB=CLT　熊　　　穴-3SG　知る-PTCP.PST-3SG　見る-PTCP.PST-3SG

　　 銃になったら、（熊の）跡を追って行ってね、すると、熊の洞窟を知った、見た。

(33) xodoN　bugdane-m　mafke　ome-ni　xolon-du-ni　tukti-re
　　 早い　 走る-CVB　　熊　　 穴-3SG　 上-DAT-3SG　 上がる-CVB

　　 miaocen-me　xadile-re　　bi-uyi.
　　 銃-ACC　　　背負う[7]-CVB　いる-IMPRS.NPST

　　 急いで走って熊の洞窟の上に上がって、銃を背負っている。

(34) xadile-re   bi-re,   acu-rgi-m-du-ni   maxalin   duSkin   gidale-m=du
     背負う-CVB   いる-CVB   おろす-REPET-CVB-DAT-3SG   弾丸   中   押し込む-CVB=CLT

     jafu-re   arci-uyi.
     持つ-CVB   待つ-IMPRS.NPST

     背負っていて、銃をおろして、中に弾丸を押し込んで持って待つ。

(35) arci-yi-du-yi   dili-ni   niu-m   du-xo-n.
     待つ-PTCP.NPST-DAT-REFL   頭-3SG   出る-CVB   始める-PTCP.PST-3SG

     待っているうちに熊は頭を出し始める。

(36) dili-ni   yibe   niu-yi-ji-n   gese   xolonkin
     頭-3SG   長い   出る-PTCP.NPST-INS-3SG   同時   上

     seflia-kne[8]-ki-si=le,   miaocin-me   seflia-kne-ki-si=le
     引く[9]-CAUS-COND-2SG=CLT   銃-ACC   引く-CAUS-COND-2SG=CLT

     piecan-ne-xe-n.   jiu   bude-xe-n.
     バタンと-する-PTCP.PST-3SG   就   死ぬ-PTCP.PST-3SG

     頭が長く出たと同時に上から引き金を引けば、バッタンと死ぬ。

(37) esi   tuile   waxci-uyi   da-xe-ni,   esi.
     今   そう   獲る-IMPRS.NPST   なる-PTCP.PST-3SG   今

     今はこう獲るようになった。

(38) L: xaxaxa,   baka-xa-si   a?
        INTJ   得る-PTCP.PST-2SG   Q

     ハハ、（おじいさんも）獲ったのですか。

(39) Y: baka-xe-yi.   miaocen   miaocen   kusun-ki.
        得る-PTCP.PST-1SG   銃   銃   力-PROP

     獲ったよ。銃は力強い。

注

1 尤金玉氏が語った狩、家の作り方については本稿において一部紹介し、獣皮、魚皮のなめし方については李（2005）、李（2007）を参照されたい。
2 数字の30はヘジェン語ではgosinと言うが、ここでは、尤氏は数字の3「ilan」で代用している。
3 -miは定動詞1人称単数と思われるが、現段階では証拠不十分のため、動詞屈折接辞表には入れていない。
4 DIR: 通常はdirectional、direct caseなどの略語として使われるが、ここの-a-は「〜へ行く」、「〜へ来る」の意として使われる接辞である。便宜上DIRという略語を使っている。
5 擬声語。熊がトウモロコシを力強くもぎ取る音を表す。
6 ここでの「〜」は声を長く引き伸ばすことを示すために使われている。
7 片肩にかけるのではなく、斜めに背負う。
8 尤金玉氏の発話では、使役接辞-kuneの第1音節の母音uが弱化し、-kneとなる。
9 引き金を引く。

テキスト2. 臨時住居の建て方

【語り手】 故尤金玉氏
【収録日】 2003年8月26日
【収録場所】 黒龍江省ジェジンコー（街津口）郷尤金玉氏宅
【イニシャル】 Y: 尤金玉氏、L: 筆者
【解説】 昔、夏に魚を捕る時に、木と草でできたチョロアンコという円錐形の臨時住居の中で暮らす。冬は半地下竪穴式住居のディーインズ（地窨子）の中で暮らす。本篇はチョロアンコとディーインズの建て方について簡単に紹介したものである。語りのあらすじは次のようである。

　夏川岸で魚を捕るときに、チョロアンコの中で暮らす。チョロアンコを作る際には柳の木を使う。柳を切って、円錐型に立てて、草で周りを覆う。その中で四人か六人ぐらい暮らすことができる。ドア（P.21 図3. 参照）があるのみで、窓がない。ドアは夜寝るときに閉めて、昼間はチョロアンコのそばに立てておく。チョロアンコの天辺に大きい穴が開いているが、草を置く。きらきらした太陽が見えるが、雨が降っても落ちてこない。蚊も入らない。

　冬になるとディーインズを作る。まずは土を掘る。それから木を切って、一本一本掘った穴の上に置いておく。木を置いてからまた土を掘って、木の上に厚く覆う。中でオンドルを作って、鍋を置いて、火を起こして暮らす。夏はディーインズでは暮らさず、チョロアンコで暮らす。冬中はディーインズの中に入る。

図1. チョロアンコ

図2. ディーインズ

(1) L: *xiatian   zhu   de   caocuoluo   zenme   gai   de?*
　　　　夏天　　　住　　的　　草撮罗　　　怎么　　盖　　的

　　　夏に住むチョロアンコはどうやって建てますか。

(2) Y: *jualin   muke   jabkere-du-n   imaxa-we   waxci-uyi-du-yi,*
　　　　夏　　　　水　　　岸-DAT-3SG　　　魚-ACC　　　捕る-IMPRS.NPST-DAT-REFL

　　　jiu   coloanko,   coloanko   dulan-ni   baldi-uyi.
　　　　就　　チョロアンコ　チョロアンコ　中-3SG　　　暮らす-IMPRS.NPST

　　　夏川岸で魚を捕るときに、チョロアンコの中で暮らす。

(3) coloanko   coloanko   mo,   burgan   mo-ji-ni...
    チョロアンコ チョロアンコ 木   柳   木-INS-3SG

    チョロアンコの木は柳を使う。

(4) burgan   capci-re,   ili-kne-re,   oroxto-ji   erge-mi   dasi-xe-n,
    柳   切る-CVB   立つ-CAUS-CVB   草-INS   周る-CVB   覆う-PTCP.PST-3SG

    erge-m   dasi-xe-ni.
    周る-CVB   覆う-PTCP.PST-3SG

    柳を切って、立てて、草で周りを覆う。

(5) jiu   dulan-ni   em   uyanko   dulan-ni   niwun   nio
    就   中-3SG   一   ウヤンコ²   中-3SG   六   人

    duyun   nio   dou   neng   baldi-uyi.
    四   人   都   能   暮らす-IMPRS.NPST

    その中で六人か四人ぐらい暮らすことができる。

(6) sagdi   sagdi   jiu   xulun=ke   nio   te-ren.
    大きい   大きい   就   余り=CLT   人   座る-IND.3

    大きいものは多めに人が座る。

(7) isikili   ou-ki-n   jiu   isikili   isiki~=ken,
    小さい   作る-COND-3SG   就   小さい   小さい=CLT

    komco   nio   te-rgi-ren.
    少ない   人   座る-REPET-IND.3

    小さく作れば少なめに人が座る。

(8) zheshi   jualin   tuike   bisi³   baldi-uyi.
    这是   夏   そのように   ある.PTCP.NPST   暮らす-IMPRS.NPST

    夏はこうやって暮らすのだ。

(9) L: urke?   men   chao   nabianr   kai?
       ドア   門   朝   哪边   开

    ドアは？ドアはどちら側に向いて開くの？

(10) Y: urke...   guang   urke   fa-ni   anci   /fa-ni   anci/.
        ドア   光   ドア   窓-3SG   ない   窓-3SG   ない

    ドアは…ドアがあるだけで、窓がない。

(11) /urke/ urke-ni coloanko tui bisi coloanko *ba*,
ドア ドア-3SG チョロアンコ そう ある.PTCP.NPST チョロアンコ 吧

/tui bisi coloanko-ni/ *yeshi* tui ou-uyi,
そう ある.PTCP.NPST チョロアンコ-3SG 也是 そう 作る-IMPRS.NPST

urke-ni.
ドア-3SG

チョロアンコのドアはこのように作る。

(12) eme ergire-ni *ba*, mo-ji xerke-re, xetu xerke-uyi.
一 面-3SG 吧 木-INS 結ぶ-CVB 横 結ぶ-IMPRS.NPST

片側を木（の皮でできた紐）で横に縛る。

(13) ei ju mo arden-du-ni xetu xerke-m odi-m=du,
INTJ 二 木 中間-DAT-3SG 横 結ぶ-CVB 終わる-CVB=CLT

oroxto-we ju mo-ji ne-m=du
草-ACC 二 木-INS する-CVB=CLT

em ba-du em ba-le nede-rgi-re,
一 ところ-DAT 一 ところ-ALL 置く-REPET-CVB

tokon-du-ni oroxto nede-re, xetu kafile-yi-ni.
真ん中-DAT-3SG 草 置く-CVB 横 はさむ-PTCP.NPST-3SG

二つの（縦の）木の間に、横に棒を縛り付ける。横の棒の間に草を置いて、挟む。

(14) xetu kafile-m edi-re... dalimi=ke, urke ekci
横 はさむ-CVB 終わる-CVB 広い=CLT ドア ような

dalimi, anko urke-n=de ekeci dalimi kafile-uyi.
広い アンコ ドア-3SG=CLT このように 広い はさむ-IMPRS.NPST

横にはさんでから … ドアはこのぐらいの広さ[4]に作る。

(15) ju mo-ji kafile-yi-ni.
二 木-INS はさむ-PTCP.NPST-3SG

二つの木ではさむ。

(16) kafile-m edi-re tokon-du-ni /mo nase/ mo nase-ji-ni
はさむ-CVB 終わる-CVB 真ん中-DAT-3SG 木 皮 木 皮-INS-3SG

jiu xerken jafu-re=ken,
就 紐 持つ-CVB=CLT

xerke-m odi-m=du em fasi da-xa-n.
結ぶ-CVB 終わる-CVB=CLT 一 CLF なる-PTCP.PST-3SG

はさんでから二つの縦の木の間に、木の皮で作った紐を持って、縛ると一枚になった。

(17) em   fasi   da-re,   ta-ji   dasi-uyi.
    一   CLF   なる-CVB   それ-INS   閉める-IMPRS.NPST

    一枚になって、それで閉める。

(18) ta-ji=de   urke-we   dasi-uyi.
    それ-INS=CLT   ドア-ACC   閉める-IMPRS.NPST

    それでドアを閉める。

(19) sikselin   afine-rgi-du-yi   dasi-uyi.
    夜   寝る-REPET-DAT-REFL   閉める-IMPRS.NPST

    夜寝るときに閉める。

図3. チョロアンコのドア

(20) ini-Ski-n=le   gese   jafu-re   giamSkin   nede-uyi.
    昼間-REPET-3SG=CLT   一緒に   持つ-CVB   ほかの場所   置く-IMPRS.NPST

    昼間にドアを持って、他の場所に置く。

(21) coloanko   jabkere-du-n=de   ili-kne-uyi.
    チョロアンコ   辺-DAT-3SG=CLT   立つ-CAUS-IMPRS.NPST

    チョロアンコのそばに立てる。

(22) ili-kne-re,   niNe-rgi-re,   niu-rgi-re,
    立つ-CAUS-CVB   入る-REPET-CVB   出る-REPET-CVB

    beti   jiu   peNgele-S   da-xa-n.
    1PL.NOM.INCL   就   ぶつかる-NEG.NPST   なる-PTCP.PST-3SG

    立てて、出たり入ったりしても、ぶつからない。

(23) tui   baldi-uyi,   jiushi   jualin.
    そう   暮らす-IMPRS.NPST   就是   夏

    夏はそうやって暮らす。

(24) tue-rki-ni   diyinzi   ou-uyi.
    冬-REPET-3SG   地窖子   作る-IMPRS.NPST

    冬になるとディーインズを作る。

(25) tukale-we   fete-uyi.
    土-ACC   掘る-IMPRS.NPST

    土を掘る。

(26) fete-m   edi-re   mo   capci-re,
    掘る-CVB   終わる-CVB 木   切る-CVB

    emken emken em ba-du   mani   nede-uyi.
    一   一   一   ところ-DAT いっぱい 置く-IMPRS.NPST

    掘ってから木を切って、（穴の上に）一本一本一緒に置く。

(27) nede-m   edi-ri⁵   tukale fete-m   xolon-du-ni   teu-uyi.
    置く-CVB   終わる-CVB   土   掘る-CVB   上-DAT-3SG   入れる-IMPRS.NPST

    （木を）置いてから土を掘って、その上に覆う。

(28) teu=du   dilamo=ke   da-xa-ni,   dilamo tukala.
    入れる=CLT   厚い=CLT   なる-PTCP.PST-3SG   厚い   土

    （土を）置くと厚くなる。

(29) mo...   /min.../   kefle   jafu-re   nede-uxen.
    木   FIL   粉々   持つ-CVB   置く-IMPRS.PST

    粉々（とした土）を持って、（木の上に）置く。

(30) mo   hai   uliu-Se-n.   mo   hai   maNge.
    木   还   曲がる-NEG.NPST-3SG   木   还   丈夫

    木も曲がらない。木は丈夫だ。

(31) xergirgen-ni jiushi   mafke /nikan.../   keci=ken   dulan-ni   baldi-kne   kecin.
    下-3SG   就是   熊   FIL   ように=CLT   中-3SG   暮らす-??? のようだ

    その下で熊のように暮らすのだ。

(32) beti   nio   jiu   emedeli jiushi   dulan-ni
    1PL.NOM.INCL   人   就   同じ   就是   中-3SG

    /naxan   ou.../,   naxan   ou-re,
    オンドル   作る   オンドル 作る-CVB

    dulan-ni   yuke-we   nede-re,   tue   jigji-uyi.
    中-3SG   鍋-ACC   置く-CVB   火   起こす-IMPRS.NPST

    我々は中でオンドルを作って、中で鍋を置いて、火を起こす。

(33) /orgu/   naxan   jiu   orgu-re   tui   baldi-uyi.
    乾く   オンドル   就   乾く-CVB   そう 暮らす-IMPRS.NPST

    オンドルが乾いたら、そう暮らす。

(34)　jua-rki-n=le　　　ta-du　　baldi-Se-n.
　　　夏-REPET-3SG=CLT　そこ-DAT　暮らす-NEG.NPST-3SG

　　　夏はそこで暮らさない。

(35)　jua-rki-n　　　*jiu*　coloanko-le　　ene-re,
　　　夏-REPET-3SG　就　チョロアンコ-ALL　行く-CVB

　　　tue-rki-n　　　/duSkin/　*diyinzi*　duSkini　niNe-uyi.
　　　冬-REPET-3SG　中　　　　地窖子　　中　　　　入る-IMPRS.NPST

　　　夏はチョロアンコに行って、冬中はディーインズのなかに入る。

(36)　*kengzi*　*wa*-ki=le　　　*kengzi*-we　fete-uxen.
　　　坑子　　挖-COND=CLT　坑子-ACC　　掘る-IMPRS.PST

　　　穴を掘る。

(37)　fete-m　　/duSkin/　xolon-du-ni　　mo　tukala　nede-uxen.
　　　掘る-CVB　中　　　　上-DAT-3SG　木　土　　　置く-IMPRS.PST

　　　tui　baldi-uyi.
　　　そう　暮らす-IMPRS.NPST

　　　掘ってから、上に木、土を置いて、そうやって暮らす。

(38)　coloanko　　　xolon-du-ni　　sagdi　fortko-du
　　　チョロアンコ　上-DAT-3SG　　大きい　穴-DAT

　　　garmaxte　niNe　mete-Se-n.　　　　niNe　mete-Se-n.
　　　蚊　　　　入る　できる-NEG.NPST-3SG　入る　できる-NEG.NPST-3SG

　　　チョロアンコの上にある大きい穴に、蚊が入ることができない。

(39)　urke　*jiu*　oroxto-ji　dasi-uxen.
　　　ドア　就　　草-INS　　閉める-IMPRS.PST

　　　ドアは草で覆う。

(40)　ya=de　　　niNe-Se-n.
　　　どこ=CLT　入る-NEG.NPST-3SG

　　　（蚊は）どこからも入らない。

(41)　oroxto　nede-uxen　　　　orku[6]-ki=le,
　　　草　　　置く-IMPRS.PST　乾く-COND=CLT

　　　kilem　　kilem　　siuwun　Saku　ici-m　　bi-ren=de,
　　　きらきら　きらきら　太陽　　みな　見る-CVB　いる-IND.3=CLT

　　　草を置いて、乾いたら、きらきらの太陽がみな見えているが、

ヘジェン語　23

(42) tigde   tigde-xe-n=de   tiki-Se-n.   sabdele-S.
    雨が降る   雨が降る-PTCP.PST-3SG=CLT   落ちる-NEG.NPST-3SG   漏れる-NEG.NPST

雨が降っても落ちない。漏れない。

注

1 ここでは、coloanko の実際の発音は [tʃɔlɔɑnkɔ] ではなく、[tʃɔlɑnkɔ] である。coloanko は「colo」と「anko」に分解することができる。「anko」は臨時住居の意であり、「colo」は尖がっている意である。夏用の草でできた円錐形臨時住居は「colo」と略称されることが多い。

2 ここでのウヤンコはチョロアンコと同じものを指す。

3 動詞 bi-(「ある、いる」)は、形動詞形に関して、不規則に変化する。通常動詞の形動詞形は接辞 -yi-(NPST)、-xe-(PST)が後続することによって作られるが、bi- は bisi-(NPST)、bici-(PST)のように不規則に変化する。-si や -ci は接辞としての生産性がないため、bi-si-、bi-ci- のようには分析しない。このような bi- の不規則変化はツングース諸語全般に見られる割と古い特徴と思われる。なお、現在話者によっては、bi-yi-(テキスト 5. の例 (87))、bi-xe-(テキスト 4. の例 (26))のように規則的に変化させるケースも見られる。

4 ここでは、語り手の尤氏は両手で 60cm ぐらいの幅を示しながら話している。

5 -ri は -re(CVB)の自由変異である。

6 orgu- は「乾く」という意の動詞である。orgu- に -ki(COND)や -xe(PTCP.PST)などの接辞が後続する場合には、orgu- の末尾音節子音 g が後続接辞の頭子音に同化して無声化し、orku- になることが多い。その他、baldi-(「生まれる」、「育つ」)、nede-(「置く」)、uji-(「生む」)などの動詞も同様に、-ki や -xe が後続する際に、balti-(テキスト 4. の例 (2) など)、nete-(テキスト 5. の例 (78) など)、uci-(テキスト 4. の例 (36) など)と語幹末音節の子音が無声化することが多い。

テキスト 3. 民間療法──黄疸の治し方

【語り手】 故尤翠玉氏、女性、1927 年チンデーリー（勤得利）生まれ、1965 年ジェジンコー（街津口）に定住する。漢語との完璧なバイリンガルであった。魚皮衣作成の名人としても知られていた。氏の作った魚皮衣が北京、黒龍江省の博物館に収められている。

【収録日】 2004 年 8 月 27 日

【収録場所】 黒龍江省ジェジンコー郷尤翠玉氏宅

【イニシャル】 Y: 尤翠玉氏、L: 筆者

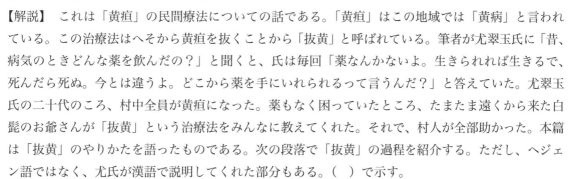

【解説】 これは「黄疸」の民間療法についての話である。「黄疸」はこの地域では「黄病」と言われている。この治療法はへそから黄疸を抜くことから「抜黄」と呼ばれている。筆者が尤翠玉氏に「昔、病気のときどんな薬を飲んだの？」と聞くと、氏は毎回「薬なんかないよ。生きられれば生きるで、死んだら死ぬ。今とは違うよ。どこから薬を手にいれられるって言うんだ？」と答えていた。尤翠玉氏の二十代のころ、村中全員が黄疸になった。薬もなく困っていたところ、たまたま遠くから来た白髭のお爺さんが「抜黄」という治療法をみんなに教えてくれた。それで、村人が全部助かった。本篇は「抜黄」のやりかたを語ったものである。次の段落で「抜黄」の過程を紹介する。ただし、ヘジェン語ではなく、尤氏が漢語で説明してくれた部分もある。（ ）で示す。

病人は目も顔もつめも全部黄色になる。（指ぐらいの太さで、20 センチぐらいの長さの木の枝を）つるつるに削る。その上に紙をくるくる巻く。蝋燭を火で溶かして、雄鶏の羽を使って、紙に蝋燭を塗る。木の枝を引きぬけば、紙の筒が出来上がる。二十〜三十本ぐらい作って置いておく。次に、トウモロコシの粉をねって、塊を作る。（真ん中に穴を開けておく。）それをへその上に置き、（紙の筒を穴の中に差し込む）。（このトウモロコシの塊は筒を固定し、耐熱する働きを持っている。）蝋燭を塗った紙の筒に火をつけ、お腹の中の黄疸は熱に引き出されていく。（灰が落ちてお腹がやけどすることを防ぐために、トウモロコシの塊の周りにタオルを敷いたりする。）一日三回、一回五、六本の筒を燃やすため、一日に二十から三十本を用意しておく。何日か続けて、お腹から黄疸が出なくなればよい。

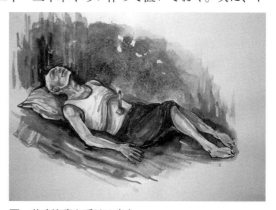

図　黄疸治療を受ける病人

(1) Y: isale-n=de   suyan   deuji-n=de   suyan   usiaxte-n=de   suyan.
       目-3SG=CLT   黄色   顔-3SG=CLT   黄色   つめ-3SG=CLT   黄色

　　　（病人は）目も、顔も、つめも黄色（になる）。

(2) 　　xaosin-me...   mexelin   mo-ji   *ha,*
　　　 紙-ACC   丸い   木-INS   哈

```
ai-ji~        mexelin      yidianr,      maci=de
よい-INS      丸い          一点儿         少し=CLT

meiyou   gada    nayangde,    kachi-le-re,       ta     jiu    baoshang.
没有      疙瘩    那样的        咔哧¹-VBLZ-CVB    它     就     包上
```

紙を…丸い棒を瘤がなくなるように滑らかに削って、それに紙を包む。

(3)
```
bao-le-re=ke,        bafa-le-re=tene,        yangla-ji...   tua-du    unNi-re,
包-VBLZ-CVB=CLT      包む-VBLZ-CVB=TOP       洋蜡-INS       火-DAT    溶かす-CVB

ta-ji,        tioko     dexse-ji-ni,      modile-uyi.
それ-INS      鶏        羽-INS-3SG        塗る-IMPRS.NPST
```

包んでから、蝋燭で（塗る）、火で（蝋燭を）溶かして、（枝に）鶏の羽で（蝋燭を）塗る。

(4)
```
modile-re,    ta-du...      Saku    tate-rgi-re,
塗る-CVB      そこ-DAT      みな    引っ張り出す-REPET-CVB

ba     mutou     chouchulai.
把      木头      抽出来
```

塗ってから、木を引っ張り出す。

(5)
```
orin,    gosin,    tui            ou-re,
二十     三十      そのように     作る-CVB
```

二十本、三十本ぐらい作って、

(6)
```
gia      bisi=ke                 nede-re,
他       ある.PTCP.NPST=CLT      置く-CVB
```

他のところに置いて、

(7)
```
Solku          ufa-ji-ni        tekeci         sagdi    gada    ou-re,
トウモロコシ    粉-INS-3SG      そのような     大きい    疙瘩    作る-CVB
```

トウモロコシの粉でこのぐらい大きさの塊を作って、

(8)
```
cuNere-du    nede-re,
へそ-DAT     置く-CVB
```

へそに置いて、

(9)
```
ti      xaosin=de      tui             cuNere-du    nede-re,
その    紙=CLT         そのように      へそ-DAT      置く-CVB
```

紙もへそに置いて、

(10) jigji-yi-ni,   tai-yi-ni.
      燃やす-PTCP.NPST-3SG   燃える-PTCP.NPST-3SG

   （紙を）燃やす。

(11) tui   ne-m=ken   niu-yi-ni.
      そのように   する-CVB=CLT   出る-PTCP.NPST-3SG

   そうしたら、（黄疸が）出てくる。

(12) tui   xebeli   dulan-ni   bisi   Soloxoto-si,
      そのように   お腹   中-3SG   ある.PTCP.NPST   腸-2SG

      xakin-si,   Saku   suyan   ne-re,
      肝臓-2SG   みな   黄色   する-CVB

   お腹の中の腸や肝臓、全部黄色になって、

(13) ti   waile   jiu   tate,   chouchulaile.
      その   もの   就   引っ張り出す   抽出来了

   すると、黄疸が引っ張り出される。

(14) L: *nage   la   yong   jimao   mo   a?*
       那个   蜡   用   鸡毛   抹   啊

   蝋燭は鶏の羽でつけるの？

(15) Y: *a,   ge   jimao,   jimao   mode   hao,   ge   biede   wanyi   mo*
       啊   搁   鸡毛   鸡毛   抹得   好   搁   别的   玩意   抹

       mo   bu   hao,   yi   tiao   yi   tiao   yi   tiao   de
       抹   不   好   一   条   一   条   一   条   的

       namedi,   jiu   jimao   yunhu   mode.
       那么的   就   鸡毛   匀乎   抹的

   ええ、鶏の羽で塗る。他のもので塗っても、きれいに塗れない。鶏の羽のほうがいい、均等に塗れるから。

(16) L: nanio...
       ヘジェン

   ヘジェン語で…

(17) Y: tioko   ufuxte-ji-ni,   /tioko   ufuxte-ni/,   aminaka   ufuxte-ni,
       鶏   羽-INS-3SG   鶏   羽-3SG   雄鶏   羽-3SG

   雄鶏の羽で。

(18)　na　　bushi　　hou　　na　　bushi　　gongji　　a,　　yingshi.
　　　那　　不是　　厚　　那　　不是　　公鸡　　啊　　硬实

雄鶏の羽は厚くて硬いんじゃない。

(19)　nage　muji　　nage　enineke,　 enineke,　　ende,
　　　那个　母鸡　　那个　雌鸡　　 雌鸡　　　　とても

　　　na　　ruanhu　zenme　shuo　de,　 ende　tai　ruanhule,
　　　那　　软乎　　怎么　　说　　 的　 とても　太　　软乎了

　　　jiu　　ge　　gongji.
　　　就　　搁　　公鸡

雌鶏の羽は柔らかすぎて…、やわらかいは（ヘジェン語で）なんて言うんだっけ。とにかく雄鶏の羽を使う。

(20) L:　nage　shenme,　ba　duoshao　gen?
　　　　那个　什么　　 拔　多少　　　根

あのう、何本使うの？

(21) Y:　en,　yi　hui　ba　ge　si　wu　gen,
　　　　嗯　 一　回　 拔　个　四　五　根

　　　duyun,　sunja,　sunja,　niuwun,　Saku　aci-ren.
　　　四　　　五　　　五　　　六　　　みな　 いける-IND.3

一回は四、五本、五、六本でもいいよ。

(22) L:　ai　oto-xo-ni?
　　　　よい　なる-PTCP.PST-3SG

よくなったの？

(23) Y:　/emda/　emadan　tate-yi　　　　　　duyun　sunjia,
　　　　FIL　　　一回　　引っ張る-PTCP.NPST.1SG　四　　　五

　　　em　ini　ilan　meda　juan　xulum=ke,
　　　一　 日　 三　　回　　十　　余り=CLT

　　　orin,　orin　xulun　ilan　meda　tate-yi-du-yi　　　　　　　orin.
　　　二十　 二十　余り　　三　　回　　引っ張る-PTCP.NPST-DAT-1SG　二十

一回四、五本、一日三回、十から二十本ぐらい引っ張る。

(24)　em　adi　ini=ke,
　　　 一　 いくつ　日=CLT

　　　ali　anci　oto-ki-ni,　　　　ali　tate-S　　　　　　odo-yi-ni.
　　　いつ　ない　なる-COND-3SG　いつ　引っ張る-NEG.NPST　なる-PTCP.NPST-3SG

何日か（引っ張って）、いつなくなったら、いつ引っ張らなくなる。

(25) *zhe da xiaozi lian dou huangle, lian,*
这 大 小子 脸 都 黄了 脸

deuji-ni, ei meifen-ni, isale-ni,
顔-3SG INTJ 首-3SG 目-3SG

ei usiaxte-ni, Saku suyan ne-xe-ni.
INTJ つめ-3SG みな 黄色 する-PTCP.PST-3SG

（ある時）上の息子は顔も、首も、目も、つめも、全身黄色くなった。

(26) *ni=de sa-Se-n.*
だれ=CLT 知る-NEG.NPST-3SG

誰も知らない。

(27) *wo xunsi ta shi huangdanxingganyan baka-xa-ni.*
我 寻思 他 是 黄疸性肝炎 得る-PTCP.PST-3SG

私は彼が黄疸を患ったと思った。

(28) *eiya yi jiu, nage duqizi litou,*
欸呀 一 揪 那个 肚脐子 里头

xebli-ni, cuNere-du, jaloN=ke, wo jiu zhidao.
お腹-3SG へそ-DAT いっぱい=CLT 我 就 知道

引っ張ったら、へその中いっぱい（出てきて、）私はそれでわかった。

(29) *jiule liang san tian, juan ini ba.*
揪了 两 三 天 十 日 吧

二三日引っ張って、十日ぐらいか。

(30) L: *juan ini shi shi tian?*
十 日 是 十 天

「juan ini」は十日だよね。

(31) Y: *shi tian, jiule shi lai tian jiu haole,*
十 天 揪了 十 来 天 就 好了

ye mei hua qian zhi.
也 没 花 钱 治

十日。十日ぐらい引っ張ったら治ったよ。治療するお金もかけなかった。

注
1 中国北方地域の方言、「削る」の意。満洲語由来の説もある。

テキスト4．会話1——何淑珍氏の生い立ちについて

【語り手】 尤文蘭氏、女性、1946年バーチャー（八岔）生まれ、尤翠玉氏の長女である。1965年からジェジンコー（街津口）に住む。子供のころ、家の中で、父母がヘジェン語で会話を交わすのを聞いていたが、ほとんど話せなかった。ヘジェン語は結婚後に夫の祖母に習ったという。この年齢で、流暢に、不自由なくヘジェン語で話せるというのは非常に珍しいケースである。現在はイマカン（伊玛堪）の伝承人として、トンジャン（同江）市イマカン継承学習所（伊玛堪传习所）の教師として活躍している。

何淑珍氏（左）と尤文蘭氏（右）

何淑珍氏、女性、1937年フージン市（富錦市）ダートゥン県（大屯県）生まれである。故尤金玉氏の妻である。自称 na bei のグループの話者であり、他の3人の話者との間では語彙レベルの差が若干見られる。何氏の生い立ちについてはテキスト本文も参照されたい。

【収録日】 2014年9月1日
【収録場所】 黒龍江省ジェジンコー郷愛民旅館
【イニシャル】 Y: 尤文蘭氏、H: 何淑珍氏、L: 筆者
【解説】 本篇は尤文蘭氏と何淑珍氏による会話である。尤文蘭氏が何淑珍氏にインタビュー形式で氏の生い立ちを聞いた。何氏は小さい時にフージンのダートゥンで暮らしていた。そこから両親とチーシンズ（齐信子）へ行った。その後、ラォホー（饶河）へ行って、スーパイ（四排）へ行った。スーパイで夫と知り合って、結婚した。何氏の夫は元々ジェジンコーで育ったが少し大きくなってからスーパイへ行ったのだった。結婚した後、しばらくスーパイで暮らしてから、夫のお婆さんとも一緒に、ジェジンコーに引っ越してきた。夫は元々ジェジンコーに家を持っていた。夏に、大きい船に乗ってきて、ここで暮らし始めた。何氏の両親はスーパイに居残ったが後で、何氏のところに来た。両親が住む家は夫が建てた。8人の子供を出産した。長男だけスーパイで生まれ、後の7人はジェジンコーで生まれた。

尤氏と何氏はともにキーレン方言の話者であるが、尤氏は na nio と自称し、何氏は na bei と自称する（na nio と na bei については概説を参照されたい）。両氏の言葉に若干語彙の差が見られる。例えば、「人」という語は尤氏は nio と言い、何氏は bei と言う。「結婚する」という語は尤氏は derxu- と言い、何氏は deraci- と言う。コミュニケーションするには差し支えない程度である。話者が年々減っている今、二人の話者による生の日常会話が貴重なデータになると考えられる。なお、会話の中で、1人が話している最中にもう1人が発した「うん、あ〜、そうだ」などの短い相槌は（　）でくくり、新しい行として立てない。

(1) Y:　euke,　　(H: a.)　si　　　uSkuli-du　　ya-du　　bici-si　　　　　a?
　　　　兄嫁　　　INTJ　　2SG.NOM　小さい-DAT　どこ-DAT　いる.PTCP.PST-2SG　Q

　　　姉さん、(H: ええ。) 姉さんは小さい時は、どこにいましたか。

(2) H:　ti　　/fu/　futkin　　*datun*-du　balti-xe-yi.
　　　　その　FIL　　PN　　　PN-DAT　　暮らす-PTCP.PST-1SG

　　　フージン（富錦）のダートゥン（大屯）で暮らしてた。

(3) Y:　a,　　　ta-du　　　balti-xe-si　　　　a?
　　　　INTJ　あそこ-DAT　暮らす-PTCP.PST-2SG　Q

　　　そうか、そこで暮らしてたのか。

(4) H:　a,　　　ta-tki　　　*qixinzi*-le　　ene-xe-yi.
　　　　INTJ　あそこ-ABL　　PN-ALL　　　　行く-PTCP.PST-1SG

　　　うん、そこからチーシンズ（齐信子）へ行った。

(5)　*jiu*　　*nage*　ti　　elin　　*jiushi*　*nage*　se-yi=de
　　　就　　　那个　　その　時　　　就是　　　那个　　年齢-1SG=CLT

　　　sagdi　　da-xa-n,　　　　/se.../,　ta-tki　　　　/nage/　*nage*　luca
　　　大きい　なる-PTCP.PST-3SG　FIL　　あそこ-ABL　　那个　　　那个　　ロシア

　　　eme-xe-ni,　　　　　e,　　　/mu.../　mun　　　　　*yaohe*-le　ene-xe,
　　　来る-PTCP.PST-3SG　PTCL　FIL　　　1PL.NOMEXCL　PN-ALL　　　行く-PTCP.PST

　　　yaohe-le　ene-re　　*sipai*-le　ene-uxen.
　　　PN-ALL　　　行く-CVB　PN-ALL　　　行く-IMPRS.PST

　　　その時、年も大きくなったし、ロシア人も来たので、我々はラォホー（饶河）へ行って、
　　　スーパイ（四排）へ行った。

(6)　ene-re　　ta-du　　　　ei　　　akin-me-S　　tagde-xe-yi,
　　　行く-CVB　あそこ-DAT　INTJ　兄-ACC-2SG　　知りあう-PTCP.PST-1SG

　　　ta-du　　　unake-xe-yi　　　　deraci-xe-yi.
　　　あそこ-DAT　どうする-PTCP.PST-1SG　結婚する-PTCP.PST-1SG

　　　行って、そこであんたの兄さんに知り合って、そこであれした。結婚した。

(7) Y:　a,　　　ta-du　　　　*sipai*-du　derxu-xe-si　　　　　a?
　　　　INTJ　あそこ-DAT　　PN-DAT　　結婚する-PTCP.PST-2SG　Q

　　　そうか、スーパイで結婚したのか。

(8) H:　a,　　　derxu-xe-yi.
　　　　INTJ　結婚する-PTCP.PST-1SG

うん、結婚した。

(9) Y: age-yi,   a,   /nian-du-ni   ta-du   esi/   tim   alin=de
       兄さん-1SG INTJ   3SG.NOM-DAT-3SG   あそこ-DAT 今   あの   時=CLT

       niani   ta-du   bici-ni   a?
       3SG.NOM   あそこ-DAT   いる.PTCP.PST-3SG   Q

       そうか、兄さんはあのころはあそこにいたのか。

(10) H: ti=de   e-du   taoSki   ene-xe-n=ti.
        その=CLT   ここ-DAT   向こう側   行く-PTCP.PST-3SG=CLT

        彼もここから向こうへ行ったのだった。

(11) Y: a,   e-du   alipti   uSkuli-du=de   e-du   bici-ni   a?
        INTJ   ここ-DAT   昔   小さい-DAT=CLT   ここ-DAT   いる.PTCP.PST-3SG   Q

        そうか、小さい頃はこっちいたのか。

(12) H: a,   e-du   bici-n,   /e-le/   ta-le   ene-xe-ni.
        INTJ   ここ-DAT   いる.PTCP.PST-3SG   ここ-ALL   あそこ-ALL   行く-PTCP.PST-3SG

        うん、こっちにいた。こっちからあっちへ行った。

(13) Y: amile~   ta-le   ene-xe-ni   *bei*.
        後で   あそこ-ALL   行く-PTCP.PST-3SG   唄

        後で向こうに行ったのね。

(14) H: a,   *qixinzi*   ene-re,   *sipai*-le   /ene-uxen/   gese   ene-uxen.
        INTJ   PN   行く-CVB   PN-ALL   行く-IMPRS.PST   一緒に   行く-IMPRS.PST

        うん、チーシンズへ行って、スーパイへ一緒に行った。

(15) Y: a,   *qixinzi*   *xian*   ene-xe-ni,
        INTJ   PN   先   行く-PTCP.PST-3SG

        amile=ke (H: ei,)   *sipai*-du   ene-xe-ni.
        後で=CLT   INTJ   PN-DAT   行く-PTCP.PST-3SG

        そうか、先にチーシンズへ行って、後からスーパイへ行ったのね。

(16) H: a,   ta-du   /baxciu.../   baxci-uxen,   tagde-xe-n,
        INTJ   あそこ-DAT   会う   会う-IMPRS.PST   知りあう-PTCP.PST-3SG

        ti   elin   *jiu*.
        その   時   就

        そこで会った。知り合った、あの時。

(17) Y:　ta-du　　　　　derxu-xe-si　　　　　　a?
　　　　　あそこ-DAT　結婚する-PTCP.PST-2SG　　Q

　　　そこで結婚したのね。

(18) H:　ta-du　　　　　der¹-xe-yi.
　　　　　あそこ-DAT　結婚する-PTCP.PST-1SG

　　　うん、あそこで結婚した。

(19) Y:　amile　　euSki　　eme-xe-si　　　　　a?
　　　　　後で　　こちら　　来る-PTCP.PST-2SG　Q

　　　後になってこっちに来たの？

(20) H:　a~　　/le/,　　ti=de　　　　　nainai-ji-n　　　　　euSki　　eme,　　ti=de
　　　　　INTJ　FIL　　3SG.NOM=CLT　おばあさん-INS-3SG　こちら　　来る　　彼=CLT

　　　　　/jo　　jo　　jo-ni/　　ti　　ta　　　guroN　　jo-ni　　e-du　　　bisi-ni.
　　　　　家　　家　　家-3SG　　その　あそこ　人たち　　家-3SG　　ここ-DAT　ある.PTCP.NPST-3SG

　　　うん、彼も婆ちゃんと一緒にこっちへ、あの人たちはこっちに家があった。

(21)　　　*jiu*　　gese　　　jualin　　da-xa-ni　　　　　　e,
　　　　　就　　　一緒に　　夏　　　　なる-PTCP.PST-3SG　PTCL

　　　　　temtken,　sagdem　　temtken　te-re　　　　eme-xo-xe-n².
　　　　　船　　　　大きい目　　船　　　　座る-CVB　来る-PTCP.PST-PTCP.PST-3SG

　　　そしたら、みんなで一緒に夏に、大きめの船に乗ってきた。

(22)　　　ti　　　e-du　　　　baldi-uxen.
　　　　　その　　ここ-DAT　　暮らす-IMPRS.PST

　　　ここで暮らし始めた。

(23) Y:　a,　　*ge*　　*sipai*-du　　sagdi　　temtken-du　　eme-xe-si　　　　　a?
　　　　　INTJ　搁³　　PN-DAT　　　大きい　　船-DAT　　　　来る-PTCP.PST-2SG　Q

　　　そうか、スーパイから大きい船で来たのか。

(24) H:　dalin-du　　　ti　　*jiu*　　eme-xo-xe-n.
　　　　　大きい船-DAT　その　就　　　来る-PTCP.PST-PTCP.PST-3SG

　　　大きい船で来た。

(25) Y:　/ti　　e.../　　nian　　　　ta-ji　　　　tui　　　　　　eme-yi-si,
　　　　　FIL　　FIL　　　3SG.NOM　　それ-INS　　そのように　　来る-PTCP.NPST-2SG

	eni-si	ami-si	Saku	daxale-m	eme-xe-ni	a?
	お母さん-2SG	お父さん-2SG	皆	付く-CVB	来る-PTCP.PST-3SG	Q

あそこから来て、お父さんお母さんもみな付いてきたの？

(26) H: anci, *ta xian* ta-du bi-xe-ni,
ない 他 先 あそこ-DAT いる-PTCP.PST-3SG

/ali...[4]/ *eiya,* ti=de…
FIL 欸呀 3SG.NOM=CLT

いえ、彼らは向こうにいた。後で…

(27) Y: amile~ eme-xe-ni *bei.*
後で 来る-PTCP.PST-3SG 呗

後から来たのね？

(28) H: /ali... ali.../ amile eme-xe-ni.
FIL FIL 後で 来る-PTCP.PST-3SG

後から来た。

(29) eme-re min-dule eme-xe-ni.
来る-CVB 1SG.GEN-ALL 来る-PTCP.PST-3SG

私のところに来た。

(30) ti jo-ni Saku *doushi* akin-S ta-du ne-xe-ni.
その 家-3SG 皆 都是 兄-2SG そこ-DAT する-PTCP.PST-3SG

（両親が住む）家はあなたの兄さん（旦那）が建てた。

(31) tui ne-re, /ta-le bal... ta-le/ e-le baldi-an-xe-ni.
そのように する-CVB そこ-ALL FIL そこ-ALL ここ-ALL 暮らす-DIR-PTCP.PST-3SG

そうして、ここに暮らしに来た。

(32) Y: a, tui eme-xe-ni a.
INTJ そのように 来る-PTCP.PST-3SG Q

そうか、それで来たのか。

(33) H: a, tui eme-xo-xe-n.
INTJ そのように 来る-PTCP.PST-PTCP.PST-3SG

うん、そうやって来た。

(34) Y:　　ei　　xite　　xalen-ni　　Saku　　e-du　　uji-xe-si　　　　bei,
　　　　　　この　子供　達-3SG　　皆　　ここ-DAT　生む-PTCP.PST-2SG　呗

　　　　(H: a,)　gia　　ba-du　　　anci　ba?
　　　　　　　INTJ　違う　ところ-DAT　ない　吧

　　　子供たちはみんなこっちで生まれたでしょう。(H: うん。)他のところでは生んでないでしょう。

(35) H:　　anci,　e-du　　　man　uji-uxen.
　　　　　　ない　ここ-DAT　皆　　生む-IMPRS.PST

　　　生んでない、みんなここで生んだ。

(36)　　　sagdem　　ta-du　　　uci-xe-yi.
　　　　　一番目　　あそこ-DAT　生む-PTCP.PST-1SG

　　　一番上の子はあそこで生んだ。

(37)　　　e-du　　　bude-xe-ni,　　xichen　/sagdi.../
　　　　　ここ-DAT　死ぬ-PTCP.PST-3SG　PN　　　大きい

　　　　ti　　hai　akin-ni　bi-ren,
　　　　その　还　兄-3SG　ある-IND.3

　　　　ti　　duyun　se-du-ni　　　bude-xe-n　　　　timken.
　　　　それ　四　　年齢-DAT-3SG　死ぬ-PTCP.PST-3SG　その一人

　　　こっちで死んだ。シーチェン（仮名）の上に兄がいた。その子は４歳の時に亡くなった。

(38) Y:　　a,　　tim　sagdi-ni　　a?
　　　　　　INTJ　それ　大きい-3SG　Q

　　　そのぐらいの歳のときにか？

(39) H:　　ti=de　　xichen　hai　unake-yi-ni　　　　　e,
　　　　　その=CLT　PN　　　还　どうする-PTCP.NPST-3SG　PTCL

　　　　hai　baldi-Sce-n,　　　　　xebeli-du-yi　bisi-n.
　　　　还　生まれる-NEG.PST-3SG　お腹-DAT-1SG　いる.PTCP.NPST-3SG

　　　その時、シーチェン（仮名）はまだあれだよ、まだ生まれていない。お腹の中にいた。

(40) Y:　　a,　　timken　　jiu　bude-xe-n,　(H:　a,　　timken).
　　　　　　INTJ　その一人　就　死ぬ-PTCP.PST-3SG　　INTJ　その一人

　　　そうか、その時にその子が亡くなったのね。(H: うん、その子。)

(41) Y:　　timken　　bici-n=du　　　　　sipai-du　bici-n　　　　　ba?
　　　　　　その一人　いる.PTCP.PST-3SG=CLT　PN-DAT　　いる.PTCP.PST-3SG　吧

その子ができたのはスーパイでできたでしょう？

(42) H: a,   *nage*   ta-du   baldi-xe-ni,
       INTJ   那个   あそこ-DAT   生まれる-PTCP.PST-3SG

      e-le   eme-re   bude-xe-ni.
      ここ-ALL   来る-CVB   死ぬ-PTCP.PST-3SG

      うん、向こうで生まれて、こっちに来てから亡くなった。

(43) Y: a,   ta-du   baldi-m   edi-re,
       INTJ   あそこ-DAT   生まれる-CVB   終わる-CVB

      e-le   eme-xe-n=de   unku-n   baka-re   bude-xe-n.
      ここ-ALL   来る-PTCP.PST-3SG=CLT   病気-3SG   得る-CVB   死ぬ-PTCP.PST-3SG

      そうか、向こうで産んでからこっちに来て、病気になって亡くなったのね。

(44) H: a,   unku   baka-re   bude-xe-ni.
       INTJ   病気   得る-CVB   死ぬ-PTCP.PST-3SG

      うん、病気になって亡くなった。

(45) H: ta-tki,   *dou*   xile   *dou*   e-du   balti-xe-n.
       あそこ-ABL   都   子供たち   都   ここ-DAT   生まれる-PTCP.PST-3SG

      あれからの子供たちはみなこっちで生まれた。

(46) Y: a,   Saku   *gaijin*-du   balti-xe-n   *bei*.
       INTJ   皆   PN-DAT   生まれる-PTCP.PST-3SG   呗

      そうか、ジェジンコーで生まれたのね。

(47) H: a,   *gaijin*-du   balti-xe-ni,   sunja,   niun   nadan,
       INTJ   PN-DAT   生まれる-PTCP.PST-3SG   五   六   七

      alipti   xaxa   xite-yi   nate   bude-xe-ni.
      昔   男   子供-1SG   また   死ぬ-PTCP.PST-3SG

      うん、ジェジンコーで生まれた。5人、6人、7人。昔はもう一人息子が亡くなった。

(48) Y: hai   emken   bude-xe-ni   a?
       还   一つ   死ぬ-PTCP.PST-3SG   Q

      もう一人亡くなったの？

(49) H: a,   *nage*   emken   juru   ilan   duyun   sunja   niun,
       INTJ   那个   一   二   三   四   五   六

```
        niun    se-du-n         bude-xe-ni.
        六      年齢-DAT-3SG    死ぬ-PTCP.PST-3SG
```
うん、あのう、1、2、3、4、5、6、6歳の時に亡くなった。

(50)
```
        niun    se-du-n         bude-xe-n.
        六      年齢-DAT-3SG    死ぬ-PTCP.PST-3SG
```
6歳の時に亡くなった。

(51) Y:
```
        a,      tui         sagdi   da-xa-ni            a?
        INTJ    そのように  大きい  なる-PTCP.PST-3SG   Q
```
ああ、そんなに大きくなってたのか。

(52) H:
```
        esi     yaoshi  bude-Se-n           da-ki-ni,
        今      要是    死ぬ-NEG.NPST-3SG   なる-COND-3SG

        ta  ye  xiaofen-ji      eme    /eme  eme.../
        他  也  PN-INS          ―      ―     ―
```
今、亡くなってなければ、シャオフェン（仮名）と同じ…

(53) Y:
```
        eme     se.
        一      年齢
```
同い年。

(54) H:
```
        eme     se.
        一      年齢
```
うん、同い年。

(55)
```
        ti      akin-ni=de      niNnilin    bude-xe-n,          duyun   asen    xite,
        その    兄-3SG=CLT      春          死ぬ-PTCP.PST-3SG   四      女      子供

        duyun   xaxa    xite,   ju      xaxa    xite    bude-xe-ni,
        四      男      子供    二      男      子供    死ぬ-PTCP.PST-3SG

        ju      xaxa    xite    fule-xe-ni.
        二      男      子供    残る-PTCP.PST-3SG
```
そのお兄ちゃんも春に亡くなった。4人の女の子、4人の男の子を生んだ。二人男の子が亡くなって、二人の男の子が残った。

(56)
```
        tui             bisi.               (Y:     en.)
        そのように      ある.PTCP.NPST              INTJ
```
そういうことだ。（Y: なるほど。）

注
1 本テキストの解説でも述べたように、「結婚する」という語は尤氏は derxu- と言い、何氏は deraci- と言う。ここでは、何氏は尤氏に合わせて derxu- と言おうとしているが、言いなれない語形であるため、der- という途中までをくりかえしたと思われる。
2 eme-xo-xe-n : -xo も -xe も形動詞過去形と思われる形式で、ここで 2 回連続並べられている。これは何氏にのみ見られる独特な現象である。意味は -xe を 1 回使用されるときと変わらないという。
3 ge:東北方言。「～で」、「～から」の意で、標準語の「在」、「从」にあたる。実際の発音は第三声 gě であり、「擱」は当て字である。
4 amile「のちに」の言い間違いである。

テキスト5. 会話2——七夕、葡萄の育ち具合

【語り手】　尤文蘭氏、何淑珍氏
【収録日】　2015年8月20日
【収録場所】　黒龍江省ジェジンコー郷（街津口乡）何淑珍氏宅
【イニシャル】　Y: 尤文蘭氏、H: 何淑珍氏、L: 筆者
【解説】　この会話は二つの話題からなる。一つ目は七夕の伝説についての話であり、二つ目は尤文蘭氏の二番目の娘が植えた葡萄の育ち具合についての話である。

　この会話を収録した日はちょうど旧暦の七夕であった。尤氏はその日の朝に、孫と話したことを教えてくれた。孫は尤氏に牽牛と織姫がこの日に年に一度天界で会うのかと聞き、尤氏は牽牛と織姫が会って泣くのだと答えたという。この地域では、キュウリ畑やインゲン畑の中に入れば、夫婦が泣いているのが聞こえ、また、水の入ったボウルをキュウリ畑やインゲン畑に置いて、水の中から夫婦が合っているのが見えると言い伝えられている。嘘をつく子やおねしょする子は聞こえないと言われている。尤氏は孫にそれを話していたという。

　また、筆者が尤氏に二番目の娘の葡萄の育ち具合について聞いてみた。今年の育ち具合は去年ほど芳しくないとのことであった。薬をたくさんやれば、葡萄の茎が死んでしまい、少なくやると虫が多い。今葉っぱが全部黄色くなって、虫に食われている。葡萄がまだ小さいうちに、落ちてしまう。漢人たちが植えたのも皆似たような状況で、虫がたくさんできているという。

(1) Y:　ei　　ini,　ei　bia,　nadan　bia　*ba*,　*ha*?
　　　この　日　　この　月　　七　　　月　　吧　哈

　　　今日、今月、7月だよね？

(2) H:　a.
　　　INTJ

　　　うん。

(3) Y:　nadan　bia　da-ki-ni,　　(H:　nadan)　a,　nadan　bia,
　　　七　　　月　　なる-COND-3SG　　　七　　　INTJ　七　　　月

　　　/nadan/　nadan　bia,　nadan　*ri*.
　　　七　　　　七　　　月　　　七　　　日

　　　7月となると、7月、7月7日

(4) L:　ini.
　　　日

　　　（「日」は）「ini」（と言うよね）。

(5) H:　ini,　nadan　ini.
　　　日　　七　　　日

そうだ、「ini」、7日。

(6) Y: a,   nadan ini.
       INTJ   七   日

うん、7日。

(7)   *niulang...*
      牛郎

      牽牛…

(8) H: *niulang*   em   madan...
       牛郎   一   回

      牽牛一回…

(9) Y: em,   em madan, em   arni, em   madan baxci-rgi-yi-ni.
       一   一 回   一   年   一   回   会う-REPET-PTCP.NPST-3SG

      一年に一回（牽牛と織姫）が会う。

(10) H: a,   em   madan baxci-rgi-yi-ni.
        INTJ   一   回   会う-REPET-PTCP.NPST-3SG

       うん、一回会う。

(11)   em   madan, em   areN em   madan baxci-rgi-yi-ni.
       一   回   一   年   一   回   会う-REPET-PTCP.NPST-3SG

       一年に一回会う。

(12) Y: a.
        INTJ

       うん。

(13) H: a,   em   areN em   madan baxci-rgi-yi-ni   *ha*.
        INTJ   一   年   一   回   会う-REPET-PTCP.NPST-3SG 哈

       うん、一年に一回会うよね。

(14) Y: ei   sikseni edi   asen   soNo-yi-ni   e.
        この 夜   夫   女   泣く-PTCP.NPST-3SG   PTCL

       今晩に夫婦が泣くわ。

(15) H: a,   edi   asen   soNo-yi-ni.
        INTJ   夫   女   泣く-PTCP.NPST-3SG

   うん、夫婦が泣く。

(16) Y: ti   *xiqiao*[1]   emken=de   anci   da-xa-n,   ei   sikseni.
        その   喜鵲   一つ=CLT   ない   なる-PTCP.PST-3SG   この   夜

   カササギが一羽もなくなるわ、今晩。

(17) H: /ici.../   ini   ei   ini   *jiu*   ici-uScen.
          見る   日   この   日   就   見る-IMPRS.NEG.PST

   今日は見えないわ。

(18) Y: anci   *ha*?
        ない   哈

   ないよね。

(19) H: anci.
        ない

   ない。

(20) Y: Saku   ba   /uile-du/   uile-du-ni   ene-xe-n.
        皆   空   上-DAT   上-DAT-3SG   行く-PTCP.PST-3SG

   みんな天の上に行った。

(21)   baxci-rgi-re~   soNo-yi-ni   e.
        会う-REPET-CVB   泣く-PTCP.NPST-3SG   PTCL

   （夫婦が）会って、泣くのさ。

(22) H: a   xaxaxa.
        INTJ   INTJ

   うん、ハハハ。

(23) L: usiaxte   malxoN,   ei   durbu-ni   usiaxte   malxoN   bi-ren   *ba*.
        星   たくさん   この   夜-3SG   星   たくさん   ある-IND.3   吧

   星がたくさん。今晩、星がたくさんあるよね。

(24) H: usiaxte   *sha*?
        星   啥

   usiaxte って何？

(25) L: *xingxing.*
　　　星星

　　　星。

(26) Y: *zhenzi a?*
　　　榛子　啊

　　　ヘーゼルナッツ？

(27) L: *xingxing, bushi?*
　　　星星　　不是

　　　星です。違いますか。

(28) H: *xingxing.*
　　　星星

　　　星。

(29) Y: a,　　usiaxte-n　malxoN.
　　　INTJ　星-3SG　　たくさん

　　　あー、星がたくさん。

(30) H: usiaxte　malxoN.
　　　 星　　　たくさん

　　　星がたくさん。

(31) Y: ei　　ba　girka-rgi-ki-ni　　　　　usiaxte-ni　malxoN.
　　　この　空　晴れる-REPET-COND-3SG　星-3SG　　たくさん

　　　空が晴れて、星がたくさん。

(32) L: *xingxing shi* usiaxte? *zhenzi shi sha?*
　　　星星　　　是　　　　　　榛子　　是　啥

　　　星って usiaxte ですよね。ヘーゼルナッツは何て言いますか。

(33) Y: en?
　　　INTJ

　　　え？

(34) L: *zhenzi shi sha le?*
　　　榛子　　是　啥　了

　　　ヘーゼルナッツは何て言うんでしたっけ。

(35) Y: *zhenzi*   *bushi*   *usiaxte.*
   榛子 不是   星

   ヘーゼルナッツは usiaxte じゃないよ。

(36) H: inin girka-rki-xe-ni,   siwun...
   日   晴れる-REPET-PTCP.PST-3SG 太陽

   日が晴れて、太陽が（出て）…

(37) Y: siwun en... tiki-rgi   da-ki-ni   e, usiakte malxoN,
   太陽   INTJ 落ちる-REPET なる-COND-3SG PTCL 星   たくさん

   ei ba girka-rgi   da-ki-ni.
   この 空 晴れる-REPET なる-COND-3SG

   太陽が落ちると、星がたくさん。空が晴れてれば。

(38)   exele da-ki-ni   tigde   da-ki-ni   e,
     悪い なる-COND-3SG 雨が降る なる-COND-3SG PTCL

     usiakte-n=da anci, komso,
     星-3SG=CLT ない 少ない

     ba Saku /xeS.../ xaSki da-xa-n,   ici-m mete-uSen,
     空 皆   FIL   ???   なる-PTCP.PST-3SG 見る-CVB できる-IMPRS.NEG.NPST

     baka-uSen   ha.
     得る-IMPRS.NEG.NPST 哈

     （天気が）悪いと、星がない、見えないよね。

(39) H: en.
   INTJ

   うん。

(40) Y: ei sikseni goni-m=du   iktene-uyi.
   この 夜   考える-CVB=CLT 笑う-IMPRS.NPST

   今朝[2]のこと思い出せば笑っちゃう。

(41)   edi asen baxci-rgi-yi-ni,   (H: edi asen baxci-rgi-yi-ni.)
     夫   妻 会う-REPET-PTCP.NPST-3SG   夫   女 会う-REPET-PTCP.NPST-3SG

     soNo-yi-ni   e, omile-yi   xortoxto-yi   e,
     泣く-PTCP.NPST-3SG PTCL 孫-1SG   だます-PTCP.NPST.1SG PTCL

     eitumaki te-re=ken. (H: a.)
     朝   起きる-CVB=CLT   INTJ

     夫婦（牽牛と織姫）が会って（H: 夫婦が会う。）泣くよ。うちの孫をからかった、今朝起き

てから。（H: うん。）

(42) omile-yi   xesu-yi-ni   e.   (H: a.)
     孫-1SG   言う-PTCP.NPST-3SG   PTCL INTJ

孫が言う。（H: うん。）

(43) ei   *shi*   ei   inin,   /nadan/   nadan   bia
     この   是   この   日   七   七   月

   (H: nadan   inin),   nadan   inin,   xesu-yi-ni,
        七   日   七   日   言う-PTCP.NPST-3SG

   medele-yi-ni,   *wo*   *shuo*,   a.
   聞く-PTCP.NPST-3SG   我   说   INTJ

今日7月7日だよね（H:7日）って（孫が）聞くわけ。私は、そうよって。

(44) edi   asen,   *niulang*   *zhinü*   baxci-rgi-yi-ni   a?
     夫   女   牛郎   织女   会う-REPET-PTCP.NPST-3SG   Q

（孫は）牽牛と織姫の夫婦は会うのって。

(45) *wo*   *shuo*   a,   si   *nage*   xenke   dulan-ni   e
     我   说   INTJ 2SG.NOM   那个   キュウリ 中-3SG   PTCL

   biandu   dulan-ni   e,   niNe-ki-si   e,   niNe-re   Saku   duldi-ki-si
   インゲン   中-3SG   PTCL 入る-COND-2SG   PTCL 入る-CVB   皆   聞く-COND-2SG

   ta-du,   edi   asen   /soNo/,   soNo-yi-ni   e.
   そこ-DAT   夫   女   泣く   泣く-PTCP.NPST-3SG   PTCL

「そうだよ。キュウリ畑、インゲン畑の中に入れば？入ってそこで聞けば？夫婦が泣いてるよ。」って私が言った。

(46) tejin   ne³-m   medele-yi-ni   e,   (H: xaxaxa.)
     本当   と言う-CVB   聞く-PTCP.NPST-3SG   PTCL INTJ

本当？って孫が聞くから、本当だよ。家に帰らないで、インゲン畑の中に入って聞けば？（H: ハハ。）

(47) tejin,   si   eji   eni-re,   *ni*   biandu
     本当   2SG.NOM   PROH   帰る-PROH   你   インゲン

   dulan-ni   niNe-ki-si   e,   duldi-ki-si   e.
   中-3SG   入る-COND-2SG   PTCL 聞く-COND-2SG   PTCL

ほんとだよ。お前帰らないで、インゲン畑の中に入って、聞けば？

(48) H:　　ti　　　/em/　　em　　doropku　　nede-uyi　　　　　e,
　　　　　その　　　—　　　—　　ボール　　　置く-IMPRS.NPST　　PTCL

　　　　　/em　　em　　em　　doro…　　em/　　em　　doropku　　muke-we
　　　　　　—　　　—　　　—　　ボール　　　—　　　—　　ボール　　　水-ACC

　　　　　xenke-du　　　nede-re,　　ta-du　　　icikci-uyi　　　　　e.
　　　　　キュウリ-DAT　　置く-CVB　　そこ-DAT　　見る-IMPRS.NPST　　PTCL

　　　　　ボールを置いて、一ボールの水をキュウリ畑に置いて、そこで（水の中から）見えるよ。

(49) Y:　　tejin　　ici-uyi　　　　　a?
　　　　　本当　　見る-IMPRS.NPST　　Q

　　　　　本当に見えるの？

(50) H:　　*neng*　　ici-m　　　baka-re　　a,　　anci　　*ba*.
　　　　　能　　　　見る-CVB　　得る-CVB　　Q　　ない　　吧

　　　　　見えるかね、違うよね？

(51) Y:　　ni　　sa,　　bi=de　　　　　　sa…　　xaxaxa.
　　　　　誰　　知る　　1SG.NOM=CLT　　知る　　INTJ

　　　　　知るもんか、私も（知らない）（笑）。

(52) H:　　ti　　*ke*　　ti　　waile　　tui　　　　　xesu-yi-ni=cke,
　　　　　その　　可　　その　　もの　　そのように　　言う-PTCP.NPST-3SG=CLT

　　　　　neng　　baka-uyi　　　　　a,　　ici-ure　　　　　a?
　　　　　能　　　　得る-IMPRS.NPST　　Q　　見る-IMPRS.IND　　Q

　　　　　みんなそんなこと言ってるけど、見えるのか？

(53) Y:　　ei　　xite　　xalen　　xesu-yi-ni　　　　　　e,　　(H: a.)
　　　　　この　　子供　　達　　　言う-PTCP.NPST-3SG　　PTCL　　INTJ

　　　　　子供たちが言ってた。

(54)　　　a,　　xortoxto-yi-n　　　　　　nio　　xortoxto-yi　　　　　xite
　　　　　INTJ　だます-PTCP.NPST-3SG　　人　　だます-PTCP.NPST.1SG　　子供

　　　　　duldi-m　　mete-Se-ni　　　　　　e,
　　　　　聞く-CVB　　できる-NEG.NPST-3SG　　PTCL

　　　　　naxan　　cikci-yi-n　　　　　　xite-n=de
　　　　　オンドル　小便する-PTCP.NPST-3SG　子供-3SG=CLT

　　　　　ici-S　　　　　　duldi-S-ni　　　　　　e　　ne-m　　xesu-yi-ni,　　　　　　alipti.
　　　　　見る-NEG.NPST.2SG　聞く-NEG.NPST-3SG　　PTCL　する-CVB　言う-PTCP.NPST-3SG　　昔

　　　　　そうだ。嘘をつく子は聞こえない。おねしょする子は聞こえない。そう言ってた、昔は。

(55) H: a.
         INTJ

    そうか。

(56) Y: tejin   tui   a?
         本当   そのように   Q

    本当にそうなのか？

(57)   anci   *ba*?
         ない   吧

    違うでしょ。

(58) H: anci.
         ない

    違う。

(59) Y: tejin   da-ki-n   Saku   ene-re,
         本当   なる-COND-3SG   皆   行く-CVB

         sagdi   nio   Saku=de   ene-re   ici-an-yi.   xaxaxa.
         大きい   人   皆=CLT   行く-CVB   見る-DIR-1SG   INTJ

    本当だったら、大人もみんな見に行くわ（笑）。

(60)   *ni*   *hai*   ya-le   bisi   ici,   alipti   xesu-yi-ni   *bushi a.*
         你   还   どこ-ALL   ある.PTCP.NPST 見る   昔   言う-PTCP.NPST-3SG   不是 啊

    見えるもんか、昔がそう言ってたんじゃない？

(61)   naxan   cikci-yi-ni   xite   ici-S,   duldi-Se-ni,
         オンドル   小便する-PTCP.NPST-3SG   子供   見る-NEG.NPST   聞く-NEG.NPST-3SG

         xortoxto-m   xesu-yi-ni   xite   *haishi*
         だます-CVB   言う-PTCP.NPST-3SG   子供   还是

         ici   duldi-uSen,   anci   *ba*   tui.
         見る   聞く-IMPRS.NEG.NPST   ない   吧   そのように

    おねしょする子は見えなくて、聞こえない、嘘を言う子もやはり見えない、聞こえない。違うよね、そんなの。

(62) H: anci.
         ない

    違う。

(63) Y:　alipti　　niN　　　nio　　　/xite-we/　xite-we　　xortoxto-m　xesu-ren,
　　　　昔　　　ばかり　　人　　　　子供-ACC　　子供-ACC　　だます-CVB　　言う-IND.3

　　　　ei　　　xite　　xalen　　tejin　　ne-m　　　　goni-yi-ni　　　　　　e.
　　　　この　　子供　　達　　　本当　　と思う-CVB　　考える-PTCP.NPST-3SG　PTCL

　　　昔の人は子供を騙してばかり。この子たちは本当だと思っちゃうよ。

(64) H:　a,　　tejin　　ne-yi-ni.
　　　　INTJ　本当　　と思う-PTCP.NPST-3SG

　　　そうね。本当だと思っちゃう。

(65) Y:　a,　　min　　　　/ome.../　omile-yi　　hai
　　　　INTJ　1SG.GEN　　FIL　　　　孫-1SG　　　还

　　　　tejin　　ne-m　　　　medele-yi-ni,　　(H: xaxaxa.)
　　　　本当　　と言う-CVB　　聞く-PTCP.NPST-3SG　INTJ

　　　うん。私の孫は本当なのって聞いたりして。今晩聞きに行けば？（H: ハハ。）

(66)　　ei　　siksen　　duldi-an-ki-si　　　　　e.
　　　　この　夜　　　　聞く-DIR-COND-2SG　　　PTCL

　　　今晩聞きに行けば。

(67)　　/guma-si　　　　　ene/,　　guma-si　　　　　ene-re,　　biandu　　dulan-ni
　　　　母方の祖母-2SG　　行く　　母方の祖母-2SG　　行く-CVB　インゲン　　中-3SG

　　　　niNe-ki-si　　　　e,　　duldi-m　　mete-yi-si　　　　　　e.
　　　　入る-COND-2SG　　PTCL　聞く-CVB　　できる-PTCP.NPST-2SG　PTCL

　　　（母方の）おばあちゃんのところに行って、インゲン畑の中に入れば、聞こえるよ。

(68)　　tejin　　ne-m　　　　/medele/　medele-yi-ni　　　　e.
　　　　本当　　と言う-CVB　　聞く　　　聞く-PTCP.NPST-3SG　PTCL

　　　本当？って（孫が）聞く。

(69)　　tejin,　　si　　　　ene-ki-si　　　　e,　　si　　　　ta-le　　duldi-a-ki-si　　　　　e,
　　　　本当　　2SG.NOM　　行く-COND-2SG　　PTCL　2SG.NOM　　そこ-ALL　聞く-DIR-COND-2SG　PTCL

　　　　soNo-m　　bisi-n.
　　　　泣く-CVB　　いる.PTCP.NPST-3SG

　　　本当だよ。行けば？そこに聞きに行けば？泣いてるよ（って私が言った）。

(70) H:　xaxaxa,　　ti=de　　　　medele-yi-ni　　　　ha.
　　　　INTJ　　　3SG.NOM=CLT　　聞く-PTCP.NPST-3SG　哈

　　　ハハ、彼がそんなこと聞いてたのね。

(71) Y: a.
INTJ

うん。

(72) H: oki　　　ai　　　*ba*.
　　　どんなに　良い　吧

どんなによいか。

(73) Y: tejin　　ne-m　　　　goni-yi-ni　　　　　　　　e,　　ya-le　　　bisi　　　　　　tejin　　e?
　　　本当　　する-CVB　　考える-PTCP.NPST-3SG　　PTCL　どこ-ALL　ある.PTCP.NPST　本当　　PTCL

本当だと思ってる。本当なもんか。

(74) niN　　　nio　　xortoxto-m　　xesu-yi-ni　　　　　　　　*bei*.
　　　ばかり　　人　　　だます-CVB　　言う-PTCP.NPST-3SG　　呗

人を騙してばかりさ。

(75) L: jutindem　　asen　　xite-si　　　*putao*=de　　/uji-yi-ni　　　　　　　　a/
　　　二番目　　　女　　　子供-2SG　　葡萄=CLT　　　飼う-PTCP.NPST-3SG　　Q

tari-yi-ni　　　　　　　　a?
植える-PTCP.NPST-3SG　　Q

二番目の娘さんは葡萄も植えてますか。

(76) Y: a,　　　*putao*=de　　uji-yi-ni　　　　　　　　e,
　　　INTJ　　葡萄=CLT　　　飼う-PTCP.NPST-3SG　　PTCL

malxoN　　　putu　　baldi-yi-ni　　　　　　　　e.
たくさん　　　葡萄　　育つ-PTCP.NPST-3SG　　PTCL

うん、葡萄もたくさん育っているよ。

(77) /ei　　　ini/　　ei　　　jualin-ni　　exele,　　kuliaken-ni　　malxoN.
　　　この　　日　　　この　　夏-3SG　　　悪い　　　虫-3SG　　　　たくさん

今年はだめだ。虫が多い。

(78) oxoto　　nete-ki-ni　　　　　　　*ba*　　malxoN　　nete-ki-ni　　　　　　*ba*,
　　　薬　　　置く-COND-3SG　　吧　　　たくさん　　置く-COND-3SG　　吧

putu　　mo-ni　　bude-yi-ni.
葡萄　　木-3SG　　死ぬ-PTCP.NPST-3SG

薬をたくさんやれば、葡萄の茎が死んじゃう。

(79)　　　komso　　nete-ki-si　　　　　*ba*,
　　　　　少ない　　置く-COND-2SG　　吧

　　　　　少なくやると、

(80) H:　kuliaken-ni　　malxoN.
　　　　　虫-3SG　　　　たくさん

　　　　　虫が多い。

(81) Y:　a,　　kuliaken-ni　　*hai*　　/mete/　　bude-Se-n,　　　　　　*jiu*　　tui.
　　　　　INTJ　虫-3SG　　　　还　　　FIL　　　　死ぬ-NEG.NPST-3SG　就　　　そのように

　　　　　虫が死なない。そういうことだ。

(82)　　　esi　　Saku　　ti　　*yezi*-ni　　　e,　　Saku　　suyan　　da-xa-ni.
　　　　　今　　　皆　　　その　叶子-3SG　　PTCL　皆　　　　黄色　　　なる-PTCP.PST-3SG

　　　　　今葉っぱが全部黄色くなった。

(83)　　　kuliaken　　jefu-xe-ni　　　　　　e,　　em　　fasi　　em　　fasi
　　　　　虫　　　　　食べる-PTCP.PST-3SG　PTCL　一　　 CLF　　一　　 CLF

　　　　　niN　　　kuliaken　　malxoN.
　　　　　ばかり　　虫　　　　　たくさん

　　　　　虫が食ってる。一枚一枚の葉っぱに、虫がたくさん。

(84)　　　tiarenian　　*hai*　　mere　　　　ai-ji　　　bici-n,
　　　　　去年　　　　还　　　　なかなか　　良い-INS　ある.PTCP.PST-3SG

　　　　　/ei　ini/　ei　　jualin　　exele.　(H: a.)
　　　　　この　日　　この　夏　　　　悪い　　　　INTJ

　　　　　去年はなかなかよかったけど、この夏はだめだ。（H: そうか。）

(85)　　　bude-yi-ni,　　　　　　bude-xe-n　　　　　malxoN,
　　　　　死ぬ-PTCP.NPST-3SG　　死ぬ-PTCP.PST-3SG　たくさん

　　　　　niN　　　kuliaken　　jefu-yi-ni.
　　　　　ばかり　　虫　　　　　食べる-PTCP.NPST-3SG

　　　　　たくさん死んだ。虫が食ってばかり。

(86)　　　uSku~=ken　　ti　　　putu　　baldi-yi-ni　　　　　e,　　(H: a,)
　　　　　小さい=CLT　　その　葡萄　　育つ-PTCP.NPST-3SG　PTCL　INTJ

　　　　　Saku　tiki-yi-ni,　　　　　　　mene　　tiki-re.
　　　　　皆　　　落ちる-PTCP.NPST-3SG　自分で　　落ちる-IND.3

　　　　　小さくて、葡萄の様子が。みんな落ちちゃう、自分で落ちる。

(87) H: ti=de   /una.../   ili-xe-n-du-yi   /ti/   ti   na   ti
         その=CLT   FIL   立つ-PTCP.PST-3SG-DAT-REFL その   その   土地   その

         unku   bi-yi-ni=ti   /ti   ti   ti/   ti   waile
         病気   いる-PTCP.NPST-3SG=CLT   その   その   その   その   もの

         jiu   unake-re,   baldi-Se-n=cke.
         就   どうする-CVB   育つ-NEG.NPST-3SG=CLT

あの、何だっけ、（葡萄の藤が）立った時、その土が病気であれば、それもすると何だっけ、育たないんだよ。

(88) Y: *en ne.*
         嗯呢

そうだ。

(89) H: unku   ne-re.
         病気   する-IND.3

病気になっちゃう。

(90) Y: ei   irga-n=de   tiki-re,   esi   putu   maci   uSkuli
         INTJ   花-3SG=CLT   落ちる-CVB   今   葡萄   少し   小さい

         Saku   tiki-yi-ni.
         皆   落ちる-PTCP.NPST-3SG

花も落ちるし、今葡萄もまだ小さいのにみんな落ちちゃう。

(91)   *yezi*-ni   Saku   suyan-xe-n,   suyan-xe-n.
         叶子-3SG   皆   黄色-PTCP.PST-3SG   黄色-PTCP.PST-3SG

葉っぱは全部黄色くなっちゃう。

(92) H: ti   /yao baka-S/   yao=de   baka-S   da-xa-n   ei   areN,
         その   何   得る-NEG.NPST   何=CLT   得る-NEG.NPST   なる-PTCP.PST-3SG   この   年

         (Y: en.)   Saku   tui   bude-yi-ni   da-re.
                    INTJ   皆   そのように   死ぬ-PTCP.NPST-3SG   なる-IND.3

何も実らなかった、今年。(Y: うん。) みんな死んじゃう。

(93) Y: Saku   tui   e.
         皆   そのように   PTCL

みんなそう。

(94) H: Saku   tui   bude-yi-ni   da-re.
         皆   そのように   死ぬ-PTCP.NPST-3SG   なる-IND.3

みんなそうやって死んじゃう。

(95) Y: nio   nikan   nio-ni   tari-xe-n=de   Saku   tui   e,
       人   漢族   人-3SG   植える-PTCP.PST-3SG=CLT   皆   そのように PTCL

    (H: a.)   niN   kuliaken.
         INTJ   ばかり   虫

    漢人たちが植えたのもみんなそう、(H: そうか。) 虫ばかり。

(96) H: a.
       INTJ

    そうか。

(97) Y: malxoN.
       たくさん

    (そういうことが) 多い。

(98) H: malxoN.
       たくさん

    多い。

注

1 「喜鵲」(「カササギ」)の辞書における音形は xǐquè であるが、ここでは、東北地域の方言における発音 xǐqiao となっている。
2 前後の文脈で分かるように、文中にある ei sikseni「この夜」は、eitumaki「朝」の言い間違いである。
3 ne- には「～する、やる」、「～と言う」、「～と思う」などの意がある。

コラム　魚の食べ方いろいろ

　昔は、大量に魚が捕れていたため、他のツングース諸民族同様、干し魚や燻製の魚（Solu）などの保存食をよく食べていたが、1950年代より魚の商品化が進み、魚を干す棚デルケン（derken）で保存食を作ることがなくなった。90年代から電気の網で過度に魚を捕っていたのと、河川の汚染のせいで魚の量が一気に減り、日常的に食べられていた魚も年中行事や客をもてなす際のごちそうとまでなってしまった。魚の食べ方に関して言えば、漢族も含む他民族ともっとも異なるのはやはり生で魚を食べる点である。近年日本の寿司文化が中国に入り、大連や上海などの海沿いの都市では、刺身も一時期的に流行ったことがあったが、基本的には、魚を加熱して食べるのが主流である。その中で中国領内では魚を生で食べるのはやはり珍しいと考えられる。ヘジェン族の伝統的な生魚の食べ方は3種類挙げられる。よく生で食べる魚の種類は鯉（xartko）、ハクレン（taxcun）、チョウザメ（aijen）などである。

　　タルクー（talke）　生魚と野菜で作ったサラダである。魚を三枚おろしにし、皮ごと細く切って、酢でしめてから、ジャガイモやキュウリの千切りなどと和えて、塩、葱、唐辛子などを入れて食べる。魚を切る時、必ず骨も細かく切るようにするので、骨の多い川魚も生で食べられるわけである。

　　ラプトフー（laptxe）　生魚の切り身である。魚の皮を剥ぎ、三枚おろしにし、一口大に薄くスライスし、酢の中に少量の塩を入れ、それをつけて食べる。日本で酢味噌をつけて食べる鯉の洗いに見た目も味も非常に似ている。ただし、氷で魚肉を締める処理などはしないため、日本の刺身とは食感が若干異なる。

　　スゥラクー（surake）　冬に食べる凍った生魚の刺身である。凍った魚を削り、室温で少し解けるので、半分凍ったまま塩や酢をつけて食べる。口の中でとろけるような食感で、美味である。形がカンナで削った木の屑に似ていることから、漢語で「刨花」とも言う。

　なお、川沿いに暮らし、新鮮な魚が手に入るため、この地域の漢族もヘジェン族の影響を受け、生魚を抵抗なく食べている。

写真1．アムール川の岸で網を整える漁民

写真2．タルクー（talke）

参考文献

安俊（1986）『赫哲语简志』（中国少数民族简志丛书）北京：民族出版社.

何学娟、徐万邦主編（2008）『赫哲族现代与发展研究』北京：中国社会科学院出版社.

風間伸次郎（1996）「ヘジェン語の系統的位置について」『言語研究』109:117-139. 日本言語学会.

佐々木史郎（2015）「北東アジア先住民族の歴史・文化表象——中国黒竜江省敖其村の赫哲族ゲイケル・ハラの人々の事例から」『国立民族学博物館研究報告』39（3）:321-273.

『赫哲族简史』编写组（1984）『赫哲族简史』哈尔滨：黑龙江人民出版社.

刘忠波（1981）『赫哲人』北京：民族出版社.

凌純聲（1934）『松花江下游的赫哲族』南京：國立中央研究院歷史語言研究所.

李林静（2005）「ホジェン語のテキスト分析——皮なめしと保存食の作成」『千葉大学社会文化科学研究』11: 114-127. 千葉大学大学院社会文化科学研究科.

———（2006）「ホジェン語の動詞構造」千葉大学社会文化科学研究科博士論文.

———（2007）「ホジェンの皮加工の工程及び道具の名称」中川裕編『アイヌを中心とする日本北方諸民族の民具類を通じた言語接触の研究』:163-204. 平成15年度～平成18年度科学研究費補助金（基盤研究（B））研究成果報告書.

———（2014）「ホジェン語の動詞屈折形式とその統語機能」『北方言語研究』4:111-126. 北海道大学大学院文学研究科.

写真3. ラプトフー (laptxe)

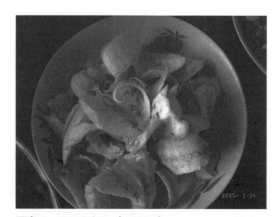

写真4. スゥラクー (surake)

シベ語

児倉徳和

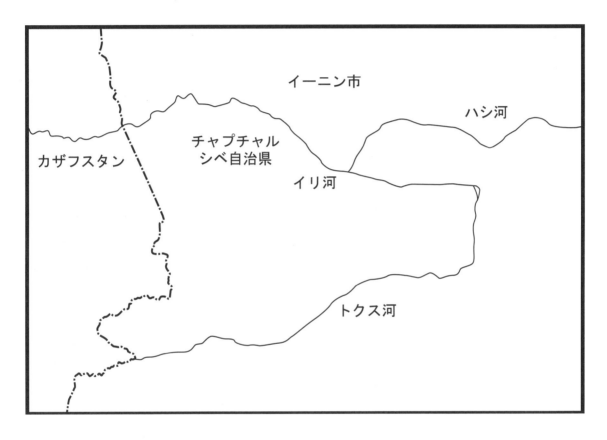

概説

　シベ語は中国・新疆ウイグル自治区のチャプチャルシベ自治県（察布査尔錫伯自治县）やイーニン市（伊宁市）などで主にシベ族（錫伯族，シボ族とも）により話されるツングース諸語の一つである。ツングース諸語は本書におさめられているソロン語やヘジェン語の他、満洲語（満语，マンジュ語とも）など全部で十あまりの言語からなるグループであるが、シベ語はツングース諸語の中で比較的満洲語と近く、また満洲語の口語の話し手が極めて少ないこともあり、過去の研究では「満洲語口語」と呼ばれることもある[1]。一方でシベ語（あるいは満洲語も含む）は、他のツングース諸語と文法の面で多くの異なる特徴が見られる。シベ語のツングース諸語内での特異性は、モンゴル語など周辺言語の影響によると考えられている。シベの人々は清朝時代にホルチン・モンゴルの支配下にあったことが歴史文書により知られており、このこともモンゴル語の影響を考える一つの根拠となる。周辺言語の影響は文法の面だけでなく語彙にも及んでおり、シベ語には漢語（中国語）やモンゴル語、現代ウイグル語の語彙が多く入っている。

　シベの人々は中国では東北地方と新疆ウイグル自治区の二つの地域に居住しており、新疆に居住する人々はかつて東北地方から国境警備のため軍隊として派遣され、移住した人々の子孫である（移住の経緯についてはコラム参照）。現在シベ語を話すことができるのは新疆ウイグル自治区に居住する人々のみであり、東北地方に居住するシベの人々はシベ語を失ってしまっている。人口統計によればシベの人々は中国全土でおよそ18万人いるが、このうち新疆に居住しているのはおよそ3万人余りで、それ以外の14万人以上は東北地方に居住している。

　新疆のシベの人々は主にイリ河流域にあるチャプチャルシベ自治県、およびその対岸にあるイーニン市に居住している。特にチャプチャルシベ自治県では、移住当時の軍事的単位をもとにニル（シベ語で「矢」の意）という八つの村落が形成され、現在も存続している。

　シベの人々はチャプチャルに移住した当初はイリ河の魚を捕る漁業や、イリ河沿いの森林地帯でのウサギなどの狩猟を行っていたが、後に大規模な水路を整備し、イリ河の水を灌漑しての農業を行うようになった。この地域には遊牧を行うカザフの人々も居住するが、シベの人々は牛などの小規模な牧畜を行うものの遊牧は行わず、住居も遊牧民の移動式住居ではなく定住式である。

　新疆に住むシベの人々は周辺の諸民族からとり入れたものも含めた、豊かな食文化を持っている。代表的な主食はファルグヴン（faleXe eweN）と呼ばれる、小麦粉をこねてから大きなホットケーキのような形・厚さに薄く延ばし、鉄鍋で焼くパンであるが、米や手打ちの麺も食する。また肉（羊肉，牛肉，鶏肉や馬肉など）、魚、野菜も幅広く食する。

　シベの人々は歴史的にはシャーマニズム（萨满教）や仏教を信奉していたが、現在はほぼ失われており、シャーマニズムに関わる歌や儀礼、仏教寺院が遺されているのみである。

　シベ語には満洲語を表記する満洲文字に若干の改変を加えたシベ文字による文語が存在し、文語での文学作品が数多く存在するほか、新聞も発行されている。シベ語の文語は口語との差異が大きいため、文字自体の読み書きを含め口語とは別に学習して習得する必要があるが、現在学校で文語を勉強する機会は、シベ人の民族小学校での4年間のみである。中学以降は文語の授業が全くないため、多くの子供は小学校を卒業した後はシベ文字を忘れてしまい、識字率は高くない。また学校教育は全て漢語で行われ、シベ語を使って行われる授業も存在しない。

　シベの人々の居住するチャプチャルシベ自治県やイーニン市はシベの人々だけでなくウイグル・

漢・カザフ・モンゴルなど様々な民族が居住する地域であり、シベの人々は他の民族、特に漢人との通婚も多い。また北京や上海などの大都市で生活するシベの人々も漢人との通婚の機会が多くなる。このとき彼らの子供は生活環境からシベ語を話さなくなるため、シベ語の話し手は若年層を中心に減少しつつあり、将来的に消滅する危機は存在している。しかし一方で、チャプチャルシベ自治県やイーニン市に暮らすシベの人々の中には母語であるシベ語や漢語以外にもウイグル語・カザフ語などいくつもの言語を駆使して生活する人も多い。彼らはこれらの言語を学校教育だけでなく、日常生活における他民族との交流を通しても習得している。さらに興味深いのは、チャプチャルシベ自治県の中でもシベの人々が集中している地域では、子供もシベ語を母語として生活しているだけでなく、稀ではあるが他所から移住してきた漢人など他の民族も日常生活を通しシベ語を習得していることである。

このように、シベ語は若年層を中心にシベ語を話さなくなっている人がいる一方で新たにシベ語を習得している人々もおり、シベ語の存続には比較的希望が持てる状況となっている。さらに近年はシベ人の若年層の間でもシベ語の保存・継承への取り組みが開始され、またSNS（ソーシャル・ネットワーク・サービス）の普及により各地のシベ人によるシベ語での交流も活発化しつつあり、こうした活動もシベ語の存続にむけての明るい材料であると言える。

シベ語の音素目録

母音音素

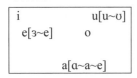

子音音素

		両唇音	唇歯音	歯茎音	反り舌音	硬口蓋音	軟口蓋音	口蓋垂音	調音点未指定
閉鎖音	無声音	p		t			k	q	K
	有声音	b		d			g	G	
摩擦音	無声音		f	s	š [ʂ]		x	χ	X
	有声音			[s~ʃ~z~ʒ]	ž [ʐ]		[x~ɣ]	[χ~ʁ]	
破擦音	無声音				c [tʂ~tʃ]				
	有声音				j [dʐ~dʒ]				
流音				l					
				r					
鼻音		m		n			ŋ		N
わたり音				w		y			

* 摩擦音 /s, x, χ/ は母音および子音 /l, r, m, n, ŋ/ の間で有声音で現れ、その他の環境では無声音で現れる。

* 調音点未指定の音素のうち、/N/ は直後が子音の場合はその調音点に同化し、語末では [ɴ] で現れる。K と X はそれぞれ /k/ と /q/、/x/ と /χ/ の対立が中和した原音素で、専ら完了接辞に現れる。語幹に母音 /a,o/、子音 /q, G, χ/ が存在する場合に口蓋垂音 /χ/ [χ~ʁ]、/q/ [q] として、その他の場合は軟口蓋音 /x/ [x~ɣ]、/k/ [k] として現れる。

このほか、記号 ' は有標のアクセントを表す。語末の母音 /i, e, u/ は一般に母音としては発音されないが、有標のアクセントをとる語は語末の母音が発音される。

主要接尾辞一覧

表1 名詞の格接辞

属格「～の」	=i
与位格「～に、～で」	=de
対格「～を」	=we ～ =be
方向格「～へ」	=ci'
奪格「～から」	=deri'
道具格「～で」	=maqe

表2 名詞の数要素

複数	-se

表3　動詞（直接法）を形成する要素（テンス・アスペクト・ムード）

直説法	完結相「〜た」「〜ている」「〜ていた」	-χe
	非完結相（進行）「〜ている」「〜ていた」	-maχe
	非現実（未来・習慣）「〜る」	-re (, -mi)

※ -mi は -re と表6の新情報を表す =i が融合した形式である．

表4　動詞（副動詞）を形成する要素

副動詞	同時「〜しながら」「〜しに」	-me
	継起1（継起・因果）「〜して」	-maqe
	継起2（継起）「〜してから」	-fe'
	条件「〜れば」	-ci'
	譲歩「〜ても」	-cini'

表5　動詞の派生要素（ヴォイス）

使役・受身	-we

表6　モダリティ・情報構造にかかわる要素

節の情報特性にかかわる	新情報	=i
	旧情報	=ŋe
（名詞）句の指示性にかかわる	主題[2]（対比的指示）	=ni'
	焦点（特定的指示）	da

表7　文末詞

疑問	na
推量	ba

略号一覧

1: first person 1人称
2: second person 2人称
3: third person 3人称
-: 接辞境界
=: 接語境界
#: 語境界
ABL: ablative 奪格
ACC: accusative 対格
ADVLZ: adverbalizer 副詞化
ALL: allative 方向格
AUX: auxiliary 助動詞
CAUS: causative 使役
CL: classifier 類別詞
COMP: complementizer 補文標識
CONC: concessive 譲歩
COND: conditional 条件
CVB: converb 複動詞
DAT: dative 与格
DIM: diminuitive 指小
EXCL: exclusive 除外
FIL: filler フィラー
FOC: focus 焦点
GEN: getivive 属格
IMP: imperative 命令
IMPFV: imperfective 非完結相
INCL: inclusive 包括
INF: inference 推量
INST: instrumental 道具格
INTJ: interjection 間投詞
IRR: irrealis 非現実
MOD: modality モダリティ
NEG: negation 否定
NIF: new information 新情報
NMLZ: nominalizer 名詞化
NOM: nominative 主格
OIF: old information 旧情報
ON: ordinal number 序数
ONOM: onomatopoeia オノマトペ
OPT: optative 希求
PASS: passive 受動
PFV: perfective 完結相
PL: plural 複数
PN: proper noun 固有名詞
Q: question 疑問
SG: single 単数
TOP: topic 主題

注

1 例えば山本謙吾（1969）『満洲語口語基礎語彙集』に収録されている言語はコンサルタントの出身等からシベ語に相当すると推察される。

2 =ni' は本来 3 人称単数所有者の所有物の標識であり、所有関係（AのB）はＡB=ni' という構造で表されていたと考えられる。しかし、共時的には典型的な所有関係は所有者を表す名詞句に付加される属格標識（=i）によりA=i B という構造で表されるようになり、=ni' は談話における主題を表すようになっている。=ni' は談話において主題となる要素、およびそれに関連する名詞句に規則的・継続的に付加される。「談話における主題に関連する名詞句」とは主題と対比される要素などである。例えば、新疆のシベ族が主題である談話において、「(対して) 東北のシベ族は…」というように東北のシベ族に対比的に言及する場合には「東北のシベ族」に =ni' が付加される。本稿では、このような機能をまとめて主題（対比的指示）としている。

テキスト 1. オウムの話（民話）

【語り手】 シェトゥケン（佘吐肯）氏、男性、1943 年、チャプチャル第四ニル生まれ。2003 年に退職するまでイーニン市のイリ師範学院で政治学を教え、退職後も同学院で招へい教師としてシベ語文語を教える。

【収録日】 2005 年 8 月 20 日

【収録場所】 新疆ウイグル自治区イーニン（伊宁）市・シェトゥケン（佘吐肯）氏宅

【解説】 オウムを主人公とする民話。オウムが飼い主である老婆の病気を治すために山の上にある桃の実をとりにいき、それを木こりの男が助ける。オウムはお礼に街頭で歌を歌って木こりに金を稼がせてやるが、それを見た欲深いニルの佐領[1]が、そのオウムを奪ってしまう。ニルの佐領はオウムに歌を歌わせようとするもオウムは従わず、反対に欲深いニルの佐領に災難が降りかかる、というストーリーである。

言語学的に言えば、補助動詞 bi-（biXei）の使用により、登場人物のセリフと語り手の語りの文（地の文）の切り替えが行われていることが注目される。

シェトゥケン氏（右）と筆者（左）

(1) daci' se-re. emu mame' baNje-me bi-Xe=i.
    昔   言う-IRR 一つの おばあさん 暮らす-CVB AUX-PFV=NIF

昔（のことだ）という。一人のおばあさんが暮らしていた。

(2) mame'=ni' da gelšku[2] yade-re baNje-mi.
    おばあさん=TOP FOC とても 貧しくする-IRR 暮らす-IRR.NIF

おばあさんはとても貧しく暮らす。

(3) bisi-re=ŋe da emu xwaje-Xe pampe emu xwaje-Xe
    ある-IRR=OIF FOC 一つの 壊れる-PFV ズボン 一つの 壊れる-PFV

    meceN emu xwaje-Xe fyase bi-Xe=i.
    鍋   一つの 壊れる-PFV 柄杓 ある-PFV=NIF

ある（持っている）ものは、やぶれたズボン一本、割れた鍋が一つ、壊れた柄杓一本であった。

(4) utu da mame'=ni' emu yeŋele cicyke' uji-Xe bi-Xe=i.
    このような FOC おばあさん=TOP 一つの オウム 小鳥 飼う-PFV AUX-PFV=NIF

それで、おばあさんはオウムを一羽飼っていた。

(5) yeŋele cicyke' uji-maqe da ere emu yeŋele cicyke' uji-Xe
    オウム 小鳥 飼う-CVB FOC FIL 一つの オウム 小鳥 飼う-PFV

bi-Xe=i.
AUX-PFV=NIF

オウムを飼って…オウムを飼っていた。

(6) mame'=ni'   gelšku   ujiN   nyumku   baχe-Xe=i.
     おばあさん=TOP とても   重い   病気   得る-PFV=NIF

おばあさんはとても重い病気にかかった。

(7) ujiN   nyumku   baχe-maqe   da   ere,   aymi-re   oχtu   aqu,   eke-me
     重い   病気   得る-CVB   FOC   FIL   飲む-IRR   薬   ない   FIL-CVB

     ta-we-me   mutu=qu,   tukume   da   emu   daiwe=we   syolu-me
     見る-CAUS-CVB   できる=IRR.NEG そうして FOC   一つの   医者=ACC   招く-CVB

     Gaje-Xe   bi-Xe=i.
     持ってくる-PFV   AUX-PFV=NIF

重い病気にかかって、飲む薬もない、あれして（医者に）見せることもできない。そこで医者を呼んで、来てもらった。

(8) daiwe=we   syolu-me   Gaje-Xe=ŋe   da   daiwe=ni'   gisere-Xe   bi-Xe=i.
     医者=ACC   招く-CVB   持ってくる-PFV=OIF   FOC   医者=TOP   話す-PFV   AUX-PFV=NIF

医者を頼んで来てもらうと、医者は言った。

(9) "tere   julxe   aliN=de   gene.   julxe   aliN=de   gene-me,   emu   da   toro
     あれ   南   山=DAT   行く.IMP 南   山=DAT   行く-CVB   一つの   CL   桃

     χaliN   bi.   ere   toro   χaliN=de   yelaN   toro   tuxu-Xe=i.   tere   yelaN
     木   ある   この   桃   木=DAT   三   桃   実が生る-PFV=NIF その   三

     toro=we=ni'   emkeN   Gaje-me   mutu-ci   da   siN   myumku   χoju
     桃=ACC=TOP   一つ   持ってくる-CVB   できる-COND   FOC   2SG.GEN 病気   良い

     o-mi."   se-Xe   bi-Xe=i.
     なる-IRR.NIF 言う-PFV AUX-PFV=NIF

「あの南の山に行け。南の山に行くと桃の木が一本ある。この桃の木に三つの桃の実が生っている。その三つの桃から一つ持って来ることができたらおまえの病気はよくなる」と言った。

(10) "tutu   waqe   o-ci,   mame'=i   myumku   χoju   oju=qu."
     そのよう   でない なる-COND   おばあさん=GEN 病気   良い   なる=IRR.NEG

     se-Xe=ŋe,   "e,"   se-me,
     言う-PFV=OIF   INTJ   言う-CVB

「さもなければおばあさんの病気は良くならない」と言うと、（おばあさんは）「ああ」と言って、

(11) tukume   da   yeŋele   cicyke'   dyasi-me   gene-maqe   da,   e   dyaNji-me
    そうして FOC   オウム   小鳥   入る-CVB   行く-CVB   FOC   FIL   聞く-CVB

    yela-maqe   da   dei-maqe   da   julxe   aliN=de   gene-Xe   bi-Xe=i.
    AUX-CVB   FOC   飛ぶ-CVB   FOC   南   山=DAT   行く-PFV   AUX-PFV=NIF

    それで、オウムは（家に）入っていって、あ、聞いていて、飛んで南の山に行った。

(12) julxe   aliN=de   dei-Xe,   dei-Xe,   dei-Xe,   dei-Xe,   julxe   aliN=de
    南   山=DAT   飛ぶ-PFV 飛ぶ-PFV 飛ぶ-PFV 飛ぶ-PFV   南   山=DAT

    gene-me   tere   aliN   χade=i   foruN   nuɲu=de=ni'   emu   da   χaliN   bi.
    行く-CVB   その   山   峰=GEN   頂上   上=DAT=TOP   一つの   CL   木   ある

    南の山に飛んで飛んで飛んで飛んで南の山に行くと、その山の峰の頂上に一本の木がある。

(13) emdaN   ta-Xe=ŋe   da   fulaŋe#fulgyaN   eraŋe   toro   χaliN,   toro
    一度   見る-PFV=OIF   FOC   真っ赤な   このような   桃   木   桃

    tuxu-Xe=i.
    実が生る-PFV=NIF

    ちょっと見ると、真っ赤なこんな桃の木。桃（の実）が生っている。

(14) toro   emdaN   gya-ki   se-ci,   yeŋele   cicyke'   ajige,   toro=we   gya-me
    桃   一度   得る-OPT   言う-COND   オウム   小鳥   小さい   桃=ACC   得る-CVB

    mutu=qu.
    できる=IRR.NEG

    桃をちょっと取ってみようとしても、オウムは小さく、桃を取ることができない。

(15) tukume,   gya-me   mutu=qu   afsi   asele-me   o-Xe.
    そうして   得る-CVB   できる=IRR.NEG   どう   する-CVB   AUX-PFV

    それで、取ることができずどうするのだろうか？

(16) utu   da   emdaN   dyaNji-me   eke-me   da   eke-me   ta-Xe=ŋe
    このよう   FOC   一度   聞く-CVB   FIL-CVB   FOC   FIL-CVB   見る-PFV=OIF

    da   tewa=de   emu,   emu   nane   mo   sace-re   jilχaN   dyaNji-me   bi-Xe=i.
    FOC   そこ=DAT   一つの   一つの   人   木   伐る-IRR   音   聞く-CVB   AUX-PFV=NIF

    こうして、ちょっと聞いてあれすると、あれして見ると、そこに一人の人が木を伐る音が聞こえる。

(17) mo   sace-re   jilχaN.
    木   伐る-IRR   音

    木を伐る音。

(18) tukume   da   dei-me   gene-me   mo   sace-re   nane=i   ba=i   tere   nuŋu=i
     そうして FOC   飛ぶ-CVB   行く-CVB   木   伐る-IRR   人=NIF   場所=GEN   その   上=GEN

     GarGeN=de   do-maqe   da   "mo   sace-re   age'   mo   sace-re   age'   ere
     枝=DAT   留まる-CVB   FOC   木   伐る-IRR   兄   木   伐る-IRR   兄   この

     toro   miN=de   gya-me   bu."   se-me   bi-Xe=i.
     桃   1SG=DAT   得る-CVB   やる.IMP   言う-CVB   AUX-PFV=NIF

それで飛んで行って木こりの（いる）ところのその上の枝にとまって、「木こりの兄さん、木こりの兄さん、この桃を私に取ってください」と言う。

(19) mo   sace-re   nane=ni'   emdaN   ta-Xe=ŋe,   ewa=de   ta-ci   emu   nane
     木   伐る-IRR   人=TOP   一度   見る-PFV=OIF   ここ=DAT 見る-COND   一つの 人

     aqu.
     ない

木こりはちょっと見たが、ここで見ても一人の人もいない。

(20) bei=we=ni'   χula-maχe=i.
     自分=ACC=TOP 呼ぶ-IMPFV=NIF

自分のことを呼んでいる。

(21) "ere   awi=de   gisere-maχe   bi-Xe=i."   seme   mo   sace-re   nane=ni'
     これ   どこ=DAT 話す-IMPFV   AUX-PFV=NIF   COMP   木   伐る-IRR   人=TOP

     ta-fe,   teraŋe   aqu   se-re.
     見る-CVB   そのよう   ない   言う-IRR

「これはどこで話しているのだろうか」と木こりは見たが、そんなのはいないという。

(22) tukume   da   gele   bei=i   mo=we=ni'   sace-Xe.
     そうして FOC   また   自分=GEN   木=ACC=TOP   伐る-PFV

それでまた自分の木を伐った。

(23) "mo   sace-re   age'   mo   sace-re   age'   miN=de   emdaN   toro   gya-me
     木   伐る-IRR   兄   木   伐る-IRR   兄   1SG=DAT   一度   桃   得る-CVB

     bu."   gele   teraŋe   aqu.
     やる.IMP   また   そのよう   ない

「木こりの兄さん、木こりの兄さん、私にちょっと桃を取ってください」またそんなのいない。

(24) "ere   ya=de   jaχane-maχe   bi-Xe=i,   ere   yawa=de   bi-Xe=i,
     これ   どこ=DAT   騒ぐ-IMPFV   AUX-PFV=NIF   これ   どこ=DAT   AUX-PFV=NIF

     ere   jaqe=ni'   ai   nane=ni'   qayci-maχe   bi-Xe=i,
     この   もの=TOP   なに   人=TOP   叫ぶ-IMPFV   AUX-PFV=NIF

ere	oi	si	we	si	nane	na	xutu	na	si	ane	we=de
これ	INTJ	2SG	誰	2SG	人	Q	お化け	Q	2SG	なぜ	誰=DAT

qayci-maχe=i."	se-Xe	bi-Xe=i.
叫ぶ-IMPFV=NIF	言う-PFV	AUX-PFV=NIF

「これはどこで叫んでいるのだろうか、どこにいるのだろうかこいつは。どいつが叫んでいるのだろうか、おいお前は人間か、それともお化けか、おまえはなぜ、誰に向かって叫んでいるのか」と言った。

(25)
tukume	da	yeŋgele	cicyke'=ni'	ji-maqe	da	mo	sace-re	nane=i
そうして	FOC	オウム	小鳥=TOP	来る-CVB	FOC	木	伐る-IRR	人=GEN

miriN=de	ji-me	do-Xe	bi-Xe=i.
肩=DAT	来る-CVB	留まる-PFV	AUX-PFV=NIF

すると、オウムが来て、木こりの肩のところに来て留まった。

(26)
"age'	age'	miN	mame'	myumku	baχe-Xe=i,	tutu	daiwe=de
兄	兄	1SG.GEN	おばあさん	病気	得る-PFV=NIF	そのよう	医者=DAT

ta-we-Xe=ŋe	tere	aliN	foruN=de	toro	bi,	tere	toro=we
見る-CAUS-PFV=OIF	その	山	頂上=DAT	桃	ある	その	桃=ACC

emkeN	gya-me	bu-ci	da	miN	mame'=i	myumku=we=ni'
一つ	得る-CVB	やる-COND	FOC	1SG.GEN	おばあさん=GEN	病気=ACC=TOP

aite-me	mutu-mi."	se-Xe=ŋe,
救う-CVB	できる-IRR.NIF	言う-PFV=OIF

「兄さん、兄さん、私のおばあさんが病気に罹りました。それで医者に見せたんですが、あの山の頂上に桃があって、その桃を一つとってあげたら私のおばあさんの病気を治すことができます。」と言うと、

(27)
"o-Xe=i	o-Xe=i,	tutu	o-ci	bi	siN=de	gya-me	bu-ki."
なる-PFV=NIF	なる-PFV=NIF	そのよう	なる-COND	1SG	2SG=DAT	得る-CVB	やる-OPT

se-me	da	mo	sace-re	nane	aliN=de	tawene-me	gene-maqe	da
言う-CVB	FOC	木	伐る-IRR	人	山=DAT	登る-CVB	行く-CVB	FOC

toro	emkeN	tate-me	gya-Xe	bi-Xe=i.
桃	一つ	引く-CVB	得る-PFV	AUX-PFV=NIF

「いいよ、いいよ。それなら私がとってあげよう」と言って木こりは山に登って行って、桃を一つもぎ取った。

(28)
tukume	mo	sace-re	nane=ni'	toro=we	ere	yeŋgele	cicyke'	afsi
そうして	木	伐る-IRR	人=TOP	桃=ACC	この	オウム	小鳥	どう

Game-me	o-Xe.
持って行く-CVB	なる-PFV

それで、木こりは桃を、このオウムはどうやって持っていくのだろうか？[3]

(29) tutu   da   ewa=de=ni'   emu   bei=i   yumsuN=we=ni'   mo   sace-re
     そのよう FOC   ここ=DAT=TOP 一つの 自分=GEN   帯=ACC=TOP   木   伐る-IRR

     ere   ba=i   yumsuN=we=ni'   ere   so-Xe   bi-Xe=i,   so-me   gya-maqe
     これ   場所=DAT 帯=ACC=TOP   これ   脱ぐ-PFV AUX-PFV=NIF   脱ぐ-CVB 得る-CVB

     ere   toro=we=ni'   χosi-maqe   da   yeŋgele   cicyke'=i   bilχa=de   χaite-me
     これ   桃=ACC=TOP   包む-CVB   FOC   オウム   小鳥=GEN   喉=DAT   結ぶ-CVB

     bu-Xe   bi-Xe=i.
     やる-PFV AUX-PFV=NIF

すると、ここに自分の帯を、木こりのここのところの帯を、解いた。解いて桃を包んでオウムの喉のところに結び付けてやった。

(30) tukume   da   fyoNji-Xe   bi-Xe=i,   "age'=de   bi   aiteŋe   o-cini'
     そうして FOC   尋ねる-PFV   AUX-PFV=NIF   兄=DAT   1SG   いつ   なる-CONC

     qarule-mi,   age'=i   bo   yawa=de   te-Xe=i,   yawa=de   bi   gene-me
     恩返しする-IRR.NIF 兄=GEN   家   どこ=DAT 住む-PFV=NIF どこ=DAT 1SG   行く-CVB

     qarule-mi."   se-me   bi-Xe=i.
     恩返しする-IRR.NIF 言う-CVB AUX-PFV=NIF

すると（オウムは）尋ねた。「兄さんに私はいつか必ず恩返しをします。兄さんの家はどこにありますか？どこに恩返しに行きましょうか？」と言う。

(31) "oi   myumku=we   neneme   dase=qu   na,   qarule-maqe   ane-mi,
     INTJ 病気=ACC   先に   治す-IRR.NEG Q   恩返しする-CVB   なにする-IRR.NIF

     miN   bo   tere   wyarxe   gya=i   tere   uju=i   bo=ni'   wyarxe   duqa=i
     1SG.GEN 家   その   東   通り=GEN   その   一番=GEN   家=TOP   東   門=GEN

     wyarxe   gya   dyasi-me   gya=de   dyasi-me   uju=i   bo=ni'   da   meNjaŋe."
     東   通り   入る-CVB   通り=DAT   入る-CVB   一番=GEN   家=TOP   FOC   その通りだ

     seme   teraŋe   ale-me   bu-Xe.
     COMP   そのよう 告げる-CVB やる-PFV

「おい、先に病気を治さないか。恩返しをしてどうするんだ。私の家はあの東の通りの一つ目の家、東の門の東の通りを入って一つ目の家がそうだ」とそのように伝えてやった。

(32) o   bi   eje-me   gya-maqe   da   yeŋgele   cicyke'   da   toro=we
     INTJ   1SG   記憶する-CVB 得る-CVB   FOC   オウム   小鳥   FOC   桃=ACC

     gya-re,   dei-maqe   da   bo=de=ni'   ji-Xe   bi-Xe=i.
     得る-IRR 飛ぶ-CVB   FOC   家=DAT=TOP   来る-PFV   AUX-PFV=NIF

「分かった。覚えた[4]」とオウムは桃を提げて飛んで、家に帰ってきた。

(33) dei-maqe   bo=de   emdaN   ji-Xe=ŋe   da   mame'=ni'   da   gelškulei
    飛ぶ-CVB   家=DAT   一度   来る-PFV=OIF   FOC   おばあさん=TOP   FOC   とても

    bece-re   χaNci.
    死ぬ-IRR   近い

    飛んで家に帰ってくると、おばあさんは本当に死にそうだ。

(34) mame'=ni'.   tukume   da   toro=we   jawe-maqe   je-re   eke-me
     おばあさん=TOP   そうして   FOC   桃=ACC   掴む-CVB   食べる-IRR   あれする-CVB

     je-Ke[5]   bi-Xe=i.
     食べる-PFV   AUX-PFV=NIF

     おばあさんは。それで、桃を、掴んで、食べて、あれして食べた。

(35) je-maqe   muku'=we=ni'   emdaN   yase=de=ni'   iji-Xe=ŋe   da   yase=ni'
     食べる-CVB   水=ACC=TOP   一度   目=DAT=TOP   塗る-PFV=OIF   FOC   目=TOP

     doχu   yase=ni'   guxuN   da   sawe-me   aci-Xe=i.
     盲目の   目=TOP   明るい   FOC   見える-CVB   AUX-PFV=NIF

     食べて、汁をちょっと目に塗りつけると、目が、見えなかった目が、はっきりと見えだした。

(36) toro   emdaN   je-Ke=ŋe   da   myumku=ni'   syaN   o-Xe=i,   ere
     桃   一度   食べる-PFV=OIF   FOC   病気=TOP   良い   なる-PFV=NIF   FIL

     mame'   emgeri'   syaN   o-Xe=i.
     おばあさん   既に   良い   なる-PFV=NIF

     桃をちょっと食べたら病気がよくなった。おばあさんはもう良くなった。

(37) tukume   da   yeŋgele   cicyke'   ere   mo   sace-re   age'=de   bi   baniχale-ki
     そうして   FOC   オウム   小鳥   これ   木   伐る-IRR   兄=DAT   1SG   お礼する-OPT

     se-maqe,
     言う-CVB

     それでオウムは、この木こりに私はお礼をしたいと、

(38) tukume   da   dei-maqe   da   tow seme   mo   sace-re   age'   bo   χaliN
     そうして   FOC   飛ぶ-CVB   FOC   ちょうど   木   伐る-IRR   兄   家   木

     duqa   jaqe=i   χaliN=de   do-me   "mo   sace-re   age'   mo   sace-re   age'
     門   もの=GEN   木=DAT   留まる-CVB   木   伐る-IRR   兄   木   伐る-IRR   兄

     bi   siN=de   eke-me   ji-Xe=i."
     1SG   2SG=DAT   FIL-CVB   来る-PFV=NIF

     それで飛んで行って、ちょうど木こりの家の木、門のところの木にとまって「木こりの兄さん、木こりの兄さん、私はあなたにあれしに来ました。」

(39) "oi   si   ji-Xe=i   na."   se-me,
     INTJ   2SG   来る-PFV=NIF   Q   言う-CVB

「ああ、おまえ来たか。」と言って、

(40) tukume   afsi   "bi   age'=de   qarule-ki."   "afsi   qarule-mi."   se-me
     そうして どう   1SG   兄=DAT   恩返しする-OPT   どう   恩返しする-IRR.NIF 言う-CVB

     da,
     FOC

それでどうだ、「私は兄さんに恩返ししましょう」「どうやって恩返しするのか」と言うと、

(41) "si   miN=de   ere   emu   lowse   emkeN   are,   ere   Gasχe=we
     2SG   1SG=DAT   FIL   一つの 籠   一つ   作る.IMP FIL   鳥=ACC

     te-we-re   lowse=we   emkeN   are-me   bu,   syaN   lowse   are,
     座る-CAUS-IRR   籠=ACC   一つ   作る-CVB やる.IMP 良い   籠   作る.IMP

     miN=we   tere   ame   gya=de   Game-me   seNda,
     1SG=ACC   その   大きな 通り=DAT   持って行く-CVB   置く.IMP

     bi   ucule-me   bu-ki.   tukume   da   siN=de   nane   jiχa   bu-mi,
     1SG   歌う-CVB   やる-OPT   そうして FOC   2SG=DAT   人   お金   やる-IRR.NIF

     jiχa=we   si   byarxe-me   gyase."   se-me   da,
     お金=ACC   2SG   集める-CVB   得る.IMP   言う-CVB   FOC

     "ŋe   ŋe   o-Xe."   se-me   da   tutu   da   ere   mo   sace-re
     はい   はい   なる-PFV   言う-CVB   FOC   そのよう   FOC   この 木   伐る-IRR

     age'=ni'   da   syaN   emu   gelškulei   syaN   kwaryaŋe   emu   lowse
     兄=TOP   FOC   良い   一つの   とても   良い   可愛い   一つの 籠

     are-Xe   bi-Xe=i.
     作る-PFV   AUX-PFV=NIF

「あなた私に鳥籠を作ってください。鳥を入れる籠を一つ作ってください、いい籠を作ってください、私をその大通りに連れて行って置いてください。私が歌ってあげましょう。そうすればあなたに人がお金をあげるでしょう。お金をあなたは集めてください」と言うと、「うん、うん、いいよ」と言って、そうして、木こりの兄さんは良い、とても良い、綺麗な籠を一つ作った。

(42) yeŋgele   cicyke'=we   da   lowse   dyorxu=i   ere   lowse   dyorxu=de
     オウム   小鳥=ACC   FOC   籠   中=GEN   FIL   籠   中=DAT

     te-we-maqe   da   tere   ame   gya=i   ame   χaliN   ba=de   eralyaŋe
     座る-CAUS-CVB   FOC   それ   大きな 通り=GEN   大きな 木   場所=DAT   このよう

     ere   lyake-Xe   bi-Xe=i.
     FIL   吊るす-PFV AUX-PFV=NIF

オウムを籠の中の、籠の中に入れて、その大きな通りの大きな木のところにこうやって、吊る

した。

(43) oi   emdaN yeŋgele cicyke' emdaN ucule-me aci-Xe=ŋe da   mudaN
     INTJ 一度   オウム   小鳥   一度   歌う-CVB AUX-PFV=OIF FOC (歌の)節

     ucule-me aci-Xe   gelškulei syaN ucuN ucule-mi,   tukume da   uχuri'
     歌う-CVB AUX-PFV とても   良い 歌   歌う-IRR.NIF そうして FOC あらゆる

     jaquN dere duyeN gya=i   jaquN dere nane da   gemu gya=de
     八   面   四   通り=GEN   八   面   人   FOC 皆   通り=DAT

     isa-me   ji-Xe   bi-Xe=i.
     集まる-CVB 来る-PFV AUX-PFV=NIF

ああ、オウムがちょっと歌い出すと、節を歌い出すと、とても良く歌を歌う。すると、八方、四方八方の人が皆通りに集まって来た。

(44) ji-maqe   da   ere   ucuN ucule   se-ci   ere ucuN ucule-mi,
     来る-CVB   FOC これ 歌   歌う.IMP 言う-COND   これ 歌   歌う-IRR.NIF

     tere ucuN ucule   se-ci   tere ucuN ucule-mi,   bei=i   jilχaN=ni'
     その 歌   歌う.IMP 言う-COND   その 歌   歌う-IRR.NIF 自分=GEN   声=TOP

     da   gelšku fulu nane da   baile-maqe emgeri' da   jiχa   maχte-me
     FOC とても 豊か 人   FOC 喜ぶ-CVB   既に   FOC お金   投げる-CVB

     bu-me   aci-Xe=i   ere   mafe⁶-se.
     やる-CVB AUX-PFV=OIF これ やつ-PL

来て、この歌を歌えというとそれを歌う。あの歌を歌えと言うとそれを歌う。（オウム）自身の声がとても豊かで、もう人が喜んで既にお金を投げてやりだした。こいつら。

(45) jiχa   maχte-me   bu-Xe=ŋe   da   cyaNdase=i jiχa da   eNfaleN sideN=de
     お金   投げる-CVB やる-PFV=OIF FOC 財嚢=GEN   お金   FOC 一時   間=DAT

     da   lawdulei jiχa o-Xe   bi-Xe=i.
     FOC たくさん   お金 なる-PFV AUX-PFV=NIF

金を投げてやると、財嚢は、たちまちのうちに金で一杯になった。

(46) o   ere   jiχa=we   eke-me   eke-re   yawe-re   sideN=de da
     INTJ この お金=ACC FIL-CVB   FIL-IRR   AUX-IRR   間=DAT   FOC

     ere   nyuru=i   jyaŋeN=i' dulu-me   yawe-mi.
     この ニル=GEN 佐領=TOP   過ぎる-CVB 往く-IRR.NIF

この金をあれして、あれしているところに、このニルの佐領が通りかかる。

(47) "ai ewa=de   tewa=de   curgiNdu-me ai nane ere   ewa=de   isa-Xe=i."
     何   ここ=DAT そこ=DAT 騒ぐ-CVB   何 人   これ ここ=DAT 集まる-PFV=NIF

	emmedaN	ta-χe=ŋe	da	ere	cicyke'	tutu	ere	eke-maχe=i
	ちょっと	見る-PFV=OIF	FOC	これ	小鳥	そのよう	FIL	FIL-IMPFV=NIF

	se-re.	yawe-χe=i	se-re.
	言う-IRR	AUX-PFV=NIF	言う-IRR

「何をここで騒いで、何者がここに集まっているのか」見ると、オウムがそうやってあれしている、しているという。

(48)
	tutu	gelšku	ucule-maχe	dudu-χe=i,	nane=ni'	jiχa	bu-maqe
	そのよう	とても	歌う-IMPFV	AUX-PFV=GEN	人=TOP	お金	やる-CVB

	dudu-χe=i.
	AUX-PFV=NIF

それですごく歌いまくっている。人が金をあげまくっている。

(49)
	tukume	da	jyaŋeN	Goni-mi,	"oi	baine-re	joχuN	ji-χe	aqu
	そうして	FOC	佐領	思う-IRR.NIF	INTJ	金持ちになる-IRR	道	来る-PFV	ない

	na	ere."
	Q	これ

すると、佐領は考える。「これは金儲けのチャンスがきたのではないか？」

(50)
	ere	se-me	tukume	da	ere,	mo	sace-re	nane=de	"ane	si
	これ	言う-CVB	そうして	FOC	FIL	木	伐る-IRR	人=DAT	なぜ	2SG

	miN	ere	cicyke'=we	eke-χe=i"	se-χe=ŋe,	"bi	ere	cicyke'
	1SG.GEN	これ	小鳥=ACC	FIL-PFV=NIF	言う-PFV=OIF	1SG	この	小鳥

	miN	cicyke'."	se-χe=ŋe,	"afsi	siN	cicyke'	o-mi,	ere	GaseN
	1SG.GEN	小鳥	言う-PFV=OIF"	どう	2SG.GEN	小鳥	なる-IRR.NIF	この	村

	uχuri'	jaqe	gume	min=iŋe	siN	ere	jaqe	gele	min=iŋe
	あらゆる	もの	全て	1SG.GEN=NMLZ	2SG.GEN	これ	もの	また	1SG.GEN=NMLZ

	jiχa=we	Gaje."	se-me	da	dyuri-me	gya-maqe	cicyke'=we	dyuri-me
	金=ACC	持ってくる.IMP	言う-CVB	FOC	奪う-CVB	得る-CVB	小鳥=ACC	奪う-CVB

	gya-maqe	da	bo=ci'	Game-maqe	gene-χe	bi-χe=i.
	得る-CVB	FOC	家=ALL	持って行く-CVB	行く-PFV	AUX-PFV=NIF

こういって、そして、木こりに、「なぜおまえは私の鳥をあれしたのか」というと、（木こりは）「この鳥は私の鳥だ」と言うと、（佐領は）「どうしてお前の鳥になるのだ。この村ではあらゆるものが全て私のものだ。お前のこれも私のだ、金を寄越せ」と言うと、奪い取って、鳥を奪い取って家に連れて行った。

(51)
	Game-me	gene-maqe	da	emu	dyowuru	ji-maqe	da
	持って行く-CVB	行く-CVB	FOC	一つ	夜	来る-CVB	FOC

mame'=de=ni'	xexe=de=ni'	gisere-Xe	bi-Xe=i.
おばあさん=DAT=TOP	妻=DAT=TOP	話す-PFV	AUX-PFV=NIF

連れて行って、夜が来ると、おばあさんに、妻に言った。

(52)
"oi	mame'=ni'	mame'=ni'	mese	šu	da	aliN	emduruN	aisiN
INTJ	おばあさん=TOP	おばあさん=TOP	1PL.INCL	最も	FOC	山	同様	金

eke-re	emu	jaqe	baχe-Xe=i,	mese	te	je-re	aymi-re=de
FIL-IRR	一つ	もの	得る-PFV=NIF	1PL.INCL	今	食べる-IRR	飲む-IRR=DAT

jiχa	urinadeN=de	umai	aqe-re	baite	aqu	o-Xe=i	ere
お金	財産=DAT	何も(…ない)	心配する-IRR	こと	ない	なる-PFV=NIF	これ

ba=de,	ere	baχe-Xe=i."	se-me	da,
場所=DAT	FIL	得る-PFV=NIF	言う-CVB	FOC

「おい、婆さん、婆さん、我々は全く山のような金をあれするものを得た。我々は飲み食いするのに金銭、財産を心配することが無くなった。これで。得たぞ。」と言って、

(53)
je,	tukume	da	ere,	ere	jyaŋeN	da	ere	yeŋele	cicyke'=de	da	emu
INTJ	そうして	FOC	この	FIL	佐領	FOC	この	オウム	小鳥=DAT	FOC	一つ

ice'	lowse	emu	eralyaŋe	lowse	are-me	bu-me	yela-fe	da,
新しい	籠	一つの	このような	籠	作る-CVB	やる-CVB	AUX-CVB	FOC

ere	uχuri'	nyure	GaseN	sekay	aNbaN	χaweN	jaŋeN	jaqe=we	da
FIL	全ての	ニル	村	INTJ	大臣	役人	佐領	もの=ACC	FOC

syolu-me	Gaje-fe'	da	bei=ni'	tewa=de	eralyaŋe	ere	ucule-re
招く-CVB	持って来る-CVB	FOC	自分=TOP	そこ=DAT	このような	FIL	歌う-IRR.PFV

eralyaŋe	cicyke'	bi,	eralyaŋe	gelšku	syaN	ucule-re	cicyke'	bi
このような	小鳥	ある	このような	とても	良い	歌う-IRR	小鳥	ある

so	emu	medaN	ji-me	dyaNji-me	ta-me	ta	se-me	da
2PL	一つの	度	来る-CVB	聞く-CVB	見る-CVB	見る.IMP	言う-CVB	FOC

jai	yeneŋe	tere	tere	yeneŋe	tere	tere	yeneŋe	da	bei
次の	日	その	その	日	その	その	日	FOC	自分

yaya#saca=we=ni'	da	wiŋe-fe'	da	ere	ba=we	syolu-me,
召し使い=ACC=TOP	FOC	率いる-CVB	FOC	これ	場所=ACC	招く-CVB

tere	ba=we	syolu-me,	uχuri'	nane=we	gemu	isa-we-Xe	bi-Xe=i.
その	場所=ACC	招く-CVB	あらゆる	人=ACC	全て	集まる-CAUS-PFV	AUX-PFV=NIF

さて、それでこの佐領はこのオウムに新しい籠、こんな籠を作ってやっておいて、あらゆるニルの、やれ大臣、役人、佐領といった者を招いて連れて来て、自分のところにこのように歌を歌う、このような鳥がいる、このようにとても良く歌を歌う鳥がいる、お前たち一度来て聞いてみろといって、次の日、いついつの日、いついつの日に自分の召し使いを引き連れてこっちを招待し、あっちを招待してあらゆる人を皆集めた。

(54) je,   isa-we-maqe   da   jai   tere eke-re   yeneŋe isiNji-Xe.
     INTJ 集まる-CAUS-CVB   FOC 次の その FIL-IRR   日   到達する-PFV

さあ、集めて、そしてそのあれする日がやってきた。

(55) yeŋgele cicyke'=we   Game-me   lyake-Xe.
     オウム   小鳥=ACC   持って行く-CVB   吊るす-PFV

オウムを連れて行って吊るした。

(56) "ere   ucuN ucule."   se-ci   yeŋgele cicyke'=ni' ucule=qu   sa.
     これ   歌   歌う.IMP   言う-COND   オウム   小鳥=TOP   歌う=IRR.NEG   MOD

     "tere   ucuN ucule."   se-ci   yeŋgele cicyke'   ucule=qu,   "urai
     その   歌   歌う.IMP   言う-COND   オウム   小鳥   歌う=IRR.NEG   なんと

     doru   aqu   jaqe, ere   jaqe=we   ere   gece-me   wa=qu   ane-me
     礼儀   ない   もの   この もの=ACC FIL   凍る-CVB 殺す=IRR.NEG   なにする-CVB

     bi-Xe=i   ere." se-me   ere,
     AUX-PFV-NIF   これ   言う-CVB   FIL

「この歌を歌え」と言ってもオウムは歌わない。「あの歌を歌え」と言ってもオウムは歌わない。「なんて礼儀知らずなやつだ。こいつを凍え死なせずにどうするかこれは」と言って、

(57) tukume   da   ere   jyaŋeN=i'   da   gelškulei   gire-Xe=i,   uχuri'   wesixuN
     そうして FOC   この 佐領=TOP   FOC   とても   恥じる-PFV=NIF あらゆる 高貴な

     aNtχe gemu lawdu nane ji-Xe=i,   aNtχe=i   julxe=de   bei=ni'   emgeri'
     客   皆   多い   人   来る-PFV=NIF   客=GEN   前=DAT   自分=TOP   既に

     barde-Xe=i.   "o   miN   cicyke' eraŋe   syaN   ucule-me, teraŋe
     自慢する-PFV=NIF INTJ 1SG.GEN 小鳥   このような   良い   歌う-CVB   そのような

     syaN   ucule-me, bi   eraliŋe   eke-me   baχene-mi."   se=ŋe   ere
     良い   歌う-CVB   1SG   このような   FIL-CVB   できる-IRR.NIF 言う=OIF   この

     cicyke' emkeN   gele ucule=qu   sa.
     小鳥   一つ   も   歌う=IRR.NEG   MOD

するとこの佐領は、とても恥ずかしくなった。あらゆる高貴な客人が大勢来た、客人の前で自分はすでに自慢した。「私の鳥はこんなに良く歌う、あんなによく歌う、私はこのようにあれできる」と言ったが、この鳥は一つも歌わないと。

(58) ere=we   ane-mi   se-me   da   jawe-maqe   da   gece-me   wa-me
     これ=ACC どうする-IRR.NIF いう-CVB   FOC   捕える-CVB   FOC   凍る-IRR.CVB 殺す-CVB

     se-me   tewa=de   emu   fe   myau   bi-Xe=i,   ere   myau=de   Game-maqe
     AUX-CVB   そこ=DAT   一つの 古い   寺   ある-PFV=NIF これ 寺=DAT   持って行く-CVB

     da   ewa=de   lale-me   wa-me   se-me   da   Game-me   lyake-Xe
     FOC   ここ=DAT 飢える-CVB   殺す-CVB   いう-CVB   FOC   持って行く-CVB   吊るす-PFV

bi-Xe=i.
AUX-PFV=NIF

これをどうしてやろうといって、捕まえて、凍え死にさせようと、そこに古い寺があった。この寺に連れて行って、ここで飢え死にさせてやろうと連れて行って吊るした。

(59) tukume   da   myau=de   emu   medaN   da   gene-me   cicyke'   gene-me   da
     そうして   FOC   寺=DAT   一   度   FOC   行く-CVB   小鳥   行く-CVB   FOC

     nane=ni'   gemu   myau=de=ni'   da   gemu   xyaN   da-me   xiNkele-me
     人=TOP   皆   寺=DAT=TOP   FOC   皆   香   焚く-CVB   お辞儀する-CVB

     tukume   da   myau=de   tewa   weixuN   ficyxe=i   ba=de   da   ficyxe=ni'
     そうして   FOC   寺=DAT   そこ   活きている   仏=GEN   場所=DAT   FOC   仏=TOP

     emgeri'   gisuN   gisere-me   aci-Xe=i   se-re.
     既に   言葉   話す-CVB   AUX-PFV=NIF   言う-IRR

そして寺に一度行くと、鳥が行くと、人が皆寺で線香を焚く、拝む、すると寺で、その活仏がいる場所で仏が言葉を話しだしたという。

(60) oi   tukume   da   nane=ni'   gemu   χuŋure#χuŋure   eke-me   da
     INTJ   そうして   FOC   人=TOP   皆   ONOM   FIL-CVB   FOC

     ficyxe=de=ni'   gene-me   yaquru-mi.
     仏=DAT=TOP   行く-CVB   跪く-IRR.NIF

すると人が皆わらわらとあれして、仏のところに行って跪く。

(61) "myumku   bi,   ficyxe,   miN=we   eraŋe   myumku=we   emdaN   dase-me
     病気   ある   仏   1SG=ACC   このような   病気=ACC   一度   治す-CVB

     bu."   seme   gisere-me,   myumku=ni'   syaN   o-me   aci-Xe=i   se-re.
     やる.IMP   COMP   話す-CVB   病気=TOP   良い   なる-CVB   AUX-PFV=NIF   言う-IRR

「病気があります、仏様、私のこんな病気を治して下さい」と話すと、病気がよくなりだしたという。

(62) tewa=de   gene-maqe   ere   ere   juse   aqu   juse   eneN   baNji=qu
     そこ=DAT   行く-CVB   FIL   FIL   子供   ない   子供   跡継ぎ   生まれる=IRR.NEG

     guruN=ni'   gene-maqe   ficyxe=de   yaquru-me   xiNkele-maqe
     人々=TOP   行く-CVB   仏=DAT   跪く-CVB   お辞儀する-CVB

     ewa=de=ni'   we   gisere-me   bi-Xe=i,   yeŋele   cicyke'=ni'   tewa=de
     ここ=DAT=TOP   誰   話す-CVB   AUX-PFV=NIF   オウム   小鳥=TOP   そこ=DAT

     ere   eke-me   icyxya-me   bu-me   bi-Xe=i,   ere   baite=we   gisere-me
     FIL   FIL-CVB   行う-CVB   やる-CVB   AUX-PFV=NIF   これ   事=ACC   話す-CVB

     bu-me   bi-Xe=i.
     やる-CVB   AUX-PFV=NIF

そこにいって、子供がない、後継ぎが生まれない人々が行って仏像に跪いて拝んで、ここで誰が話しているのだろうか？　オウムがそこで、あれしてやっていた。このことを話してやっていた。

(63) tukume　　da　　yeŋgele　　cicyke'=de,　　"juse　　aqu,　　moN=de　　juse
　　　そうして　FOC　オウム　　　小鳥=DAT　　　子供　　ない　　1PL.EXCL=DAT　子供

　　　emkeN　　bu."　　　se-me　　　juse　　baχe-mi　　se-re.
　　　一つ　　　やる.IMP　言う-CVB　　子供　　得る-IRR.NIF　言う-IRR

そして、オウムに「子供がいません。私たちに子供を一人授けて下さい」と言うと子を授かるという。

(64) "moN　　　　yeχaN　　wyali-Xe=i,　　moriN　　wyali-Xe=i,　　baχe=qu　　yela-Xe=i,
　　　1PL.EXCL.GEN　牛　　　失う-PFV=NIF　　馬　　　　失う-PFV=NIF　得る=IRR.NEG　AUX-PFV=NIF

　　　yaba=de　　bi."　　　se-mi,　　　　tukume　　da　　ficyxe　　"o　　　tere　　tere　　ba=i　　tere
　　　どこ=DAT　　ある　　言う-IRR.NIF　そうして　FOC　仏　　　INTJ　　それ　　それ　　場所=GEN　それ

　　　tere　　ba=de　　　siN　　　　yeχaN　　tewa=de　　bi.　　tere　　tere　　ba
　　　それ　　場所=DAT　2SG.GEN　　牛　　　そこ=DAT　　ある　　それ　　それ　　場所

　　　tere　　tere　　ba=de　　　siN　　　　moriN　　bi."　　　se-mi,　　　　gene-me　　da　　moriN
　　　それ　　それ　　場所=DAT　2SG.GEN　　馬　　　　ある　　言う-IRR.NIF　行く-CVB　　FOC　馬

　　　baχe-mi.
　　　得る-IRR.NIF

「私の牛がいなくなった、馬がいなくなった、見つからないでいる、どこにいるか」と言う。すると仏像が「ああ、どこそこの場所に、どこそこの場所にお前の牛はそこにいる、どこそこの場所にお前の馬がいる」と言う。行くと馬が見つかる。

(65) nane　　da　　ficyxe=we　　da　　geškelei　　awde-me　　　da　　ficyxe=we=ni'
　　　人　　　FOC　仏=ACC　　　FOC　恐ろしく　　信じる-CVB　　FOC　仏=ACC=TOP

　　　wece-me　　aci-Xe　　　bi-Xe=i.
　　　祭る-CVB　　AUX-PFV　　AUX-PFV=NIF

人々は仏像を大いに信仰して仏を祭り上げるようになった。

(66) tukume　　da　　sekay　　jyaŋeN　　da　　xexe=maqe=ni'　　gisere-me　　bi-Xe=i.
　　　そうして　FOC　例の　　佐領　　　　FOC　妻=INST=TOP　　　話す-CVB　　AUX-PFV=NIF

すると例の佐領が妻に話した。

(67) "eri'　　mese=de　　　　ewdeN　　jaqe　　aqu,　　jeku　　se-ci,　　　calu　　calu　　bi,　　jiχa
　　　INTJ　　1PL.INCL=DAT　頼り　　　もの　　ない　　食料　　言う-COND　蔵　　　蔵　　　ある　　お金

　　　o-ci,　　　　aisiN　　muŋu-se　　guise　　guise=i　　　bi,　　ane-me　　　o-Xe,
　　　なる-COND　金　　　　銀-PL　　　箪笥　　箪笥=ADVLZ　ある　なにする-CVB　なる-PFV

mese=de	emu	eneN	ju-se	aqu,"	se-me	da,	
1PL.INCL=DAT	一つの	跡継ぎ	子-PL	ない	言う-CVB	FOC	

「ああ、我々には頼るものが無い。食料といえば蔵いくつ分もある。金なら金銀が箪笥いくつ分もある。どうしよう、私達には跡継ぎの子がいない」と言うと、

(68) "amχa=we   sira-we-re,   *houdai*=we   sira-re   emu   ju-se   aqu,   mese
     父方の家=ACC   継ぐ-CAUS-IRR   后代=ACC   継ぐ-IRR   一つの   子-PL   ない   1PL.INCL

     nane   gisere-me   da   ficyxe=de   bya-me   juse   baχe-mi   se-re."
     人   話す-CVB   FOC   仏=DAT   頼む-CVB   子-PL   得る-IRR.NIF   言う-IRR

     se-me   tukume   da,
     言う-CVB   そうして   FOC

「家を継がせる子が、後代を継ぐ子が一人もいない。私達、人の話では仏像にお願いすると子を授かるそうだ」と言うと、

(69) "ŋe   ŋe   ŋe   o-Xe   o-Xe."   tere   ju   nane   da   erde'   tere
     INTJ   INTJ   INTJ   なる-PFV   なる-PFV   それ   二   人   FOC   朝   それ

     yeneŋe   da   beyi=we   da   giliŋe#giliŋe   bolχu-fe'   da,   efse-fi',
     日   FOC   身体=ACC   FOC   ONOM   清潔にする-CVB   FOC   沐浴する-CVB

     eke-me   yela-fe'   da   jai   yeneŋe   erde'   ye-maqe   da   ficyxe=de
     FIL-CVB   AUX-CVB   FOC   次の   日   朝   起きる-CVB   FOC   仏=DAT

     yaqure-maqe   da   bya-me   bi-Xe=i.
     跪く-CVB   FOC   請う-CVB   AUX-PFV=NIF

「うん、うん、うん、いいよ、いいよ」その二人は朝、その日はぴかぴかに身体を洗い清めて、沐浴をして、そうしておいて、次の日、朝起きて仏像に跪いてお願いをした。

(70) "weixuN   ficyxe,   weixuN   ficyxe,   dirxe   afqa,   ai   dirxe   afqa,
     活きている   仏   活きている   仏   上   天   INTJ   上   天

     miN=de,   moN=de,   eneN   ju-se   aqu,   baχe-ci,   eneN   ju-se   emkeN
     1SG=DAT   1PL.EXCL=DAT   跡継ぎ   子-PL   ない   得る-COND   跡継ぎ   子-PL   一つ

     moN=de   emkeN   sira-me   bu."   se-Xe=ŋe   "e,   ju,   syaN
     1PL.EXCL=DAT   一つ   継ぐ-CVB   やる.IMP   言う-PFV=OIF   INTJ   来る.IMP   良い

     baite   syaN   baite   tere   ja   baite."   se-Xe   bi-Xe=i.
     こと   良い   こと   それ   簡単な   こと   言う-PFV   AUX-PFV=NIF

「活仏様、活仏様、なんまいだ、なんまいだ。私には、私達には後継ぎの子がいません、できれば、後継ぎの子を私達に一人継がせて下さい」と言うと、「おお、来なさい、よしよし、簡単なことだ」と言った。

(71) "saN#jyu#saN[7,8]   tere   saχuruN   yeneŋe   ju."   se-Xe   bi-Xe=i.
     三九   その   寒い   日   来る.IMP   言う-PFV   AUX-PFV=NIF

「三九のその寒い日に来い」と言った。

(72) "saN#jyu#saN saχuruN yeneŋe so tere yeneŋe gele ju. ju
　　　三九　　　　寒い　　　日　　　2PL　その　日　　　また　来る.IMP　二

　　　nane so utuku=we utuku eme utu-re utuku utu-ci da
　　　人　　2PL　服=ACC　　服　　〜するな　着る-IRR　服　　着る-COND　FOC

　　　ere jaqe oju=qu fyaqu so ewa=de ji-me eraŋe byase."
　　　この　もの　なる=IRR.NEG　裸　2PL　ここ=DAT　来る-CVB　このような　請う.IMP

　　　se-Xe bi-Xe=i.
　　　言う-PFV　AUX-PFV=NIF

「三九の寒い日に、お前たちその日にまた来い、二人、お前たち服を着るな。服を着たらうまくいかない。裸でお前たちここに来てこの様にお願いしなさい」と言った。

(73) tukume da ere yixeN xexe ju nane da bodu-me o-Xe,
　　　そうして　FOC　この　夫　　妻　　二　人　　FOC　考える-CVB　AUX-PFV

　　　"ere saN#jyu saχuruN=de uduruN saχuruN fyaqu gene-me ere afsi
　　　FIL　三九　　　寒い=DAT　このように　寒い　　裸　　行く-CVB　これ　どのように

　　　eke-me o-Xe," tuku-me da "o-Xe o-Xe, fyaqu gene-me da
　　　FIL-CVB　なる-PFV　そうして　FOC　なる-PFV　なる-PFV　裸で　行く-CVB　FOC

　　　fyaqu ju-se baχe-me da o-Xe=i fyaqu=ni' gele ane-mi."
　　　裸　　　子供-PL　得る-CVB　FOC　なる-PFV=NIF　裸=TOP　また　どうする-IRR.NIF

　　　se-me da,
　　　いう-CVB　FOC

するとこの夫婦二人は考える。「三九の寒い時に、こんなに寒い時に裸で行ったらどうやってあれする（お願いする）のか」すると「いいよ、いいよ、裸で行って、裸でも、子を授かればいいよ、裸がなんだ」と言って、

(74) fyaqu ere fyaqu da eke-fe' da ficyxe=de da uneN
　　　裸　　FIL　裸　　FOC　FIL-CVB　FOC　仏=DAT　FOC　誠心誠意

　　　χoju=i xiNkele-ki, xiNkele-me uju=we da qulte qulte qulte
　　　良好だ=ADVLZ　お辞儀する-OPT　お辞儀する-CVB　頭=ACC　FOC　ONOM　ONOM　ONOM

　　　qulte xiNkele-mi.
　　　ONOM　お辞儀する-IRR.NIF

裸、裸であれして、仏に誠心誠意、よく頭を下げよう、頭を下げて頭をコツ、コツ、コツ、コツ、と頭を下げる。

(75) tukume da ficyxe=ni' "ŋe, ŋe, ŋe, xiNkele tere yaske eriN
　　　そうして　FOC　仏=TOP　INTJ　INTJ　INTJ　お辞儀する.IMP　それ　いくら　時間

eke,"	se-Xe=ŋe	da	eNfaleN	xiNkile-Xe,	xiNkile-Xe	da
FIL.IMP	言う-PFV=OIF	FOC	一時	お辞儀する-PFV	お辞儀する-PFV	FOC

gisuN	gisere-me	mutu=qu	o-Xe	bi-Xe=i,	gece-maqe	bece-Xe=i
言葉	話す-CVB	できる=IRR.NEG	なる-PFV	AUX-PFV=NIF	凍る-CVB	死ぬ-PFV=NIF

se-re.
言う-IRR

すると仏像は「はい、はい、はい、跪きなさい、これこれの時間あれしなさい」と言ったので、しばらく頭を下げ下げしていると、言葉を話すことができなくなった。凍えて死んだという。

(76)
ere	eme	juwo,	yeŋgele	cicyke'	juwo	se-me	da	eraɲe,
これ	一つの	民話	オウム	小鳥	民話	言う-CVB	FOC	このような

gece-maqe	bece-Xe=i	se-re.
凍る-CVB	死ぬ-PFV=NIF	言う-IRR

これが一つのお話、オウムの話といえばこんなだ。凍えて死んだという。

注

1 ニル nyuru は村落の単位の一つ。nyuru はもとは「矢」の意味。新疆に移住したシベの人々は清朝の八旗に属する軍人であり、ニルは本来は軍事的単位（「部隊」などに相当）である。左領は（ニルの）長となる職位。
2 もとは gelecuke「恐ろしい」から来ている。
3 意味上は「木こりはオウムにどのように持っていかせるのだろうか」
4 話者の言いよどみだと考えられる。
5 一部の動詞は完了形として -Xe ではなく -Ke (-ke/-qe) をとる．ここで /K/ は /k/ と /q/ の対立が中和した原音素を表す。
6 もとは「先祖」の意。
7 シベ語では一般に母音の長短の対立がなく、語中の母音は長く発音されないが、単音節（開音節）の語のみ母音が長く発音されるという現象が存在する。しかし、漢語からの借用語は 1 音節語だけでなく 2 音節以上の語であっても音節ごとに母音が長く発音される。これは漢語からの借用語は音韻的には音節ごとに語をなしているためであると考えられる。そこで本稿では漢語からの借用語の少なくとも一部を複合語とみなし、境界を＃で表記する。
8 冬至から 9 日ずつ数えたときの 3 番目の 9 日間。1 年で最も寒い時期に当たる。

テキスト2. イリ河

【語り手】 シェトゥケン（佘吐肯）氏
【収録日】 2005年7月20日
【収録場所】 新疆ウイグル自治区イーニン（伊宁）市・ご本人宅

【解説】 調査地を流れる新疆ウイグル自治区の代表的河川、イリ河についての談話。まずイリ河の流域について説明した後、話者の幼少期に見た、イリ河畔（現在のグルジャ・チャプチャルの地域と推測される）の地勢、及び河を越える交通について説明され、1970年代から開始された、イリ河大橋を端緒とする橋梁の建設事業が語られる。単なるイリ河についての地理的な解説ではなく、イリ河をめぐる話者の語りを通し、1950年代頃からの中国の発展を窺い知ることのできる談話資料となっている。以下の地図は談話中に現れる主な河川（イリ河とその支流）、および地点を示したものである。

言語学的観点からいえば、話者の体験などを実況性を重視して語るのではなく、客観的な説明という談話のスタイルをとっているため、語りであるオウムの民話と異なり登場人物の発話の引用がなく、形式的には補助動詞 bi- (biXe=i) の使用頻度が著しく低い、という特徴がみられるほか、地名、年代の表現を中心に漢語（中国語）要素の混入が見られる[1]。

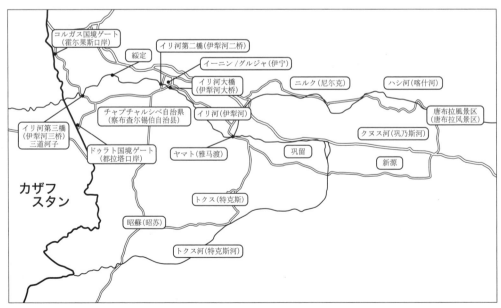

図1. イリ河流域の図

(1) ye#li   bira=we   gisere-me   o-ci   da,   ere   juŋu#go=de   gisere-me
    PN   河=ACC   話す-CVB   なる-COND   FOC   FIL   中国=DAT   話す-CVB

    o-ci   gele   ke#neŋe   uju=i   emkeN   disi   eye-Xe   bira   ba.
    なる-COND   また   おそらく   一番=GEN   一   西へ   流れる-PFV 河   INF

    イリ（伊犁）河のことを話すならば、中国（全体）で言ってもおそらく一番西へ流れる川だろう。

(2) lawtoN   bira   gemu   ere   wyarxe=deri',   dyarxe=deri'²   wyasi   ei-me
    大多数の   河   全て   FIL   東=ABL   西=ABL   東へ   流れる-CVB

    yawe-mi.
    往く-IRR.NIF

    大多数の河は全て（東から、）西から東へ流れていく。

(3) ere   ye#li   bira=ni'   dyarxe   wyarxe=deri'³   disi   ei-me   yawe-mi.
    FIL   PN   河=TOP   西   東=ABL   西へ   流れる-CVB   往く-IRR.NIF

    juŋu#go=de   ere   juŋu#go   ba=de   gisere-me   da   eke=deri'   tici-Xe=i.
    中国=DAT   FIL   中国   場所=DAT   話す-CVB   FOC   FIL=ABL   出る-PFV-NIF

    イリ河は、（西、）東から西へ流れていく。中国で、中国の領土でいえばあそこから出ている。

(4) e   ere   jaw#su=deri'   ji-Xe=i.   jaw#su=de   dirbi=deri'   jaw#su=de
    FIL   FIL   PN=ABL   来る-PFV=NIF   PN=DAT   西側=ABL   PN=DAT

    bi-Xe   ere   bira=we=ni'   o-me   tekese   bira   se-mi.
    ある-PFV   この   河=ACC=TOP   なる-CVB   PN   河   言う-IRR.NIF

    えー、昭蘇から来ている。昭蘇に、西から昭蘇に来ているこの河はトクス（特克斯）河という。

(5) tekese   bira=ni'   ere   jerxe=i   bira=de   asele-mi.   emkeN=ni'   o-me   da
    PN   河=TOP   この   等=GEN   河=DAT   する-IRR.NIF   一つ=TOP   なる-CVB   FOC

    mursat   bira   se-me   emkeN   bi.   ere   mursat   bira   se-me   emkeN.
    PN   河   言う-CVB   一   ある   これ   PN   河   言う-CVB   一

    トクス（特克斯）河はこれらの河に（合流）する。一つはムルザット（木扎尔特）河というのが一つある。ムルザット河というのが一つ。

(6) e=ci'   ji-me   sya#ta   bira   se-me   emkeN   bi.
    これ=ALL   来る-CVB   PN   河   言う-CVB   一   ある

    こちらに来ると、シャタ（夏塔）河というのが一つある。

(7) erbi=de=ni'   ji-me   gele   ere   aχeyase   bira   se-me   emu   bira   bi.
    こちら側=DAT=TOP 来る-CVB   また   FIL   PN   河   言う-CVB   一つの   河   ある

こちら側に来るとまたアグヤス（阿合牙孜）河というのが一つある。

(8) ere yelaN am=qeN ere bira gemu tekese bira=de ji-me ace-Xe=i.
    この 三 大=DIM この 河 全て PN 河=DAT 来る-CVB 合う-PFV=NIF

この3つの大きめの河が、全てトクス河に来て合う（合流する）。

(9) tukume da tekese bira jaw#su=de dirbi=deri' disi disi=deri'
    そうして FOC PN 河 PN=DAT 西側=ABL 西へ 西へ=ABL

    gya-maqe wyasi ei-Xe=i.
    得る-CVB 東へ 流れる-PFV=NIF

それで、トクス河は昭蘇では、西側から、西の方、西の方から来て東へと流れている。

(10) wyasi ei-me ji-maqe gele tekese=we dulu-re=de
     東へ 流れる-CVB 来る-CVB また PN=ACC 過ぎる-IRR=DAT

     koŋu#lyu=de ji-me, ere koŋu#lyu=deri' ere disi=deri' wyasi ji-maqe
     PN=DAT 来る-CVB FIL PN=ABL FIL 西へ=ABL 東へ 来る-CVB

     wyarxe=deri' gele disi meda-Xe=i.
     東=ABL また 西へ 戻る-PFV=NIF

東へ流れてきて、さらに特克斯を過ぎて巩留に来て、巩留から、西向きから東にきて、東からまた西に戻って行っている。

(11) ere o-me ere uju=i emu GarGeN bira, tekese bira,
     これ AUX-CVB FIL 一番=GEN 一つの 枝 河 PN 河

     e tekese bira, ye#li bira=i uju=i GarGeN=ni'.
     FIL PN 河 PN 河=GEN 一.ON=GEN 枝=TOP

これは、一つ目の支流である。トクス河。トクス河。イリ河の一つ目の支流である。

(12) jai=de o-me, kunusu bira se-mi. *kongnaisi he*.
     二.ON=DAT なる-CVB PN 河 言う-IRR.NIF PN 河

二つ目は、クヌス河という。巩乃斯河。

(13) ere siN#yaN ba=deri' ei-me ji-Xe emu bira bi.
     FIL PN 場所=ABL 流れる-CVB 来る-PFV 一つの 河 ある

新源の地から流れてきている一本の河がある。

(14) ere=we, ere *kongnaisi* bira se-mi.
     これ=ACC FIL PN 河 言う-IRR.NIF

これを巩乃斯河という。

(15) jai   emkeN   ere   χa#ši   bira   se-mi.
    二.ON   —   FIL   PN   河   言う-IRR.NIF

もう⁴一つは、ハシ（哈什）河という。

(16) χa#ši   bira   se=ŋe⁵   nil#ke=deri'   ei-me   ji-Xe=i.   tere
     PN   河   言う=NMLZ   PN=ABL   流れる-CVB   来る-PFV=NIF   それ

    ai   si,   tangbula   fengjingqu=de   gene-ci   da   sawe-mi.
    なに   2SG   PN   风景区=DAT   行く-COND   FOC   見える-IRR.NIF

ハシ河というのは、ニルク（尼尔克）から流れてきている。それは何だ、タンブラ（唐布拉）風景区にいけば見える。

(17) ere   ji-maqe   emu   ei-me   ji-re,   ere   yelaN   bira   tekese   bira   kunusu
     これ   来る-CVB   一つの   流れる-CVB   来る-IRR   この   三   河   PN   河   PN

     bira   χa#ši   bira   tere   koŋu#lyu   ba=de   ji-me   yamato   se-Xe   ba=de
     河   PN   河   その   PN   場所=DAT   来る-CVB   PN   言う-PFV   場所=DAT

     ji-me   ace-me   yelaN   bira=ni'   ace-maqe   ye#li   bira   o-Xe=i.
     来る-CVB   合う-CVB   三   河=TOP   合う-CVB   PN   河   なる-PFV=NIF

これがきて、流れてきて、この三つの河、トクス河、クヌス河、ハシ河が、巩留の地にきて、ヤマト（雅马渡）という地にきて合って、三つの河が合って、イリ河になる。

(18) tukume   da   yamato   se-Xe   ba=deri'   ji-me   da,   ere   ye#li   bira   o-Xe=i.
     そうして   FOC   PN   言う-PFV   場所=ABL   来る-CVB   FOC   FIL   PN   河   なる-PFV=NIF

それで、ヤマトという場所から来るとイリ河になる。

(19) tere=deri'   nuŋu=si   ba=ni'   o-me   da,   e   tekese   bira,   kunusu   bira,
     それ=ABL   上=ALL   場所=TOP   なる-CVB   FOC   FIL   PN   河   PN   河

     ere   χa#ši   bira   ace-me   ji-maqe   da   ere   eke-me   ji-mi,   ere   ere.
     FIL   PN   河   合う-CVB   来る-CVB   FOC   FIL   FIL-CVB   来る-IRR.NIF   FIL   FIL

そこから上（流）の方の場所では、トクス河、クヌス河、ハシ河が合わさって、そうやってくる。

(20) bodu-me   o-ci   da   Gulja=deri'   gya-maqe   ere   te   ere   Gulja=deri'   gya-re
     考える-CVB   AUX-COND   FOC   PN=ABL   得る-CVB   FIL   今   FIL   PN=ABL   得る-IRR

     ere   acene-re   ba=ni'   ere   eralyaŋe   joχuN   yawe-me   da   aNbamuru
     FIL   合わさる-IRR   場所=TOP   FIL   このように   道   往く-CVB   FOC   およそ

     emu   bajiushi   gongli   bi   ba.   bajiushi   gongli
     一つの   八,九十   公里   ある   INF   八,九十   公里

     ba=de   ace-maqe   da   ji-Xe=i.
     場所=DAT   合う-CVB   FOC   来る-PFV=NIF

計算すると、グルジャから、グルジャから、その合流地点は、こうやって道を行くと、およそ八、九十キロメートルあるだろう。八、九十キロメートルのところで合ってくる。

(21) ji-maqe   disi   ei-re,   te   qasakstaN   jeceN=de   gene-maqe   bal#χa#ši   noru=de
     来る-CVB 西へ   流れる-IRR 今   カザフスタン 境界=DAT   行く-CVB   PN   湖=DAT
     ei-me   dyasi-Xe=i.
     流れる-CVB 入る-PFV=NIF

きて、西に流れて、カザフスタンの国境に（流れて）行って、バルハシ（巴尔喀什）湖に流れ込んでいる。

(22) ere   bira   eke=ni'   ere.
     FIL   河   FIL=TOP   これ

河のあれ（流域）は、こうだ。

(23) daci'   ye#li   bira   o-me   da   ere   ju   ekciN=de=ni'   gemu   bujaN.
     昔   PN   河   AUX-CVB   FOC   FIL   二   岸=DAT=TOP   全て   林

昔、イリ河は、両岸には全て林だった。

(24) *sishenglin*   *sishenglin*   sekai   tere   *yuanshi*   *sishenglin*   ere   bujaN   bi.
     次生林   次生林   例の   その   原始   次生林   FIL   林   ある

原生林。原生林。例の原始の原生林の林があった。

(25) oi   tere   bujaN=ni'   tere   miN   ajige   eriN=de   yawe-Xe=de   moriN   ulχa
     INTJ   その   林=TOP   その   1SG.GEN   幼い   時=DAT   往く-PFV=DAT 馬   家畜
     dyasi-me   mutu=qu,   gelšku   fisiN.
     入る-CVB   できる=IRR.NEG とても   繁茂している

その林は、それは私の小さい時は、馬や家畜は入ることができなかった。とても深かった。

(26) ulχa   jaqe   dyasi-me   moriN   yeχaN   teraŋe   jaqe   dyasi-me   mutu=qu.
     家畜   もの   入る-CVB   馬   牛   そのような   もの   入る-CVB   できる=IRR.NEG
     gelškulei   ere   fisiN.
     とても   FIL   繁茂している

家畜が入ることは、馬・牛のようなものが入ることはできない。とても、深かった。

(27) ere   fisiN   gyaN=de=ni'   siwe'   nane   guri-me   ji-maqe   ewa=de
     この   繁茂している   理由=DAT=TOP   シベ   人   移住する-CVB   来る-CVB   ここ=DAT
     eke=de   emkeN   ai   eke=qu   ere,   disyke=de   aqe=qu.
     FIL=DAT   一   なに   FIL=IRR.NEG   これ   薪=DAT   心配する=IRR.NEG

この深いというために、シベ人は移住してきて、ここでは一つ、何にあれしないかこれは。薪

に心配しない。

(28) bira	ekciN=de	gemu	bujaN	tukume	olχu	gelšku	syumiN	tukume	diji-re
　　　河　　　岸=DAT　　全て　　林　　　そうして　草　　とても　　深い　　そうして　燃やす-IRR

jaqe=de	emkeN	aqe=qu.
もの=DAT　一　　　心配する=IRR.NEG

川岸には全て林、それで草がとても深い。それで燃やすものに一つは心配しない。

(29) jai	emkeN	muku'=de	emkeN	aqe=qu	muku'=ni'	syaN,	ye#li
　　　次の　一　　　水=DAT　　　一　　　心配する=IRR.NEG　水=TOP　　良い　　PN

bira=i	muku'=ni'	gemu	nimaŋe=deri'	wene-maqe	ji-Xe	muku'.
河=GEN　水=TOP　　全て　雪=ABL　　　　融ける-CVB　来る-PFV　水

もう一つは水に一つ心配しない。水が良い。イリ河の水は全て雪から融けてきた水だ。

(30) ere	bujaN	bi-Xe	turguN=de,	ewa=de=ni'	ere	GulmaχuN	lawdu
　　　この　林　　　ある-PFV　理由=DAT　　ここ=DAT=TOP　FIL　　ウサギ　　　多い

GulmaχuN,	olχuN	lawdu,	biχaN	welgyaN	lawdu,	tukume	da	siwe'	nane
ウサギ　　　干し草　多い　　野　　　豚　　　　多い　　そうして　FOC　シベ　人

šu	da	ere	ba=de	ji-maqe	da	emu	χaciN	awele-re,	gelšku
最も　FOC　この　場所=DAT　来る-CVB　FOC　一　　種類　　狩りをする-IRR　とても

emu	syaN	awele-re	aba	χwareN	o-Xe=i.	aba	tale	o-Xe=i.
一　　良い　狩りをする-IRR　狩り　園　　　なる-PFV=NIF　狩り　平原　なる-PFV=NIF

この林があるという理由で、ここにはウサギが多い、ウサギ、干し草が多い、野豚が多い。それでシベ人はまさにこの場所にきて、一種の狩りをする、とても良い狩りをする、狩場となった。狩場となった。

(31) daci'	o-me	ere	ye#li	bira=de	duyeN	forχuN	gelškulei	getxuN.
　　　昔　　AUX-CVB　FIL　　PN　　　河=DAT　四　　　季節　　　とても　　　明確だ

昔はイリ河では四季がとても明確だった。

(32) nyuNnyure	da	nyuNnyure,	tyuru	da	tyuru,	joru	da	joru,	bolyoru	da
　　　春　　　　　FOC　春　　　　　　冬　　　FOC　冬　　　夏　　FOC　夏　　　秋　　　　FOC

bolyoru.
秋

春は春、冬は冬、夏は夏、秋は秋。

(33) te	emduruN	waqe,	duyeN	forχuN	se-re	jaqe=ni'	gelšku	tuduruN	emu
　　　今　同様だ　　　でない　四　　　季節　　　言う-IRR　もの=TOP　とても　それほど　一つの

	χaciN	getxuN	iletu#getxuN	waqe	o-Xe=i,	te=ni'	ere	ye#li	bira=ni'.
	種類	明確だ	明確だ	でない	なる-PFV=NIF	今=TOP	FIL	PN	河=TOP

今は違う。四季というものはとてもそれほど一つ（一つ）が明確で、それほど明確でなくなった。今は。イリ河は。

(34)
	tukume	da	ye#li	tere	tere	eriN=de	da	tyuru	o-me,	ye#li	bira
	そうして	FOC	PN	FIL	それ	時=DAT	FOC	冬	なる-CVB	PN	河

	juxo	gece-me	jawe-mi.
	氷	凍る-CVB	氷が張る-IRR.NIF

それでイリ（河）はその時は冬になるとイリ河は凍って氷が張っていた。

(35)
	nimaŋe=ni'	lawdu	jira-me	ere	nimaŋe=ni'	ere	jawe-mi.
	雪=TOP	たくさん	積もる-CVB	これ	雪=TOP	FIL	凍る-IRR.NIF

雪がたくさん積もると、この雪が凍る。

(36)
	nyuNnyure=de	bira	seNda-mi.
	春=DAT	河	解ける-IRR.NIF

春には河の氷が解ける。

(37)
	te=ni'	bira	jawe-me	se-me	bira	gece-re	baite	aqu	o-Xe=i,
	今=TOP	河	凍る-CVB	言う-CVB	河	凍る-IRR	こと	ない	なる-PFV=NIF

	bira	gece-re	baite	gele	aqu.
	河	凍る-IRR	こと	また	ない

今は河に氷が張るといっても（完全に）河が凍ることはなくなった。河が凍ることもない。

(38)
	daci'	ye#li	bira=i	muku'=ni'	nane	te-re	oŋolu	muku=ni'	gele	gelšku
	昔	PN	河=GEN	水=TOP	人	住む-IRR	前	水=TOP	も	とても

	aNbu'.
	大きい

昔はイリ河の水（量）は人が住む前もとても大きかった。

(39)
	tukume	da	ye#li	bira	tere	eriN	miN	ajige	eriN=de	ere	orose	ba
	そうして	FOC	PN	河	それ	時	1SG.GEN	幼い	時=DAT	FIL	ロシア	場所

	daci'	*sulian*	bi-me	yawe-Xe	eriN=de	ere	ye#li	bira	tere
	昔	苏联	ある-CVB	AUX-PFV	時=DAT	これ	PN	河	FIL

	sandaohezi=deri'	gya-maqe	ere	sideN=de	muku'=i	*chuan*
	PN=ABL	得る-CVB	この	まで=DAT	水=GEN	船

	yawe-mi	*shuishang*	*jiaotong*	eraŋe	yawe-me	yawe-me
	ゆく-IRR.NIF	水上	交通	このように	往く-CVB	往く-CVB

o-me	bi-Xe=ŋe.
なる-CVB	AUX-PFV=OIF

それで、イリ河はその時、私の小さかった時に、ロシアの地に昔ソ連があった時、イリ河は三道河子からここまで、水の船が行っていた。水上交通がこのように行くことができていた。

(40)
e	te	oju=qu	o-Xe=i,	teralyaŋe	*chuan*	yawe-me	mutu=qu
FIL	今	なる=IRR.NEG	なる-PFV=GEN	あのように	船	往く-CVB	できる=IRR.NEG

o-Xe=i,	tere	eriN=de	*chuan*	eralyaŋe	ji-me	gene-me	χuda=i
なる-PFV=NIF	その	時=DAT	船	このように	来る-CVB	行く-CVB	商売=GEN

jaqe=i	ji-me	yawe-me	mutu-mi.	te	teraŋe	mutu=qu
もの=GEN	来る-CVB	往く-CVB	できる-IRR.NIF	今	そのように	できる=IRR.NEG

o-Xe=i.
なる-PFV=NIF

今はだめになった。あのように船が行くことはできなくなった。その時には船がこのように行き来して、商品とともに行き来することができていたが、今はそんなことができなくなった。

(41)
tere	ye#li	bira	toχtaN	siwe'	nane	ji-me	eke-me	eke=de=ni'
FIL	PN	河	当初	シベ	人	来る-CVB	FIL-CVB	FIL=DAT=TOP

ewa=de=ni'	*baiduchuan*	se-re	jaqe	aqu	aji	*chuan*=maqe
ここ=DAT=TOP	摆渡船	言う-IRR	もの	ない	小	船=INST

dulu-me	yawe-Xe	ba.
過ぎる-CVB	AUX-PFV	INF

イリ河はシベ人が来てあれしした当初、ここに渡し船というものは無く、小さい船で渡っていただろう。

(42)
amele	ji-me,	ere	orose	ere	ba=we	ejele-me	gya-Xe	amele
後に	来る-CVB	FIL	ロシア	この	場所=ACC	占領する-CVB	得る-PFV	後

ere	Gulja=we	ejele-me	gya-Xe	amele	orose	eke-maqe	tese	orose
FIL	PN=ACC	占領する-CVB	得る-PFV	後	ロシア	FIL-CVB	彼ら	ロシア

ere	ye#li	bira=de	emu	ere	*baiduchuan*	bi-Xe=ŋe,	*chuan*.
この	PN	河=DAT	一つ	FIL	摆渡船	ある-PFV=OIF	船

後になってロシアがここを占領した後、グルジャを占領した後、ロシアがあれして、彼らロシア、このイリ河に、渡し船があった。船。

(43)
aNbu'	eralyaŋe	ju	Gaŋe=i	futa	ere	futa=de=ni'	ewa=de=ni'
大きい	このように	二	鋼鉄=GEN	ロープ	この	ロープ=DAT=TOP	ここ=DAT=TOP

ere	emu	*hualun*	bi.	ere	muku'=i	eiN	ere	χusuN
FIL	一	滑轮	ある	FIL	水=GEN	流れ	FIL	力

daχe-me	da	eci	cyasi	julxe	ekcin=de	gene-me,	amsi	ji-me	meraŋe
伴う-CVB	FOC	こちら	あちら	南の	岸=DAT	行く-CVB	北に	来る-CVB	このように
meda-me	ji-re	ame	ere	*chuan*	bi-Xe=ŋe.
戻る-CVB	来る-IRR	大	FIL	船	ある-PFV=OIF

大きな、こんな二つの鋼鉄のロープでここに滑車があった。水の流れ、力によってあちら、こちらと南の岸に行って、北に来て、このように戻ってくる大きい、船があった。

(44)
ere	*chuan*=de=ni'	ere	ere	am	*chuan*=de=ni'	ju	*qiche*=i
この	船=DAT=TOP	FIL	この	大	船=DAT=TOP	二	汽車=GEN
dulu-me	mutu-mi	teraŋe	eke-re	emu	muku'=de,
過ぎる-CVB	できる-IRR.NIF	そのように	FIL-IRR	一つ	水=DAT

この船で、この大船で二台の車が渡ることができる。水にそうやってあれする一つの…。

(45)
tutu	bi-cini'	emu	medaN	am	bisaN	emdaN	ji-me
そうして	AUX-CONC	一つの	回	大	水害	一度	来る-CVB
tere	*chuan*=ni'	da	aji	bira=ni'	eke-me	waje-me	yela-maqe
その	船=TOP	FOC	小	河=TOP	FIL-CVB	終わる-CVB	AUX-CVB
matou=ni'	gemu	muku'=de	eke-maqe	bira	χaŋe-maqe	*chuan*
码头=TOP	全て	水=DAT	FIL-CVB	河	氾濫する-CVB	船
dulu-me	mutu=qu	o-mi.
過ぎる-CVB	できる=IRR.NEG	なる-IRR.NIF

そうとはいえ（しかし）、一旦大きな水害がくると、その船は河があれし終えてしまい、埠頭は全て水にあれしてしまい、河が氾濫して船が渡ることができなくなる。

(46)
muku'=ni'	dawele	ajige	o-me	gele	tere=ni'	dulu-me	oju=qu
水=TOP	～すぎる	小さい	なる-CVB	また	その=TOP	渡る-CVB	なる=IRR.NEG
o-mi,	tere=ni'	ere	eke-me	ji-me	tawene-me	mutu=qu.
なる-IRR.NIF	その=TOP	FIL	FIL-CVB	来る-CVB	登る-CVB	できる=IRR.NEG

水（量）は小さくなりすぎてもまたそれ（船）が渡ることができなくなる。それがあれして（水の上に）乗ることができない。

(47)
ere	*jiaotong*	gelškulei	yulduŋe	aqu.
FIL	交通	とても	便利だ	ない

交通はとても不便だ。

(48)
tukume	tyuru	emdaN	gece-me,	bira=ni'	jawe-me,	dulu-me	mutu=qu
そうして	冬	一旦	凍る-CVB	河=TOP	凍る-CVB	過ぎる-CVB	できる=IRR.NEG
o-mi.
なる-IRR.NIF

それで、冬に一旦凍ると、河が凍ると渡ることができなくなる。

(49) ere   turguN=de   da   ere   tere   eriN=de   emu   bira   ere   ere   ye#li
     この   理由=DAT   FOC   FIL   その   時=DAT   一つの 河   FIL   FIL   PN

     dulu-me   yawe-re=ŋe   dulu-me   ji-me   gene-re=ŋe   gelškulei   maŋe.
     渡る-CVB   往く-IRR-NMLZ 渡る-CVB   来る-CVB 行く-IRR-NMLZ とても   難しい

この為に、その時（当時）はこの河、イリ河を渡って行く、渡って行き来することがとても困難だった。

(50) gelškulei   maŋe   te   emduruN   waqe.
     とても   難しい   今   同様だ   ではない

とても困難だった。今と同じではない。

(51) siwe'   nane   ere   cafcale=de   baNje-maqe,   em   jaleN   metere   bei=i
     シベ   人   FIL   PN=DAT   暮らす-CVB   一   世   あの   自分=GEN

     GaseN=deri'   tici-Xaqu   Gulja=de   ji-Xaqu   bece-me   bece-me
     郷=ABL   出る-PFV.NEG   PN=DAT   来る-PFV.NEG   死ぬ-CVB   死ぬ-CVB

     bece-Xe   guruN,   ere   oŋolu   lawdu   eraŋe   nane   bi.
     死ぬ-PFV   人々   これ   以前   多い   このような   人   いる

シベ人はチャプチャルで暮らして、一生あの自分の故郷から出ずに、グルジャに来ずに死んで、死んだ人々がこれ以前は多く、このような人がいた。

(52) miniŋe   jya-ci   eni'   bi-Xe=ŋe.
     1SG.GEN.NMLZ   二-ON   母   いる-PFV=OIF

私には二番目の母[6]がいたのだが、

(53) miN   jya-ci   eni'   da   em   jaleN   Gulja=de   ji-Xaqu   da
     1SG.GEN   二-ON   母   FOC   一   世   PN=DAT   来る-PFV.NEG   FOC

     bece-maqe   seNda-Xe=i.
     死ぬ-CVB   AUX-PFV=NIF

私の二番目の叔母は一生グルジャに来ずに死んでしまった。

(54) ere   ane,   *jiaotong*=ni'   oju=qu,   sejeN,   dul...   ere   *chuan*
     これ   なぜ   交通=TOP   なる=IRR.NEG   車   渡る   FIL   船

     dulu-me   mutu=qu.
     過ぎる-CVB   できる=IRR.NEG

これはなぜか。交通がダメだった。車が渡…船が渡ることができない。

(55) miN   asχeN   eriN=de   emu   medaN   aNbamuru   bi   awi=de   ere
    1SG.GEN 若い   時=DAT   一   回   およそ   1SG   どこ=DAT FIL

    Gulja=de   emdaN   ji-re   *chuan*   aqu   juxo   nuŋu=we   dulu-mi.
    PN=DAT   一度   来る-IRR 船   ない   氷   上=ACC   渡る-IRR.NIF

    私の若いころに一度、だいたい私、どこでだ、グルジャに一度来ようとして船がなく、氷の上を渡った。

(56) juxo   nuŋu=we   dulu-me   juxo   eke   ba=deri'   tere   bira=ni'   emumu
    氷   上=ACC   過ぎる-CVB   氷   FIL   場所=ABL   FIL   河=TOP   いくつかの

    ba=de=ni'   muku'=ni'   ei-maχe=i.   oi,   nane   gele-mi.
    場所=DAT=TOP   水=TOP   流れる-IMPFV=NIF INTJ   人   怖がる-IRR.NIF

    氷の上を通って、氷がその所から、河が所々では河の水が流れている。もう、人は怖がった。

(57) ere   juxo   nuŋu=de   ere   ere   am   bira   ba,   ewa=de=ni'   ewa=de=ni'
    この 氷   上=DAT   FIL   FIL   大きい 河   INF   ここ=DAT=TOP   ここ=DAT=TOP

    muku   ei-maχe   ba=we   nane=ni'   nane   awi=we   yawe-mi,   daχe-me
    水   流れる-IMPFV   場所=ACC   人=TOP   人   どこ=ACC 往く-CVB   随う-CVB

    yawe-me   alqu-maqe   dulu-maqe   cyasi   dulu-me   yawe-mi.
    往く-CVB   飛び越える-CVB 渡る-CVB   あっちへ 渡る-CVB   往く-IRR.NIF

    この氷の上を、大きい河だろう？ここに、ここで（氷が融けて）河の水が流れているところを、人は（前の）人がどこを行くかについていって、（氷が融けている場所を）飛び越えて渡って、あっちへ渡っていく。

(58) juxo   nuŋu=de   muku'=we=ni'   teraŋe   dulu-Xe   eraŋe   da   dulu-Xe
    氷   上=DAT   水=ACC=TOP   そのように   過ぎる-PFV   このように FOC   過ぎる-PFV

    baite   gele   bi.
    こと   また   ある

    氷の上で、水（の流れている場所）を、そのように渡った、こうやって渡ったということもある。

(59) ere   juxo=ni'   ere   eke-me   dulu-me   yela-Xe   qursu   seme   tuxu-maqe
    FIL   氷=TOP   FIL   FIL-CVB   渡る-CVB   AUX-PFV   ONOM   COMP   落ちる-CVB

    bece-Xe   guruN   lawdu   bi.   eraŋe   bece-Xe   nane,   bira=de.
    死ぬ-PFV   人々   多い   いる   このよう   死ぬ-PFV   人   河=DAT

    その氷は、そうやって渡っていて、ボチャっと落ちて死んだ人々がたくさんいる。こうやって死んだ人、河で。

(60) ere   nane   bece-Xe=ŋe,   moriN   ulχa   bece-Xe=ŋe,   ere   eriN   ere
    FIL   人   死ぬ-PFV=NMLZ 馬   家畜   死ぬ-PFV=NMLZ この 時   FIL

tere	eriN=de	da	ere	kurwu	aqu	miN	ajige	eriN=de	sewde	guruN
その	時=DAT	FOC	この	橋	ない	1SG.GEN	幼い	時=DAT	年を取った	人

gisere-me	yawe-Xe=ŋe,	ye#li	bira=de	kurwu	ca-me	mutu=qu.
話す-CVB	AUX-PFV=OIF	PN	河=DAT	橋	架ける-CVB	できる=IRR.NEG

人が死ぬこと、馬家畜が死ぬこと、この時に、えーとその時には橋がない。私の幼い時に年寄りが話していたのは、イリ河に橋を架けることはできない。

(61)
changjiang	bira=de	kurwu	ca-re=ŋe	ja	ye#li	bira=de	kurwu
PN	河=DAT	橋	架ける-IRR=NMLZ	簡単だ	PN	河=DAT	橋

ca-re=ŋe	maŋe	se-mi.
架ける-IRR=OINF	難しい	言う-IRR.NINF

長江に橋を架けるのは簡単、（しかし）イリ河に橋を架けるのは難しいという話。

(62)
tukume	da	sewde	guruN	tere	miN	ajige	eriN	ulyxi=qu.
そうして	FOC	年を取った	人々	FIL	1SG.GEN	幼い	時	理解する=IRR.NEG

それで、年寄り（の話）が、私は幼い時は分からなかった。

(63)
tukume	da	sewde	guruN	gisuN	ai	se-re.
そうして	FOC	年を取った	人々	言葉	なに	言う-IRR

それで、年寄りの話ではなんと言うか。

(64)
ere	ye#li	bira=i	alyxe=we	ta-me	necikeNdi.
FIL	PN	河=GEN	表面=ACC	見る-CVB	穏やかだ

イリ河の表面を見ると穏やかだ。

(65)
si	efse-me	emdaN	eke-me	aci-me,	gelškulei	turxuN,	muku'=ni'
2SG	泳ぐ-CVB	少し	FIL-CVB	AUX-CVB	とても	速い	水=TOP

gelškulei	turxuN.
とても	速い

（しかし）おまえ、泳いで、一旦あれすると（流れ出すと）とても速い。水はとても速い。

(66)
turxuN	se-Xe=ŋe	da	afsi,	ere	eyeN=ni'	χoduN,	sawe=qu
速い	言う-PFV=NMLZ	FOC	どんなだ	FIL	流れ=TOP	速い	見える=IRR.NEG

eraŋe	turxuN	ei-mi.
このように	速い	流れる-IRR.NIF

速いというのはどういうことか、（水の）流れが速いということだ。目に見えずにこのように速く流れる。

(67) tukume   da   *yibande*   fejerxe   si   na=de   ere   yela-me   fejerxe=de
    そうして   FOC   一般的   下   2SG   地面=DAT FIL   立つ-CVB   下=DAT

    ere   nyoŋuN=ni'   meraŋe   bei=ni'   da   ei-maqe   dudu-Xe=i,
    FIL   砂=TOP   このように   自分=TOP   FOC   流れる-CVB   AUX-PFV=NIF

    ei-maqe   dudu-Xe=i.
    流れる-CVB   AUX-PFV=NIF

    それで、一般的には（一般的な状況の下では）、おまえ、地面に立つと川底で砂がこのように自然に流れていってしまう。流れていってしまう。

(68) tukume   da   ere=de   tere   guida-Xe,   ere   kurwu   aqu.
    そうして   FOC   これ=DAT   FIL   時間が経つ-PFV FIL   橋   ない

    それでこれによって、長い時間橋がなかった。

(69) aiteŋe   kurwu   ca-Xe=i,   *qishiniandaichu*   nade-ci   ere
    いつ   橋   架ける-PFV=NIF   七十年代初   七-ON   FIL

    nadeNje'-ci   ani=de,   ori-ci   jalariN   *ershishiji*   *qishiniandai*=de
    七十-ON   年=DAT   二十-ON   世紀   二十世紀   七十年代=DAT

    ere   kurwu   are-Xe=i.
    この   橋   作る-PFV=NIF

    いつ橋を架けたか？70年代初め。7、70年に、20世紀、20世紀の70年代にこの橋を作った。

(70) te   mese=i   dulu-maχe   tere   kurwu=we   da   tere   kurwu   are-Xe.
    今   1PL.INCL=GEN   過ぎる-IMPFV   その   橋=ACC   FOC   その   橋   作る-PFV

    今我々が渡っている、あの橋を、あの橋を作った。

(71) tere   eriN   guruN   bo=i   χusuN=ni'   ajige.
    その   時   国   家=GEN   力=TOP   小さい

    その時は国家の力は小さい。

(72) ere   *jishu*=ni'   gele   syaN   waqe.
    FIL   技術=TOP   また   良い   でない

    技術もまた良くない。

(73) tukume   da   tere   eriN   *tiaojian*=ni'   da   ere   kurwu=i   tere   dulu-me
    そうして   FOC   その   時   条件=TOP   FOC   FIL   橋=GEN   その   過ぎる-CVB

    mutu-re   ali-me   gya-re   kurwu=i   tere   ujiN   kemuN=ni'   ere   tofχu=li'
    できる-IRR   受ける-CVB   得る-IRR   橋=GEN   その   重い   度=TOP   FIL   十五=のみ

    dun.
    吨

それでその時の条件では、橋の、通ることができる、耐えられる、橋のその重量は、たった15トン。

(74) ere si šolwu-me yawe-re ju=li' sejeN joχuN eralyaŋe
FIL 2SG 行き交う-CVB 往く-IRR 二=のみ 車 道 このように

eraŋe yawe-mi, eralyaŋe joχuN ere yawe-mi, yawe-mi.
このように 往く-IRR.NIF このように 道 FIL 往く-IRR.NIF 往く-IRR.NIF

おまえ、行き交って通行するのは二車線だけ、こうやって、このように行く。このように道を、行く。行く。

(75) tukume da oi tere kurwu=ni' are-me waje-maqe gele ere
そうして FOC INTJ その 橋=TOP 作る-CVB 終える-CVB また FIL

gelškulei tere eriN=de=ni' ere eke gele aqu.
とても その 時=DAT=TOP FIL FIL また ない

それで、その橋は作り終えてまたとても、その時には、あれもない。

(76) ere ye#li bira=i tere kurwu=i ju ekciN tere eke-me baNje-me se-me
FIL PN 河=GEN その 橋=GEN 二 岸 その FIL-CVB 暮らす-CVB 言う-CVB

eraŋe *xiandaihua*=de eraŋe šunituN *jixiehua* eraŋe *shebei*
このように 現代化=DAT このように セメント 機械化 この 设备

jaqe aqu tere eriN=de=ni'.
もの ない その 時=DAT=TOP

イリ河の橋の両岸、そのあれして暮らそうというときに、このように現代化して、このようなセメントや機械化したこのような設備もない。その時には。

(77) gemu nane=i χusuN=maqe ji-me GaseN=deri' uχuri' jaquN Gusa=deri'
全て 人=GEN 力=INST 来る-CVB 村=ABL 全ての 八 旗=ABL

nane ji-mi, ere byoχuN eke-me bu-me weile-me eralyaŋe,
人 来る-IRR.NIF FIL 土 FIL-CVB やる-CVB 働く-CVB このように

eke-me eralyaŋe šaŋe-we-Xe=i.
FIL-CVB このように 達成する-VOICE-PFV=NIF

全て人の力でやって来て、村から、八つの旗[7]全てから人が来る、土をあれしてやって作業をする、このようにして、このように成し遂げられた（作り上げられた）。

(78) tukume amele da emkeN χunχu ani weile-Xe=i ba, weile-me, ere
そうして 後 FOC 一 半 年 働く-PFV=NIF INF 働く-CVB FIL

uju=i kurwu=we ca-Xe=i.
一.ON=GEN 橋=ACC 架ける-PFV=NIF

それで後に、一年半作業をしただろう、作業をして最初の橋を架けた。

(79) | tere | kurwu=we | te | ere | emgeri' | are-me | waje-maqe | *qishiniandai*
| その | 橋=ACC | 今 | FIL | 既に | 作る-CVB | 終える-CVB | 七十年代

| e | *qiwunian*=ci;[8] | *ershiwunian* | GosiN | ani | o-me | o-Xe |
| FIL | 七五年=ABL | 二十五年 | 三十 | 年 | なる-CVB | なる-PFV |

| ba, | ere | kurwu | are-me | waje-me | emgeri' | GosiN | ani | χaNci | o-Xe |
| INF | この | 橋 | 作る-CVB | 終える-CVB | 既に | 三十 | 年 | 近い | なる-PFV |

| ba, | GosiN | ani | o-Xe | ba. |
| INF | 三十 | 年 | なる-PFV | INF |

その橋を今既に作り終えて、70年代、75年から20年、30年になろうとしているだろう。この橋を作り終えて既に。30年近くなるだろう。30年になっただろう。

(80) | tukume | da | emgeri' | te | te=i | ere | guruN | bo=i | badare-me | ji-me,
| そうして | FOC | 既に | 今 | 今=GEN | FIL | 国 | 家=GEN | 発展する-CVB | 来る-CVB

| kurwu | emgeri' | oju=qu, | isi=qu | o-Xe=i. | e | isi=qu |
| 橋 | 既に | なる=IRR.NEG | 足りる=IRR.NEG | なる-PFV=NIF | FIL | 足りる=IRR.NEG |

| o-Xe=i. |
| なる-PFV=NIF |

それで、既に、今、今の、国家が発展してきたことで、橋が既にダメに、足りなくなった。足りなくなった。

(81) | tukume | da | ere | daci'=i | *chuan* | dulu-re | ba=ni' | ju | ba | bi.
| そうして | FOC | FIL | 昔=GEN | 船 | 過ぎる-IRR | 場所=TOP | 二 | 場所 | ある

| ere | ye#li | bira=i | ewa=de | e | yelaN | ba | bi-Xe=ŋe, |
| この | PN | 河=GEN | ここ=DAT | INTJ | 三 | 場所 | ある-PFV=OIF |

| miN | gisere-maχe | *baiduchuan* | tere | Gang | futa=de | eralyaŋe |
| 1SG.GEN | 話す-IMPFV | 摆渡船 | その | 鋼鉄 | ロープ=DAT | このように |

| eke-maqe | emu | *hualun* | bi, | *hualun*=de=ni' | da | ere | eke-re |
| FIL-CVB | 一つの | 滑轮 | ある | 滑轮=DAT=TOP | FOC | FIL | FIL-IRR |

| jawe-me | da | nuŋu=de | tere | cwaN | ere | jaŋe=we=ni' | eci' |
| 結ぶ-CVB | FOC | 上=DAT | その | 船 | FIL | 櫂=ACC=TOP | これ.ALL |

| emdaN | eke-re=ŋe | da | eci' | myare-me | da | Gaŋ |
| 少し | FIL-IRR=OIF | FOC | これ.ALL | ひねる-CVB | FOC | ONOM |

| Gaŋ | Garaŋ | se-me | muku'=i | χusuN=de | da | teraŋe | yawe-mi.
| ONOM | ONOM | 言う-CVB | 水=GEN | 力=DAT | FOC | そのように | 往く-IRR.NIF

それで、昔船が渡る場所は二か所あった、イリ河のここに、あ、三か所あった。私が話している渡し船、鋼鉄のケーブルでこのようにして、一つ滑車がある。滑車に結びつけて、上をその船の櫂をこっちにすこしあれすると、こっちにひねると、ガーン、ガーン、ガラーンと水の力でそのように進んでいく。

図2. 初期の渡し船

図3. ケーブル式の渡し船

(82) tere yawe-me da tere yamato=de emkeN bi, ere Gulja=de emkeN bi,
 その 往く-CVB FOC FIL PN=DAT 一 ある FIL PN=DAT 一 ある

 tere *suiding* ba=de emkeN bi-me yawe-Xe=ŋe eralyaŋe ju yelaN
 その PN 場所=DAT 一 ある-CVB AUX-PFV=OIF このように 二 三

 ba=de eraŋe *chuan* bi.
 場所=DAT このように 船 ある

そのように行くのは、ヤマトのところに一つあった、グルジャに一つあった、绥定のところにかつて一つあった、このように2、3か所にこのような船があった。

(83) ere *chuan*=ni' da tere eriN=ni' da gemu tere orose orose=i are-Xe
 この 船=TOP FOC その 時=TOP FOC 全て その ロシア ロシア=GEN 作る-PFV

 jaqe, orose=i bi-Xe eriN=de are-Xe jaqe, tere ere *guomingdang*
 もの 人=GEN ある-PFV 時=DAT 作る-PFV もの その FIL 国民党

 zhengfu tere amele tere eke-me yawe-Xe=de emdaN teraŋe
 政府 その 後 その FIL-CVB AUX-PFV=DAT 一度 そのように

 are-Xe.
 作る-PFV

この船は当時は全てロシア[9]、ロシアの作ったものだった。ロシアがあった時に作ったものだ。それを国民党政府[10]が後にあれしている時に一度そのように作った。

(84) tukume te ere *bashiniandai*=de *qishiniandai*=de ere ere Gulja=de
 そうして 今 FIL 八十年代=DAT 七十年代=DAT FIL FIL PN=DAT

 kurwu are-Xe=i.
 橋 作る-PFV=NIF

それで、今、80年代に、70年代に、グルジャに橋を作った。

(85) *bashiniandai* tere *yamato* ba=de emu kurwu are-Xe=i.
 八十年代 あの PN 場所=DAT 一つの 橋 作る-PFV=NIF

	ere	ye#li	bira=de	kurwu	are-Xe=i.
	この	PN	河=DAT	橋	作る-PFV=NIF

八十年代、あのヤマトのところに一つ橋を作った。イリ河に橋を作った。

(86)
oi	tere	tere	kurwu=ni'	gele	lawdu.
INTJ	FIL	FIL	橋=TOP	また	多い

おい、その、橋もまた多い。

(87)
tewa=de	yawa=de,	tere	kurwu	are-me	ya=ci'	gene-mi.
そこ=GEN	どこ-DAT	その	橋	作る-CVB	どこ=ALL	行く-IRR.NIF

そこに、どこに、その橋を作るとどこに行くか？

(88)
oyuŋu	dulu-re	ba=ni'	koŋu#lyu	tekese	jaw#su	ere	yelaN
主要な	過ぎる-IRR	場所=TOP	PN	PN	PN	この	三

ere	*syan*	gume	*bixu*	da	ere	urunaqu	da	tere	kurwu=we
FIL	县	全て	必须	FOC	FIL	必ず	FOC	その	橋=ACC

dulu=qu	o-ci,	cyasi	gene-me	mutu=qu.
渡る=IRR.NEG	AUX-COND	あちらへ	行く-CVB	できる=IRR.NEG

主に通る場所は、巩留、トクス、昭苏。この三つの県は全て、必ず、必ずその橋を渡らないとそちらへ行くことができない。

(89)
te	ji-me	ye#li	bira	ere	ere	guruN	bo=i	ere	χusuN=ni'
今	来る-CVB	PN	河	FIL	FIL	国	家GEN	FIL	力=TOP

jingji	χusuN	etxuN	o-Xe=i,	kotaciN	badare-Xe=i,	e	te
经济	力	強い	なる-PFV=NIF	科学	発展する-PFV=NIF	FIL	今

ere	eiteN	erxi=de	χusuŋe	o-me	da,	te	ju	kurwu	are-maχe=i.
FIL	あらゆる	方面=DAT	力がある	なる-CVB	FOC	今	二	橋	作る-IMPFV=NIF

yilihe	*erqiao*	se-mi.
伊犁河	二桥	言う-IRR.NIF

今に至って、イリ河は、国家の力が、経済力が強くなって、今、二つの橋を作っている。イリ河二橋という。

(90)
si	mese	cafcale=ci'	gene-me	aci-me	te	dirxi=i	*qiaodun*
2SG	1PL.INCL	PN=ALL	行く-CVB	AUX-CVB	今	西=DAT	桥墩

emgeri'	sawe-me	diriwe-Xe=i	waqe	na.
既に	見える-CVB	始める-PFV=NIF	でない	Q

お前、私達チャプチャルの方に行くと、今、西の橋脚がもう見えるようになり始めたじゃないか。

(91) ere   *yilihe*   *erqiao*   eraŋe.
    これ   イリ河   二-橋   このようだ

    これはイリ河二橋。こんなだ。

(92) te   ere   are-maχe   ere   *qiao*=ni'   ere   *jishuhanliang*=ni'   ere
    今   FIL   作る-IMPFV   この   橋=TOP   FIL   技術含量=TOP   FIL

    kotaciN   ere   kotaciN   mukuneciN   deN.
    科学   FIL   科学   水準   高い

    今作っているこの橋は、技術レベルが、科学レベルが高い。

(93) te   are-me   da   yaske,   ere=we   gisere-me   da   nyuŋuN   sejeN   eralyaŋe
    今   作る-CVB   FOC   いくつ   これ=ACC   話す-CVB   FOC   六   車   このように

    beibei   eraŋe   šolwu-me   ji-me   gene-me   yawe-me   omi.   oNcu=i
    お互い   このように   すれ違う-CVB   来る-CVB   行く-CVB   往く-CVB   AUX-IRR.NIF   広い=GEN

    kemuN=ni'.
    程度=TOP

    今作ると、（車線が）いくつか？これを言うと、六台の車がこのように互いにこのようにすれ違って行き来することができる。広さ（幅）は。

(94) ere   ujiN   kemuN=ni'   šu   ujiN   kemuN=ni'   iNje   twona   *liushidun*.
    FIL   重い   度=TOP   最も   重い   程度=TOP   六十   トン   六十吨

    zaizhong   *qiche*   dulu-me,   umai   baitaqu.   ere=we   ere   kemuN
    載重   汽車   通る-CVB   何も   問題ない   これ=ACC   この   程度

    are-maχe=i.
    作る-IMPFV=NIF

    重量は、最大の重量は60トン。60トン、積載の車が通っても全く問題ない。これを、このような程度で作っている。

(95) ere   emkeN   ere   ere   o-me   da   *yilihe*   ye#li   bira=i   jai   kurwu
    この   一つ   FIL   これ   AUX-CVB   FOC   伊犁河   PN   河=GEN   2.ON   橋

    se-Xe=i.
    言う-PFV=NIF

    この一つ、これは、イリ河、イリ河の第二の橋といった。

(96) te   ye#li   bira=i   yela-ci   kurwu   are-maχe=i.
    今   PN   河=GEN   三-ON   橋   作る-IMPFV=NIF

    今イリ河の三つ目の橋を作っている。

(97) yela-ci   kurwu=ni'   yawa=de   bi   se-me,   tere   yelacuru=i
    三-ON   橋=TOP   どこ=DAT   ある   言う-CVB   その   第三ニル=GEN

    fejerxe=de   jeceN   χaNci   te   ere   liushiqituan=i   fejerxe=i
    下=DAT   国境   近い   今   FIL   六十七団=GEN   下=GEN

    tewa=de   ere   yilihe   yela-ci   kurwu   are-maχe=i.
    その場所=DAT   FIL   伊犁河   三-ON   橋   作る-IMPFV=NIF

三つ目の橋はどこにあるかというと、第三ニルの下流、国境近くの、六十七団の下流、そこにイリ河の第三の橋を作っている。

(98) ere   yela-ci   kurwu=ni'   bi   ta-me   gene-Xe=ŋe,
    この 三-ON   橋=TOP   1SG.NOM   見る-CVB   行く-PFV=OIF

    o   tere=ni'   gele   lawdu   aNbu'.
    INTJ   その=TOP   また   たくさん 大きい

この第三の橋を私は見に行ったが、あれもまた非常に大きい。

(99) lawdu   ere   bira   tere   ba=i   bira=ni'   o-me   guške   oNcu.
    たくさん   FIL   河   その   場所=GEN   河=TOP   なる-CVB   すごく   幅が広い

非常に。河、その場所の河はとても幅が広い。

(100) bira=ni'   oNcu=de   kurwu=ni'   lawdu   syaN   are-Xe=i.
     河=TOP   幅が広い=DAT   橋=TOP   たくさん   良く   作る-PFV=NIF

河の幅が広いので、橋はとても良く作っている。

(101) tere   ba=deri'   yelacuru=de   gya=maqe   yelacuru=deri'   tere   kurwu=we
     その   場所=ABL   第三ニル=DAT   得る=INST   第三ニル=ABL   その   橋=ACC

     dulu-maqe   tere   χorχosu   kouan=de   gene-re=de   χunχu   eriN=de   da
     過ぎる-CVB   その   PN   口岸=DAT   行く-IRR=DAT   半   時間=DAT   FOC

     isine-mi.
     到着する-IRR.NIF

その場所から第三ニルに、第三ニルからその橋を渡ってコルガスの国境ゲートに行くと、半時間（30分）で着く。

(102) tuduruN   χaNci   o-Xe=i.
     それほど   近い   なる-PFV=NIF

それくらい近くなった。

(103) tukume   da   tere   kurwu=ni'   afsi,   ere   ai   zuoyong   tici-mi,   se-me,
     そうして   FOC   その   橋=TOP   どう   これ   何   作用   出る-IRR.NIF   言う-CVB

	tere	kurwu=deri'	tici-maqe	gene-me	da	cafcale	tewa=de	emu
	その	橋=ABL	出る-CVB	行く-CVB	FOC	PN	そこ=DAT	一つの

	dulatu	*kouan*	bi,	emu	*kouan*	bi.
	PN	口岸	ある	一つの	口岸	ある

それでその橋はどんなか？その橋から出ていくと、チャプチャル。そこに一つドゥラトの国境ゲートがある。国境ゲートが一つある。

(104)
	tere	*kouan*	sideN=de	dyatti	da	isine-mi,	ere	*bianmao*
	その	口岸	まで=DAT	すぐに	FOC	到着する-IRR.NIF	FIL	边贸

	ere	*waimao*	ere	ere	eke=de,	ere	gelšku	baiteŋe	o-Xe
	FIL	外贸	FIL	FIL	FIL=DAT	FIL	とても	便利だ	なる-PFV

	se-mi.
	言う-IRR.NIF

その国境ゲートまですぐに着く。辺境貿易、国際貿易、あれに、とても便利になったという。

(105)
	tere	kurwu	are-maχe=i,	ere	yela-ci	kurwu.
	その	橋	作る-IMPFV=NIF	FIL	3-ON	橋

その橋を作っている。第三の橋（を）。

(106)
	tukume	da	te	ere	kurwu	emdaN	are-me	waje-ci	da,	te
	そうして	FOC	今	FIL	橋	一度	作る-CVB	終える-COND	FOC	今

	ye#li	bira=de	bisi-re	kurwu	uχuri'	duyeN	kurwu	bi	o-Xe=i.
	PN	河=DAT	ある-IRR	橋	全ての	四	橋	ある	なる-PFV=NIF

それで、今橋を一度作り終えたら、今イリ河にある橋は全部で四つの橋があることになる。

(107)
	ere	te	ere	kurwu,	yamato	kurwu,	tere	*erqiao,*	*sanqiao,*	ere	kurwu,
	FIL	今	この	橋	PN	橋	その	二桥	三桥	この	橋

	ere	are-mi.
	FIL	作る-IRR.NIF

今この橋、ヤマトの橋、第二の橋、第三の橋、を作る。

(108)
	tukume	da	ere	e=deri'	ta-me	o-ci	da	e	Gulja=i
	そうして	FOC	FIL	これ=ABL	見る-CVB	なる-COND	FOC	FIL	PN=GEN

	baite	syaN	o-maχe=i.
	こと	良い	なる-IMPFV=NIF

それで、これから見ると、グルジャの物事はよくなっている。

(109)
	ane	se-me	daci'	emu	ere	*guomingdang*	tere	*manqing*
	なぜ	言う-CVB	昔	一つの	FIL	国民党	その	満清

zhengfu=deri'	gya-maqe	*guomingdang*	*zhengfu*	sideN=de	ji-maqe
政府=ABL	得る-CVB	国民党	政府	間=DAT	来る-CVB

gongchandang	gele	ere	eke-maqe	ere	yaske	ani	sideN=de,	ere
共产党	また	FIL	FIL-CVB	FIL	どんな	年	間=DAT	DIL

qishiniandai	sini	araN	sini	emu	kurwu	are-me	mutu-Xe=i.
七十年代	MOD	ようやく	MOD	一つの	橋	作る-CVB	できる-PFV=NIF

何故かというと、昔ある国民党、満清政府から始まり、国民党政府まできて、共産党もあれして、どれくらいの年を経て、70 年代になってようやく一つの橋を作ることができた。

(110)
te	emu	medaN	*jiushiniandai*	*bashiniandai*	*zhong*=de	ere
今	一つ	回	九十年代	八十年代	中=DAT	FIL

ershiyishiji=de	isinji-Xe=ŋe	ere	eske	lawdu	kurwu	are-mi.
二十一世纪=DAT	到着する-PFV=OIF	FIL	こんな	多い	橋	作る-IRR.NIF

今、一旦 90 年代、80 年代中期から 21 世紀に達すると、こんなに多くの橋を作る。

(111)
ere=deri'	ta-me	da	juŋu#go	ere	yebede-me	badare-maχe=i
これ=ABL	見る-CVB	FOC	中国	FIL	進歩する-CVB	発展する-IMPFV=NIF

ba.	ta-ci	mutu-mi.
INF	見る-COND	できる-IRR.NIF

このことから見ると、中国は進歩・発展しつつあるだろうと見ることができる。

(112)
kurwu=i	*qingkuang*	da	aNbamuru	eralyaŋe.
橋=GEN	情况	FOC	およそ	このような

橋の状況はだいたいこんなだ。

注

1 本テキストでは漢語を斜体のピンインで表記しているが、漢語としていないものでも漢語由来の要素が含まれており、両者の境界は明確でないことをあらかじめ断っておく。

2 言い直している。

3 言い直している。

4 jai は ju "2" に対する序数として用いられるほか、このように "次の"、"さらにもう（一つ）" という意味でも用いられる。ちなみに jai にさらに序数を表す接辞 -ci が後続した jai-ci という形式も "2" に対する序数として用いられる場合がある。(52) の jai-ci eni「2 番目のおば」参照。

5 se-「言う」はこのように語幹が直接名詞化の接辞 =ŋe をとる場合がある（完了接辞 -Xe の弱化によると考えられる）。

6 「二番目の叔父の妻」のことをシベ語では jai-ci eni「二番目の母」と呼ぶ。

7 シベの村落は清朝の八旗制に基づいて形成されている。シベの村落が形成された経緯についてはコラムを参照されたい。

8 口語では =ci' は一般に起点を表さず、このような起点を表す =ci' の用法は文語に由来している。

9 ここでいうロシアは、ソ連が成立する前のロシア帝国のことを指している。

10 ここでいう国民党政府とは、清朝の後の中華民国のことを指している。

コラム　シベ族の移住——西遷

　現在シベ語が話されているのは中国の西北部に位置する新疆ウイグル自治区のチャプチャルシボ自治県やイーニン市などであるが、シベの人々の大部分は現在の遼寧省を中心とする中国東北地方に居住しており、新疆ウイグル自治区に住むシベの人々は、かつて東北地方から移住してきた人々の子孫である。西暦1764年、清朝の乾隆帝の命を受け、ロシアとの国境警備に当たるため新疆への赴任を命じられた1000名余りのシベの官兵はその家族およそ3000名を連れ、盛京（現在の瀋陽）を出発し、モンゴル高原（現在のウランバートル近郊）やアルタイ地方を通り、およそ1年と4か月の時間をかけ、当時のロシア帝国との国境であり、現在もカザフスタンとの国境近くに位置する恵遠城にたどり着き、任に当たった。この移住は西遷（desi guribuN）と呼ばれる。当初の乾隆帝の命では任期は約30年程度であり、その後は東北地方に戻ることになっていたため、新疆に移ったシベの人々は帰還する日のために、亡くなった人も連れて帰るために土葬ではなく火葬にするなど周到な準備をしていたが、やがて帰還できるという話も反故にされ、新疆の地に永住することを余儀なくされた。彼らはそのような逆境にもめげず、今日では人口も移住当時の10倍ほどになる繁栄を築いている。

　シベの人々にとっての一年で最大の祭りはこの西遷を記念する西遷節と呼ばれるものである。新疆までの大移動を行ったシベの人々は、瀋陽を発つ前日、旧暦の4月18日に、瀋陽にある錫伯家廟というシベの人々の先祖を祀った廟で出発の報告をし、東北地方に残留する同胞と別れの宴席を設けたことから、シベの人々は、この旧暦4月18日を西遷節とし、先祖の苦労と努力を讃えている。現在では西遷節には、新疆や東北地方だけではなく北京、上海などの大都市などにおいてもシベの同胞が集まり歌や踊りなど様々な行事を行うことにより民族の交流と団結を深めている。

写真1．錫伯家廟の現在の様子（瀋陽）

写真2．西遷246周年の祝賀行事の様子

参考文献

久保智之（2009）「シベ語」梶茂樹・中島由美・林徹（編）『事典 世界のことば141』20-23．東京：大修館書店．

久保智之・児倉徳和・庄声（2011a）『2011年度言語研修テキスト1 シベ語の基礎』東京外国語大学アジア・アフリカ言語文化研究所．

久保智之・児倉徳和・庄声（2011b）『2011年度言語研修テキスト2 シベ語語彙集』東京外国語大学アジア・アフリカ言語文化研究所．

児倉徳和（2007）「シベ語（満洲語口語）」中山俊秀・山越康裕編『文法を描く：フィールドワークに基づく諸言語の文法スケッチ』東京外国語大学アジア・アフリカ言語文化研究所．2: 131-157．

児倉徳和・久保智之（2013）「シベ語の世界」中川裕監修・小野智香子編『ニューエクスプレス・スペシャル 日本語の隣人たちⅡ』72-91．東京：白水社．

早田輝洋（1985）「シボ語について」『言語』14 (7): 94-99．

山本謙吾（1969）『満洲語口語基礎語彙集』，東京外国語大学アジア・アフリカ言語文化研究所．

写真3. 1980年代の西遷節記念行事の様子（承志氏提供）

ソロン語

風間伸次郎

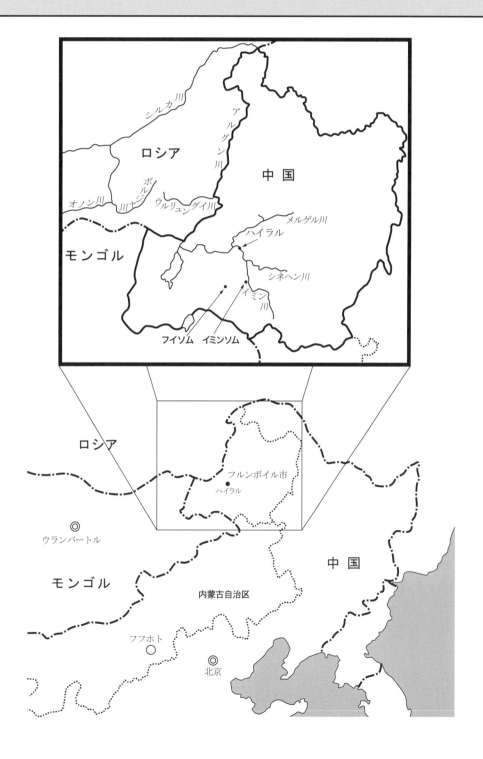

概説

　ソロン語はツングース語族の言語の一つである。系統的には、ロシア領に分布する他のツングース諸語のうち、エウェンキ語やネギダル語などと近い関係にある。かつてはアムール河上流域のロシア側に住んでいたと考えられるが、17世紀におけるロシア人の北からの圧力を受け、大興安嶺から嫩江一帯へと南下した。清朝はこれをブトハ組織に組み込んだ。さらに1732年にはブトハとチチハル一帯から1300人あまりのソロンの兵士をフルンボイル（呼伦贝尔）地方に移し、ロシアに対する防衛にあたらせた。

　その後現在に至るまでソロンは主に内モンゴル自治区のフルンボイル地方に居住している。黒竜江省に残った集団もあるが、独自の言語は保持していない。

　中国では「エウェンク（鄂温克）族」と呼ばれているが、このエウェンクは三つの異なった集団を含んでいるので注意が必要である。そのうちより北に位置する二つのグループ（ツングース・エウェンクおよびヤクート・エウェンクと呼ばれる）は、言語学的にはロシア領に分布するエウェンキ語の方言とみてよいものである。

　これに対して一番南のグループがここでいうソロン語を話す人々である。フルンボイル地方では特にハイラル（海拉尔）区およびその南にある南屯、イミン（伊敏）ソム（なおソム（苏木）は内モンゴルの行政単位）、フイ（辉）ソムなどに数多く居住している。

　ソロンの主な生業は牧畜で、その文化や生活は多くの点でモンゴル化している。その伝統的で典型的な生活については、コラムを参照されたい。もちろんハイラルや南屯など街に定住する人々には遊牧以外の仕事を生業としている者も多い。

　数万の人口を有しているが、その正確な人口の把握は難しい。話者数に関しても同様である。今なお多くのソロンの人々がその言語を保持しているが、マスコミや学校教育などの原因により、若年層を中心に漢語化が急速に進んでいる。

　なおソロン語は無文字言語である。ソロン語のみを話す人はほとんどなく、ソロンの人々は一般にモンゴル語、漢語とのバイリンガルもしくはトゥリリンガルである。それに加えてさらにダグール語などをはじめとする他の少数民族言語も理解できる人が存在する。モンゴル語が得意な者はいわゆる縦文字でモンゴル語を書き、漢語が得意な者は漢字で読み書きしている。南屯の中学校などではモンゴル人、ソロン人、ダグール人、ブリヤート人が一緒に学んでおり、互いの言語をよく理解している。のみならず、モンゴル語を中心として互いにその言語は似通ってきているようである。つまり一種の言語連合を形成しているということになる。なおソロン語におけるモンゴル語からの影響に関しては、風間（2010）も参照されたい。

　以下にはソロン語の研究状況について若干記しておく。ソロン語の研究はまだあまり進んでいるとは言えない。信頼のおけるもっとも古い記述としてまずPoppe（1931）があげられる。中国におけるもっとも最初の記述にはいわゆる「簡志」シリーズの一つである胡・朝克（編著）（1986）がある。自身がソロン人である言語研究者の朝克氏にはさらに一連の研究がある（朝克（1991），（1995），（2003）など）。筆者は民話をはじめとし、直接録音から書き起こした本書収録のようなテキストをこれまでにいくつか刊行した（風間（2005），（2007），（2008））ほか、やはりソロン人であるトヤー氏との共著で語彙集を刊行した（風間・トヤー（共編著）（2011））。この語彙集はほとんどの語彙が例文付きで収録されている点が特徴である。近年筆者は継続的にいくつかの文法カテゴリーの観点か

ら、ソロン語文法解明のためのデータの蓄積を行っている（風間（2013)-(2016)）。他方で、民話でなく、実話や民族誌的な内容の談話を多く収集しており、近日中にそれを集大成したテキスト集を刊行する予定である。

　なお、ここで紹介するテキストのうち、「テキスト1. 黒い龍と白い龍」はすでに風間（2008: 29-44）にて公刊済みの資料に文法情報を付し、日本語訳等を改めたものである。「テキスト2. シャーマンやオヲーについて」は、未公刊のテキストである。

ソロン語の音素目録

母音音素

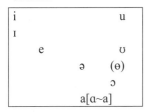

子音音素

		両唇音	歯茎音	硬口蓋音	軟口蓋音
閉鎖音	無声音	p	t	č[tɕ]	k
	有声音	b	d	ǰ[dʑ]	g
摩擦音	無声音		s	(š[ɕ])	x
	有声音				
流音			l		
			r		
鼻音		m	n		ŋ
わたり音		w		j	

＊( ) で囲んだ音素は借用語にのみあらわれる。

主要接尾辞一覧
（形態素中の大文字アルファベットは、母音調和による異形態があることを示す）

表1　名詞の格接辞

主格「〜が」	-ø
属格「〜の」	-(n)II 〜 -In
対格「〜を」	-wA 〜 -bA
不定対格「〜を」	-jA 〜 -A 〜 -I(I)
与格「〜に」	-(d)dU 〜 -(d)dI(I)
奪格「〜から、〜へ」	-(t)txI 〜 -(t)tIxI 〜 -(t)txAAxI
処格「〜で」	-lA 〜 -dUlA
沿格「〜を通って」	-lII 〜 -dlII 〜 -dIlII
具格「〜で」	-jI

表2 動詞の屈折接辞（表4も参照のこと）

定動詞希求命令法	1人称単数「〜しよう」	-ktA 〜 -xtee
	2人称単数「〜しろ」	-xA
	2人称複数「〜しろ」	-xAl-dUn 〜 -xUl-dUn
定動詞勧誘法	1人称複数「〜しよう」	-gAAree
形動詞	未来「するだろう（こと）」	-jIgAA
	不完了「〜する（こと）」	-(A)r(A) 〜 -A（不規則動詞では -sI など、後続の子音にも同化）
	完了「〜した（こと）」	-sA(A) 〜 -čA(A)（不規則動詞では -čI など）
副動詞	不完了「〜して、〜しながら」	-m 〜 -m(A)
	完了「〜して（から）」	-(č)čI
	条件「〜したら」	-(sI)kkI- 人称
	同時「〜したまま」	-tAAn
	長時間「ずっと〜して〜して」	-geel
	先行「〜すると」	-dlI
	緊接「〜するとすぐに」	-lAAxIn

表3 名詞や形動詞の所有人称接辞

1人称単数	-wI 〜 -bI・-wAl(A) 〜 -bAl(A) 完了形動詞では (-s)-U	除外的1人称複数	-mUn(I)
		包括的1人称複数	-tI
2人称単数	-sI 〜 -čI	2人称複数	-sUn(I) 〜 -čUn(I)
3人称（単数／複数の区別なし）	-nIn		
再帰人称単数	-wI 〜 -bI 〜 -I	再帰複数	-wAl(A) 〜 -bAl(A)

表4 定動詞直説法現在の人称変化

1人称単数	-m	除外的1人称複数	-wUn 〜 -bUn
		包括的1人称複数	-tI
2人称単数	-ndI	2人称複数	-sUn
3人称		-rAn 〜 -An 〜 -dAn 〜 -tAn	

表5 名詞につく派生接辞

複数	-sAl
近似複数	-nAAr・-šAAn
所有	-sI 〜 -čI
指小	-xAAxAn

表6 動詞語幹に接続するおもな派生接辞

ヴォイス	使役態「～させ（る）」	-xA(A)(n) ～ -kA(A)(n)
	相互態「～しあ（う）」	-ldII
	受動態「～られ（る）」	-wU ～ -bU
	自動詞化	-UU
	他動詞化	-UU ～ -gU
アスペクト	進行相「～してい（る）」	-jI
	反復・反動相「（逆方向に／再び～す（る））」	-rgII ～ -ggII ～ -ŋgII
	状態相「～してい（る）」	-sI
その他	移動の目的「～しに行く」	-nAA

略号一覧

--: suffix boundary 接辞境界
=: clitic boundary 接語境界
#: compound boundary 複合語境界
1, 2, 3: 1st, 2nd 3rd person 1、2、3人称
ABL: ablative 奪格
ACC: accusative（定）対格
ANT: antecedant 先行
ASP: aspect marker アスペクト標識
CAUS: causative 使役
COHOR: cohorative 勧誘
COND: conditional 条件
CONT: continuous 長時間
CVB: converb 副動詞
DAT: dative 与格
DIM: diminutive 指小
DIRINT: directional-intentional 移動の目的
E: epenthesis 挿入音
FIL: filler いいよどみのフィラー
FOC: focus 焦点化
FUT: future 未来
GEN: genitive 属格
IM: immediate 近接
IMP: imperative 命令
INCL: inclusive 包括形
IND: indicative 直説法
INDF: indefinite 不定

INS: instrumental 具格
INT: intensive 意志
INTR: intransitivizer 自動詞化
IPFV: imperfective 非完了
LOC: locative 処格
NEG: negative 否定
PASS: passive 受身
PFV: perfective 完了
PL: plural 複数
PROG: progressive 進行
PROL: prolative 沿格
PROP: proprietive 所有
PRS: present 現在
PST: past 過去
PTCP: participle 形動詞
Q: interrogative marker 疑問
RECIP: reciprocal 相互
RED: reduplication 重複
REFL: reflexive 再帰
REPET: repetitive 反復・反動
SFP: sentence final particle 文末小詞
SG: singular 単数
SIM: simultaneous 同時
TR: transitivizer 他動詞化
VBLZ: verbalizer 動詞化

テキスト1. 黒い龍と白い龍

【語り手】 ウルドゥンチグ氏
【収録日】 2006年8月11日
【収録場所】 内モンゴル自治区フルンボイル市エウェンク族自治旗ウイットゥフン・ガチャ
【解説】 これは民話である。一般にツングースの諸民族には、世界は3層に分かれていて、それは穴でつながっているというような世界観があるが、この話では一人の猟師がやはり穴を通って別の世界へ行く、というところから話は始まっている。水の世界にはその世界の主がいる、ということもよくある話の筋であるが、この物語の白い龍もやはり水の世界の主である。主人公の猟師が妻となった異形のものの覆い（ここでは豹）を焼き捨ててしまう、というのもよくあるモチーフである。物語によっては、さらに異界に去った自分の妻を追いかけて行く、という話が続くものもある。

(1) xonnırın gıltırın ǰuur mudur-nii unigələ.
    黒   白   二   龍-GEN   話

    黒と白の二匹の龍の話だ。

(2) noogʊttı ui-du, xandagaı¹ bʊgʊ, ǰəgərən, baabagaı,
    昔の   時に   ヘラジカ   鹿   野生の羊 熊

    昔の時に、ヘラジカ、鹿、野生の羊、熊、

(3) tooxı gunčil əmun baraan ʊxʊn, ʊxʊm-ba gappa-m ətə-r,
    ヘラジカ といった ひとつ たくさんの あれ あれ-ACC 撃つ-CVB.IPFV できる-PTCP.IPFV

    ヘラジカといったたくさんのあれを撃つことのできる、

(4) gappa-ččı waa-m ətə-r, xəǰəədii=kki sinǰə, naal ǰalʊʊn,
    撃つ-CVB.PFV 殺す-CVB.IPFV できる-PTCP.IPFV いつでも=FOC SFP 手 いっぱい

    撃って獲ることができる、いつでもだ、手にいっぱい

(5) əmə-ggii-r əmun, məggən bəjuusin bi-səə gunən.
    持って来る-REPET-PTCP.IPFV 一 腕の良い 狩人 ある-PTCP.PFV と

    持って帰って来る、一人の腕の良い狩人がいたという。

(6) əmun inəg tajjaa məggən bəjuusin bi-kki sinǰə,
    一   日   その   腕の良い 猟師   ある-COND SFP

ある　日、その　腕の良い　猟師は、

(7) bəjuusi-m　　　　　ul-ǰi-čči,　　　　ʊxʊn=kəd　　ə-səə　　　　baxa-r,
　　狩りをする-CVB.IPFV　行く-PROG-CVB.PFV　何=FOC　　　NEG-PTCP.IPFV　獲る-PTCP.IPFV

狩りをして行って、何も獲れなかった、

(8) ʊxʊn=kəd　ə-səə　　　　　baxa-r-dɪ-ɪ　　　　　　　　sinǰə,
　　何=FOC　　NEG-PTCP.PFV　獲る-PTCP.IPFV-DAT-REFL.SG　SFP

何も獲れなかったのだが、

(9) sittə-r　　　　moo-nıı　doo-lo,　ug-geel　　　　ug-geel　　　　ug-geel
　　茂る-PTCP.IPFV　木-GEN　　中-LOC　　行く-CVB.CONT　行く-CVB.CONT　行く-CVB.CONT

茂った木々の中を、行って行って行って、

(10) əmun,　ʊxʊn-dʊ　tix-səə　　　　　gunən,　saŋaal-dʊ
　　　一　　　何-DAT　　落ちる-PTCP.PFV　と　　　穴-DAT

ある（あれに落ちたという）穴に

(11) tixi-čči　　　　nəə-səə　　　　gunən.　too-d...,
　　　落ちる-CVB.PFV　置く-PTCP.PFV　と　　　そうする-PTCP.IPFV

落ちてしまったという。そうして

(12) əǰǰəə　saŋaal-nıı-nın　　doo-lo=kkɪ-n　　sinǰə,　xaa,
　　　この　　穴-GEN-3　　　　　中-LOC=FOC-3　　SFP　　　真っ暗だ

この穴の中では、真っ暗で、

(13) ʊxʊn=kəd　ə-si-n　　　　　　　is-uu-r　　　　　　　gunən.
　　　何=FOC　　NEG-PTCP.IPFV-3　見る-INTR-PTCP.IPFV　と

何も見えないという。

(14) too-soo=xod　　　　　　ǰaarın,　ʊxʊn,　too-soo=xod　　　　　　ǰaarın,　oondıı　　xaraa
　　　そうする-PTCP.PFV=FOC　でも　　　何　　　そうする-PTCP.PFV=FOC　でも　　　どんなに　暗い

そうしたとしても、なぜこんなに暗いのか、

(15) ʊxʊn　doo-lo　saŋaal　doo-lo　bi-čči=l　　　　　bi-ǰigəə-si=gii=gə,
　　　何　　　中-LOC　穴　　　中-LOC　いる-CVB.PFV=FOC　いる-PTCP.FUT-2SG=Q=Q

穴の中にいて、ずっといられるだろうか、

(16) ǰaawʊl, ənu, ʊnaxan-ǰɪ malta-m maaǰɪ-m
　　 きっと　FIL　指-INS　　　掘る-CVB.IMPF　登る-CVB.IPFV

　　 きっと、指で攀じ登って、

(17) uusixii ǰaabal, ǰuu-r xərə-čči oo-soo sitə,
　　 上へ　　きっと　出る-PTCP.IPFV　必要-PROP　なる-PTCP.PFV　SFP

　　 上へきっと、出る必要があるのだ、

(18) too-čči uusixi ʊxʊn oo-geel ʊǰɪ-geel ʊǰɪ-geel
　　 そうする-CVB.PFV　上へ　何　なる-CVB.CONT　跡を追う-CVB.CONT　跡を追う-CVB.CONT

　　 そうして上へああして足跡を追って（行って）、

(19) əmun ʊxʊn nowo-ɪ isə-m bax-saa gunən.
　　 一　　何　小さな穴-INDF.ACC　見る-CVB.IPFV　見つける-PTCP.PFV　と

　　 一つの小さな穴が見えたという。

(20) taŋgʊʊr-nıı ǰiggin ɪlaan
　　 お碗-GEN　ほどの　光

　　 お碗ぐらいの光が

(21) gəntəxən ǰuldəə-du-n is-uu-səə gunən.
　　 突然　　前-DAT-3　　見る-INTR-PTCP.PFV　と

　　 突然前に見えたという。

(22) too-čči tajjaa ɪlaam-ba sii... silləə-čči nən-čəə=si,
　　 そうする-CVB.PFV　その　光-ACC　おまえ　目指す-CVB.PFV　行く-PTCP.PFV=FOC

　　 そうしてその光を目指して行ったら、

(23) əmun baraan ǰuu is-uu-səə gunən. too(-čči)
　　 一　　たくさんの　家が　見る-INTR-PTCP.PFV　と　そうする-CVB.PFV

　　 たくさんの家が見えたという。そうして

(24) noogʊttıı xamgıın tʊttaal noogʊttıı ǰuu-ddu-n, ii-səə-nin,
　　 手前の　　一番　　手前の　手前の　家-DAT-3　入る-PTCP.PFV-3

　　 前の、一番前の家に入って行ったら、

(25) ǰalʊʊn asaa-l-čɪl təxəsii-ǰi-rən gunən. too-kkɪ,
　　 たくさんの　女-PL-PL　座る-PROG-IND.PRS.3　と　そうする-COND

　　 たくさんの女たちが座っているという。そうして、

(26) daxıı-ttıı   ǰuu-ddu-n   ii-səə=si,   əmun   baraan   ǰittə-r
     二番目の   家-DAT-3POSS   入る-PTCP.PFV=FOC   ―   たくさんの   食べる-PTCP.IPFV

   二つ目の家に入ったら、たくさんの食べる（物）、

(27) ıma-r   ǰəəm,   ǰalʋon   bi-ǰi-rən   gunən.
     飲む-PTCP.IPFV 物   いっぱい ある-PROG-IND.PRS.3   と

   飲む物が いっぱいあるという。

(28) tarı   ıleexıı   ǰuu-ddu-n   ii-səə=si   sinǰə,
     その   三番目の   家-DAT-3   入る-PTCP.PFV=FOC   SFP

   その三番目の家に入ったら、

(29) bəi-nii   dıl   oo-ččı   tarı,   bəjə-nii   ʋxon   gıranda   sitə,
     人-GEN   頭   なる-CVB.PFV   その   人-GEN   何   骨   SFP

   人の頭と、人の骨が、

(30) jaalʋʋ   gıranda   ǰalʋon   bi-ǰi-rən   gunən.
     乾いた   骨   いっぱい   ある-PROG-IND.PRS.3   と

   乾いた骨がいっぱいあるという。

(31) too-ččı   doosıxıı   gəntəxən   siŋeesi-m   ič-čəə=si,   əmun
     そうする-CVB.PFV 中へ   いきなり   覗く-CVB.IPFV   見る-PTCP.PFV=FOC ―

   そうして中をパッと覗いてみたら、ある

(32) gıw   gıltarın,   təggəčči-si,   əmun   bəjə-w   bʋxı-taan   bi-ǰi-rən   gunən.
     白い 白い   服-PROP   ―   人-ACC   縛る-CVB.SIM   ある-PROG-IND.PRS.3   と

   真っ白な服を着た、一人の人を縛ってあったという。

(33) bʋxı-saa   is-uu-ǰi-rən   sitə.   too-ččı
     縛る-PTCP.PFV   見る-INTR-PROG-IND.PRS.3   SFP   そうする-CVB.PFV

   縛ってあるのが見える。そうして

(34) əjjəə   gıw   gıltarın   təggəčči-si   bʋxı-ʋ-saa
     この   RED   白い   服-PROP   縛る-PASS-PTCP.PFV

   この真っ白な服を着た、縛られた

(35) əjjəə   bəjə=kki   sinǰə,   ər   ǰinǰı-ǰi-ran   gunən,   "məggən   axaa,
     この   人=FOC   SFP   これ   話す-IND.PRS.3   と   腕の良い   兄

   この人が話すという、「腕の良い兄さん、

(36) | məggən | axeen," | gun-ji-rən | | gunən.
| 腕の良い | 兄 | 話す-PROG-IND.PRS.3 | | と

腕の良い兄さん、」と話すという。

(37) "sii | joo-du-n | əjjəə | buɡu-ddu | tasıraa-m | əmə-səə-si=ə," | guŋkən.
あなた | 何-DAT-3 | この | 場所-DAT | 間違う-CVB.IPFV | 来る-PTCP.PFV-2SG=SFP | と

「あなたはなぜこの場所に間違ってやって来たのか」と。

(38) gaıxa-m | aŋuu-saa | gunən. | too-čči | gəə | ittuu
びっくりする-CVB.IPFV | 尋ねる-PTCP.PFV | と | そうする-CVB.PFV | さあ | こうして

びっくりして尋ねたという。そうしてさあこうして

(39) gaıxa-m | aŋuu-d-du-n
びっくりして-CVB.IPFV | 尋ねる-PTCP.IPFV-DAT-3

びっくりして尋ねた時に、

(40) məggən | bəjuusin | bi-kki | sinjə, | gun-ji-rən | gunən,
腕の良い | 狩人 | ある-COND | SFP | 言う-PROG-IND.PRS.3 | と

腕の良い狩人は言うという、

(41) "gıltarın | nəxuŋ-bəl=ə," | guŋkən.
白い | 妹/弟-1SG=FOC | と

「白い私の弟よ、」と、

(42) "bii | bi-kki, | bəjuusi-m | ul-geel | ul-geel
私 | ある-COND | 狩りをする-CVB.IPFV | 行く-CVB.CONT | 行く-CVB.CONT

「私は、狩りをして、行って行って、

(43) əmun, | suŋtu | saŋaal | doo-lo, | tixi-s-u," | guŋkən,
一 | 深い | 穴 | 中-LOC | 落ちる-PTCP.PFV-1SG | と

ある深い穴の中に落ちた、」と、

(44) "tar | suŋtu | saŋaal-tıxı | arəŋkən | juu-čči=kki | ədu | ısı-m
その | 深い | 穴-ABL | やっと | 出る-CVB.PFV=FOC | ここに | 着く-CVB.IPFV

「その深い穴からやっと出て、ここに着いて、

(45) əm-ji-mee," | guŋkən. | too-čči=kki | sinjə, | tar | gıltarın
来た-PROG-IND.PRS.1SG | と | そうする-COND=FOC | SFP | その | 白い

私は来た、」と。そうしてその白い

(46) təggəčči-si sinǰə, bəj bi-kki sinǰə tajjaa, ǰɪnǰɪ-ǰɪ-ran gunən,
服-PROP SFP 人 ある-COND SFP それ 話す-PROG-IND.PRS.3 と
服を着た 人は、話すという、

(47) "axɪŋ-bala," guŋkən, "minii əjjəə ʊxʊŋ-bal,
兄-1SG と 私.GEN この 何-1SG
「私の兄さんよ、」と、「私のこの自分を

(48) bʊxɪ-ʊ-saa ʊxʊm-ba, ʊkkʊm-ba, bəri-m buu-xə," guŋkən.
縛る-PASS-PTCP.PFV 何-ACC 紐-ACC 解く-CVB.IPFV あげる-CVB.IPFV と
縛った紐を解いてくれ、」と。

(49) "too-čči=kki bii sindu əjjəə bʊgʊ-ddʊ ittuu əme-səə,
そうする-CVB.PFV=FOC 私 あなた.DAT この 場所-DAT どうやって 来る-PTCP.PFV
「そうしたら私はあなたにこの場所にどうやって来たか、

(50) oondɪɪ bʊgʊ-lɪɪ əmu-s-u, minəw ittuu əm-uu-səə-wə-n
どんな 場所-PROL 来る-PTCP.PFV-1SG 私.ACC どうやって 来る-TR-PTCP.PFV-ACC-3
どんな所を通って私が来たか、私をどうやって連れて来たかを

(51) bii sindu nandaaxan ǰɪnǰɪ-m buu-xtee," guŋkən.
私 あなた.DAT よい 話す-CVB.IPFV あげる-INT と
私はあなたによく話してあげよう、」と。

(52) too-čči=kki əjjəə məggən bəjuusin bi-kki sinǰə,
そうする-CVB.PFV=FOC この 腕の良い 狩人 ある-COND SFP
そうしてこの腕の良い狩人は、

(53) tar bəjuusi-r-nii ʊxʊŋ-bɪ usxəŋ-bi juu-gu-m
その 狩りをする-PTCP.IPFV-GEN 何-REFL.SG 狩猟刀-REFL.SG 出る-TR-CVB.IPFV
その狩りをする狩猟刀を出して、

(54) bi-čči=l, tajjaa ʊxʊŋ-ba-n, bʊxɪ-saa ʊkkʊŋ-ba-n,
ある-CVB.PFV=FOC その あれ-ACC-3 縛る-PTCP.PFV 紐-ACC-3
その縛った紐を、

(55) ʊxʊnoo-soo gunən. bʊxɪ-saa ʊkkʊŋ-ba-n, mii-čči=kki sinǰə,
ああする-PTCP.PFV と 縛る-PTCP.PFV 紐-ACC-3 切る-CVB.PFV=FOC SFP
ああしたという。縛った紐を切って、

(56) tar   ʊxʊŋ-ba-n,   naŋıı-m   buu-səə   gunən.
     その あれ-ACC-3   開ける-CVB.IPFV あげる-PTCP.PFV と

     それを解いてあげたという。

(57) too-ččɪ=kki   tar gıltarın ukkəəxən bi-kki   gun-ǰi-rən   gunən,
     そうする-CVB.PFV=FOC その 白い   男の子   ある-COND 言う-PROG-IND.PRS.3 と

     そうして、その白い男の子は言うという、

(58) "bii   bi-kki   sinǰə, lʊʊs-ın   əǰiŋki-nii=kki   ukkəəxəneen," guŋkən.
     私   ある-COND SFP   龍-GEN   主-GEN=FOC   息子   と

     「私は龍の主の息子だ、」と。

(59) "too-ččɪ=kki   sinǰə, xoŋnorın mudur, mudur-ǰi=kki, ʊxʊnoo-ččɪ=kki,
     そうする-CVB.PFV=FOC SFP   黒い   龍   龍-INS=FOC   ああする-CVB.PFV=FOC

     「そうして黒い龍とああして、

(60) mandaa-ldıı-ččɪ=kki   diiluu-s-u,"   guŋkən.
     争う-RECIP-CVB.PFV=FOC   負ける-PTCP.PFV-1SG   と

     争い合って負けた、」と。

(61) "diiluu-čči=kki   əduu jaw-ʊʊ-tan   bi-ǰi-m=ee,"   guŋkən.
     「負ける-CVB.PFV=FOC   ここ   つかむ-INTR-CVB.SIM ある-PROG-IND.PRS.1SG=SFP と

     「負けてここに囚われている、」と。

(62) "ılan inəgə-nii amıdaa-dı=kki minəw=ki   waa-ran,"   gun-ǰi-rən   guŋkən.
     三   日-GEN   後-DAT=FOC   私.ACC=FOC   殺す-IND.PRS.3 言う-PROG-IND.PRS.3 と

     「三日後に私を殺す、」と言うという。

(63) "too-ččɪ,   too-ččɪ=kki   sii=kki   axın, axın-bal   sii=kki
     そうする-CVB.PFV   そうする-CVB.PFV=FOC おまえ=FOC   兄   兄-REFL.PL   あなた=FOC

     「そうして、そうしておまえは、兄さんよ、私の兄さんのあなたは、

(64) nini-r-dii   minii   ʊxʊŋ-bal, minii   amı-wal   awʊr-saa-sı=a,"   guŋkən.
     行く-PTCP.IPFV-DAT   私.GEN   何-1SG   私.GEN   命-1SG   救う-PTCP.PFV-2SG=SFP   と

     行く時に、私の命を救った、」と。

(65) "too-dlı=kki   mit   ǰuuri, axın   nəxun   ǰawʊ-ldı-gaaree,"   guŋkən
     そうする-CVB.ANT=FOC 私たち   二   兄   妹/弟   つかむ-RECIP-COHOR   と

     「そうして私たち二人は、兄弟になりましょう、」と、

(66) ǰɪnǰɪ-saa   gunən.   too-dlıı=gə   əjjəə   məggən   bəjuusin   bi-kki   bol
    話す-PTCP.PFV   と   そうする-CVB.ANT=SFP   この   腕の良い   猟師   ある-COND   FOC
    話したという。そうしてこの腕の良い猟師は、

(67) ǰɪnǰɪ-ǰɪ-ran   gunən.   "oo-don,"   guŋkən.   too-čči   ǰuuri,
    話す-PROG-IND.PRS.3   と   なる-IND.PRS.3   と   そうする-CVB.PFV   二
    話すという。「いいよ、」と。そうして二人は、

(68) bʊkkʊn,   bʊkkʊn   təŋgər-di=kki   muggu-čči,   aɪ   axın   nəxun,
    神   神   天-DAT=FOC   拝む-CVB.PFV   良い   兄   妹/弟
    神、自分の天に拝んで、良い兄弟と

(69) ǰawʊ-ldıı-saa   gunən.   too-čči=kki   əjjəə,   gıltarın   ukkəəxən
    つかむ-RECIP-PTCP.PFV   と   そうする-CVB.PFV=FOC   この   白い   男の子
    なったという。そうしてこの、白い男の子は、

(70) bi-kki   sinǰə,   məənii   bəjə-wi   bi-kki,   məəkkən   bəjə-ji
    ある-COND   SFP   自分.GEN   体-REFL.SG   ある-COND   自分で   体-INS
    自分の体を、自分の体で、

(71) ılan   ʊdaa   bʊgʊ-ddʊ   xəbbə-čči=kki   sinǰə,
    三   回   地面-DAT   転がる-CVB.PFV=FOC   SFP
    三回地面に転がって、

(72) noogʊttıı   tar,   ənu   lʊʊs-nıı   əǰinki-ni,   ukkəəxə-nii-nin   bəjə   oo-m
    以前の   その   FIL   龍   主-GEN   息子-GEN-3   体   なる-CVB.IPFV
    以前のその、龍の主の息子の体になって、

(73) xobıl-čı=kki   sinǰə.   baraan   ʊnee-sal-aw=ki   ʊxʊn-dı-wɪ   daram-dɪ-wɪ,
    変身する-CVB.PFV=FOC   SFP   たくさんの   女-PL-ACC=FOC   何-DAT-REFL.SG   背中-DAT-REFL.SG
    変身した。たくさんの女たちを背中の上に

(74) təg-uu-čči=kki   ǰɪnǰɪ-ǰɪ-ran   gunən,   "ʊnee-sal=a,"   guŋkən,
    座る-TR-CVB.PFV=FOC   話す-PROG-IND.PRS.3   と   女-PL=SFP   と
    座らせて言うという、「女たちよ、」と、

(75) "suu=kki   ʊxʊŋ-bal   eesala-wal   nəŋdi-xul-dun=ee,"   guŋkən.
    おまえたち=FOC   あれ-REFL.PL   目-REFL.PL   つぶる-IMP-2PL=SFP   と
    「おまえたちはあれを、自分たちの目をおまえたちはつぶれ、」と。

(76) "minii   aal   eesala-wal   naŋıı-xal-dʊn=ee   guŋ-ki,   suu
    私.GEN   いつ   目-REFL.PL   開ける-IMP-2PL=SFP   言う-COND   おまえたち

「私がいつ自分らの目を皆開けよ、と言ったら、おまえたちは

(77) aal   naŋıı-xal-dʊn=ee,"   guŋkən.   too-čči=kki   sinjə,   tar   boŋon
    いつ   開ける-IMP-2PL=SFP   と   そうする-CVB.PFV=FOC   SFP   その   大きい

その時に皆開けよ、」と。そうしてその大きな

(78) saŋaal   doo-lo=kki,   saŋaal-nıı   amma-txı-n   bi-kki   sinjə
    穴   中-LOC=FOC   穴-GEN   口-ABL-3   ある-COND   SFP

穴の中に、穴の入り口から、

(79) ʊxʊnoo-m,   jag   dəglii-ji-r   nəgən   juu-čči
    ああする-CVB.IPFV   まるで   飛ぶ-PROG-PTCP.IPFV   ように   出る-CVB.PFV

ああして、まるで飛んでいるかのように出て、

(80) ul-čəə   gunən.   too-čči=kki   əttuu
    行く-PTCP.PFV   と   そうする-CVB.PFV=FOC   こうして

行ったという。そうしてこうして

(81) dəglii-m   ul-ji-r   ui-du-n   bi-kki   sinjə,
    飛ぶ-CVB.IPFV   行く-PROG-PTCP.PFV   時-DAT-3   ある-COND   SFP

飛んで行く時に、

(82) ər   xoŋnorin   lʊʊs   bi-kki   saa-čči,   amıgıı-ji-n   naŋnasıı-ji-ran   gunən.
    この   黒い   龍   ある-COND   知る-CVB.PFV   後ろ-ABL-3   追う-PROG-IND.PRS.3   と

この黒い龍が知って、後ろから追いかけて来るという。

(83) naŋnasıı-m   əmə-d-du-n   bi-kki   sinjə,   əjjəə   gıltarın,
    追う-CVB.IPFV   来る-PTCP.IPFV-DAT-3   ある-COND   SFP   この   白い

追いかけて来る時に、この白い

(84) ʊxʊn   lʊʊs   bi-kki   bol   jınji-ji-ran   gunən.
    何   龍   ある-COND   FOC   話す-PROG-IND.PRS.3   と

龍は、話しているという、

(85) mudur=ki   jınji-ji-ran   sitə.   "ʊnee-sal=a,"   guŋkən,   "amakkan
    龍=FOC   話す-PROG-IND.PRS.3   SFP   女-PL=SFP   と   早く

龍は話している。「女たちよ、」と、「早く

114

(86) əw-xul-dun=ee," guŋkən. too-čči=kki
　　 降りる-IMP-2PL=SFP と　　　 そうする-CVB.PFV=FOC
　　 皆降りなさい、」と。そうして

(87) əjjəə ʊnee-sal amakkan əwu-m bi-čči=l sinǰə,
　　 この 女-PL 速く 下りる-CVB.IPFV ある-CVB.PFV=FOC SFP
　　 この女たちが急いで下りると、

(88) tajjaa xoŋnorın mudur-ǰi=kki sinǰə, ʊxʊŋ-bı ʊxʊnoo-soo gunən.
　　 あの 黒い 龍-INS=FOC SFP 何-REFL.SG 何をする-PTCP.PFV と
　　 あの黒い龍とあれはああしたという。

(89) mandaa-ldıı-saa sitə. ər mandaa-ldıı-d-dʊ-n bi-kki jag,
　　 叩く-RECIP-PTCP.PFV SFP この 叩く-RECIP-PTCP.IPFV-DAT-3 ある-COND まるで
　　 争い合った。その争い合う時には、まるで

(90) bʊkkʊn təŋgər ʊbbʊ-ldʊʊ-ǰı-r nəgən, əgəə#səxiin aasın,
　　 神 天 ひっくり返る-RECIP-PROG-PTCP.IPFV ように 限り ない
　　 神と天がひっくり返るかのように、限りなく、

(91) manan tooso=kki taan-ǰı-ran gunən. too-geel
　　 霧 ほこり=FOC 巻き上げる-PROG-PTCP.IPFV と そうする-CVB.CONT
　　 霧や埃を巻き上げているという。そうやって

(92) too-geel=ki sinǰə, nəxu-nin=ki diiluu-wu-čči, ənu
　　 そうする-CVB.CONT=FOC SFP 弟-3=FOC 負ける-PASS-CVB.PFV FIL
　　 そうやって、弟が負け、

(93) diiluu-wu-r ui-du-n bi-kki sinǰə,
　　 負ける-PASS-CVB.PFV 時-DAT-3 ある-COND SFP
　　 負ける時に、

(94) axaa-nın tar gor, ʊxʊn-tıxı, xoŋkor oron-tıxı,
　　 兄-3 その 遠い 何-ABL 丘 上-ABL
　　 兄はその遠いあそこから、丘の上から

(95) isi-m baxa-saa gunən.
　　 見る-CVB.IPFV 見つける-PTCP.PFV と
　　 見て見つけたという。

(96) isi-m   baxa-ččɪ=l   məənii   tar
     見る-CVB.IPFV 見つける-CVB.PFV=FOC   自分.GEN   あの

    見つけて、自分のあの

(97) nor   bər-wi   bol   ʊxʊnoo-ččɪ=l,   nordaa-ččɪ=l,
     弓   矢-REFL.SG   FOC   何をする-CVB.PFV=FOC   放る-CVB.PFV=FOC

    弓矢を放って、

(98) tajjaa   alaa   xaraa,   ʊxʊn   mudur-nii,   jag   ɪɪsal-dʊlɪ-n,
     その   ああ   黒い   何   龍-GEN   ちょうど   目-PROL-3

    その黒い龍の、ちょうど目に

(99) tʊkkʊʊ-xan-čaa   gunən.   ər   ui-du-n   bi-kki   xaraa   mudur=ki   sinjə,
     当たる-CAUS-PTCP.PFV   と   この   時-DAT-3   ある-COND   黒い   龍=FOC   SFP

    当てたという。この時に黒い龍は、

(100) taŋgə   tixi-ččі   bu-səə   gunən.   təə=l
      バッタリと   倒れる-CVB.PFV   死ぬ-PTCP.PFV   と   今=FOC

    バッタリと倒れて死んだという。

(101) ər   ui-du-n   bi-kki   sinjə,   nəxu-nin   bi-kki
      この   時-DAT-3   ある-COND   SFP   妹/弟-3   ある-COND

    この時にその弟は

(102) gun-ji-rən   gunən,   "axɪŋ-bala,"   guŋkən,
      言う-PROG-IND.PRS.3   と   兄-1SG   と

    言うという、「私の兄さんよ、」と、

(103) "bii   sinii   guŋgəəŋ-bə-si   ittuu   ommo-m=ee,"   guŋkən,
      私   あなた.GEN   恩-ACC-2SG   どうして   忘れる-IND.PRS.1SG=SFP   と

    「私はあなたが助けてくれた恩をどうして忘れよう、」と、

(104) "ittuu   mʊsʊʊ-xaaŋ-kɪ   dəərəə,"   guŋkən,   "sii=kki
      「どうやって   戻る-CAUS-COND   よい   と   あなた=FOC

    「どうやって恩返ししたらいいんだろうか、」と「あなたは

(105) əji   nənuu-r=ə,   minii   juu-ddu=kki,   niŋ-kə,"   guŋkən.
      NEG.IMP   去る-PTCP.IPFV=SFP   私.GEN   家-DAT=FOC   行く-IMP   と

    帰らないで、私の家に行って下さい、」と。

(106) too-dlɪ=kki   əjjəə,   məggən   an,   ʊxʊn   bi-kki   bəjuusin   bi-kki,
      そうする-CVB.ANT=FOC この   腕の良い   猟師   何   ある-COND   狩人   ある-COND
      そうしてこの、腕の良い狩人は、

(107) "oo-don   oo-don,"   gun-čəə   gunən. too-čči=kki,
      なる-IND.PRS.3   なる-IND.PRS.3   言う-PTCP.PFV   と   そうする-CVB.PFV=FOC
      「いいよ、いいよ、」と言ったという。そうして、

(108) "axɪŋ-bala,"   gun-čəə   gunən.
      兄-1SG   言う-PTCP.PFV   と
      「私の兄さんよ、」と言ったという、

(109) "sii=kki   sinǰə,   ɪɪsala-wɪ,   šeeŋ-bɪ,   amma-wɪ,   ʊxʊŋ-bɪ   sitə,
      あなた=FOC   SFP   目-REFL.SG   耳-REFL.SG 口-REFL.SG 何-REFL.SG   SFP
      「あなたは、自分の目を、耳を、口を、あれを、

(110) neenčɪ-wɪ   xokko,   axʊ-xa,"   guŋkən,   "əji   naŋɪɪ-r=a,"   guŋkən.
      鼻-REFL.SG   全部   隠す-IMP   と   NEG.IMP   開ける-PTCP.IPFV=SFP   と
      鼻を、全部隠せ、」と、「開けるな、」と。

(111) "xərəbə   ə-sikki   ʊxʊnoo-r,   sinǰə,   mit   ǰuuri   bi-kki
      もし   NEG.COND   何をする-PTCP.PFV   SFP   私たち   二   ある-COND
      「もしああすると、私たち二人は、

(112) tad-dʊ   ɪsa-m   ə-si-t   ətə-r,"   guŋkən.
      それ-DAT   着く-CVB.IPFV   NEG-PTCP.IPFV-1PL.INCL   できる-PTCP.IPFV   と
      そこに着くことができない、」と。

(113) too-čči=kki   muu   doo-lo-n,   tʊččaan-čɪ   ii-čči=l,
      そうする-CVB.PFV=FOC 水   中-LOC-3   跳ぶ-CVB.PFV   入る-CVB.PFV=FOC
      そうして川の中に跳んで入って、

(114) jag=a=l   ʊxʊnoo-ǰɪ-r   nəgən,   ʊxʊnoo-ǰɪ-ran
      まるで=E=FOC   何をする-PROG-PTCP.IPFV   ように   何をする-PROG-IND.PRS.3
      まるであ̀あしているかのように、

(115) sɪŋga-čči   ul-čəə   gunən.
      潜り込む-CVB.PFV 行く-PTCP.PFV   と
      潜り込んで行ったという。

(116) gəntəxən,   əttuu   sɪŋga-m   ul-ǰi-čči=l
      突然   こう   潜り込む-CVB.IPFV   行く-PROG-CVB.PFV=FOC
      突然こう潜り込んで行って、

(117) gəntəxən   ıla-čči=kki   gun-čəə   gunən.
      突然   立つ-CVB.PFV=FOC   言う-PTCP.PFV   と
      突然立ち上がって言ったという。

(118) "ǰaa," guŋkən, "axɪŋ-bala," guŋkən, "ıısala-wɪ naŋıı-xa," guŋkən.
      ほら   と   兄-1SG   と   目-REFL   開ける-IMP   と
      「ほら私の兄さんよ、目を開けよ、」と。

(119) "mitti=kki   əsi,   ǰuu-ddu-wul   ič-čaa-tɪ=a,"   guŋkən
      「私たち=FOC   今   家-DAT-REFL.PL   着く-PTCP.PFV-1PL=FOC   と
      「私たちは今、自分らの家に着いたよ、」と

(120) ǰɪnǰɪ-saa   gunən. too-ččɪ=kki   gıltarɪn, ukkəə,   gıltarɪn   ukkəəxən
      話す-PTCP.PFV   と   そうする-CVB.PFV=FOC 白い   男の子   白い   男の子
      話したという。そうして、白い男の子である

(121) nəxu-nin   bi-kki   gun-ǰi-rən   gunən,   "axɪŋ-bala,"   guŋkən,
      弟-3   ある-COND   言う-PROG-IND.PRS.3   と   兄-1SG   と
      弟は言うという、「私の兄さんよ、」と、

(122) "sinii   nənu-r   ui-du-si=ə,   minii   amɪn,   amɪn   əniŋ-bəl,
      あなた.GEN   去る-PTCP.IPFV   時-DAT-2SG=SFP   私.GEN   父   父   母-1SG
      「あなたは去る時に、私の父さん母さんが

(123) sinduxi   əttuu   aŋʊʊ-r   magad#ugui,
      あなた.ABL こう   訊く-PTCP.IPFV   かもしれない
      あなたにこう訊くかもしれない、

(124) mugun   ǰoos   oo-ččɪ,   tar   ǰʊl#boobeɪ   ʊxʊn   gada-ndɪ=a,"   guŋkən,
      金銀   紙幣   なる-CVB.PFV   その   宝物   何   取る-IND.PRS.2SG=SFP と
      金銀紙幣と、宝物と、何をおまえは取るか、」と、

(125) "xər-či=gee   guŋkən,   aŋʊʊ-r   magad#ugui,"   guŋkən.
      必要-PROP=Q   と   訊く-PTCP.IPFV   かもしれない   と
      「要るか、と訊くかもしれない、」と。

(126) "sii   too-kkɪ   əttuu   guŋ-kə,
      あなた   そうする-COND   こう   言う-IMP

「あなたはそうしたらこんな風に言え、

(127) 'iijəə-nin=kəd   mindu   xərə-i   aasɪn,'   guŋkən.
      どちら-3=FOC   私.DAT   必要-INDF.ACC   ない   と

『どっちも私には必要ない、』と。

(128) 'too-soo=xod   jaarɪn,   sinii   xʊggʊ-nɪɪ-sɪ   doo-loo   bi-si-r
      そうする-PTCP.PFV=FOC   だが   あなた.GEN   棚-GEN-2SG   中-LOC   ある-ASP-PTCP.IPFV

『そうしたとしても、あなたの棚の中にある

(129) əmu=l   ʊxʊŋ-ba-n   bol,   ʊxʊŋ-ban   bollo-wa-n,   bollogo-w   bi-kki,
      一=FOC   何-ACC-3   FOC   何-ACC   豹-ACC-3   豹-ACC   ある-COND

一頭のあれを、豹を、

(130) mindu   buu-xə,'   guŋkən.   'bii   iggi-xtee,'   guŋkən,
      私.DAT   あげる-IMP   と   私   育てる-INT   と

私に下さい、私は育てます、』と

(131) jɪnjɪ-kkɪ-sɪ,   oo-don,"   guŋkən.
      言う-COND-2SG   なる-IND.PRS.3   と

あなたは言えばよい、」と。

(132) too-čči,   too-čči   jɪnjɪ-m   ətə-čči=kki,
      そうする-CVB.PFV   そうする-CVB.PFV   話す-CVB.IPFV   終わる-CVB.PFV=FOC

そうして、そうして話し終わって、

(133) lʊʊs-nɪɪ   otto-r   ʊxʊn-dɪɪ   bi-kki,
      龍-GEN   住む-PTCP.IPFV   何-DAT   ある-COND

龍の住んでいる所に、

(134) əjiŋki-nii   bʊgʊ-dɪɪ=kki   nən-čəə   gunən.
      主-GEN   場所-DAT=FOC   行く-PTCP.PFV   と

主の場所に行ったという。

(135) too-ččɪ=kki   ənu,   lʊʊs-nɪɪ   əjiŋki-nii   bʊgʊ-ddɪ   nənə-m   ətə-čči=kki,
      そうする-CVB.PFV   FIL   龍-GEN   主-GEN   場所-DAT   行く-CVB.IPFV   できる-CVB.PFV=FOC

そうして龍の主の場所に行くことができて、

(136) amın   ənin-di=kki   ǰınǰı-ǰı-ran   gunən.   "əjjəə   bəjə-w,
      父   母-DAT=FOC   話す-PROG-IND.PRS.3   と   この   人-ACC

      父と母に話しているという、

(137) əjjəə   bəjə   bi-kki,   minii   amıdda-wʊl   ii-səə,"   guŋkən,
      この   人   ある-COND   私.GEN   命-1SG   入る-PTCP.PFV   と

      「この人は私の命を救った、」と、

(138) "amıdda-wʊl   ii-səə   guŋgəə-si   bəjə,"
      命-1SG   入る-PTCP.PFV   恩-PROP   人

      「命を救ってくれた恩がある人だ、」

(139) guŋkən.   too-čči=kki   tajjaa,   ənu,   məənii   ul-čəə
      と   そうする-CVB.PFV=FOC   あの   FIL   自分.GEN   行く-PTCP.PFV

      と。そうしてその自分の行った

(140) tuggu-nii-wi   alıbaa   ʊxʊŋ-ba-n,   uŋgələ-ddii=kki   məənii
      道-GEN-REFL.SG   全ての   何-ACC-3   過去-DAT=FOC   自分.GEN

      自分の道の全ての過去を自分の

(141) əmməə   abaa-dı-ı   ǰınǰı-saa   gunən.   too-čči
      母   父-DAT-REFL.SG   話す-PTCP.PFV   と   そうする-CVB.PFV

      母と父に話したという。

(142) əmməə   abaa-dı-ı   ǰınǰı-r   ui-du-n   bi-kki,
      母   父-DAT-REFL.SG   話す-PTCP.IPFV   時-DAT-3   ある-COND

      そうして母と父に話す時に、

(143) əmməə   abaa-nın,   adda-r-nıı   mandıı   adda-či=kki   sinǰə,
      母   父-3   喜ぶ-PTCP.IPFV-GEN   とても   喜ぶ-CVB.PFV=FOC   SFP

      母と父は喜ぶ上にも喜んで、言ったという、

(144) gun-čəə   gunən,   "baraan   əggiiguu   ʊxʊn-dıı   sitə,   ǰarčı-sal-dı   bol
      言う-PTCP.PFV   と   たくさんの   部下   何-DAT   SFP   使用人-PL-DAT   FOC

      たくさんの自分の部下の使用人に

(145) ǰınǰı-saa   gunən.
      話す-PTCP.PFV   と

      話したという。

(146) "əjjəə bəjə-wə=si, mandɪɪ ʊxʊn oo-xol-dʊn=ee," guŋkən.
　　　 「この 人-ACC=FOC とても 何 する-IMP-2PL=SFP と
　　　「この人を、たいへん皆ああせよ、」と、

(147) "aj aj jittə-r jəəmə-ji, ʊxʊn oo-xoldʊn=ee," guŋkən.
　　　 良い 良い 食べる-PTCP.IPFV 物-INS 何 する-IMP.PL=SFP と
　　　「良い良い食べる物で、ああせよ、」と、

(148) "daɪl-xʊl-dʊn=ee," guŋkən, ǰarɪgdaa-saa gunən.
　　　 もてなす-IMP-2PL=SFP と 命令する-PTCP.PFV と
　　　「皆でもてなせ、」と命令したという。

(149) too-čči=kki ə-mii=xəd ʊda-r, əjjəə məggən,
　　　 そうする-CVB.PFV=FOC NEG-CVB.IPFV 長いこと経つ-PTCP.IPFV この 腕の良い
　　　そうして間も無く、この腕の良い

(150) bəjuusi-nii, nəə əččil-nii ǰuut-tixii=kki
　　　 猟師-GEN さあ この人たち-GEN 家-ABL=FOC
　　　猟師は、さあこの人たちの家から

(151) nənu-r saga-nɪn bol ɪč-čaa gunən.
　　　 去る-PTCP.IPFV 時間-3 FOC 着く-CVB.PFV と
　　　去る時になったという。

(152) too-dlɪ ər ui-du=kki lʊʊs-nɪɪ əjinki=kki ǰɪnǰɪ-ǰɪ-ran gunən.
　　　 そうする-CVB.ANT この 時-DAT=FOC 龍-GEN 主人=FOC 話す-PROG-IND.PRS.3 と
　　　するとこの時に、龍の主人は話すという。

(153) "sii," gun-čəə gunən, "minii ukkəəxəŋ-bə=lə, minii
　　　 あなた 言う-PTCP.PFV と 私.GEN 息子-ACC=FOC 私.GEN
　　　「あなたは、」と言ったという、「私の

(154) ukkəəxə-nii-wul amɪ-dʊ-n bi-kki ii-səə-si=ə," guŋkən.
　　　 息子-GEN-1SG 命-DAT-3 ある-COND 入る-PTCP.PFV-2SG=SFP と
　　　息子の命を救った、」と。

(155) "sindu alta muŋgu oo-čči, xas ərdə-nii
　　　 あなた.DAT 金 銀 なる-CVB.PFV 玉 宝-GEN
　　　「あなたに金銀と、玉宝石の

(156) čʊxʊm   iijəə-nin   xər-či=məə,"   guŋkən   aŋʊʊ-saa   gunən.
      いったい   どちら-3   必要-PROP=Q   と   訊く-PTCP.PFV   と
      いったいどちらが必要ですか、」と訊いたという。

(157) too-dlɪ   əjjəə   ukkəəxən   bi-kki   gun-čəə   gunən,
      そうする-CVB.ANT   この   男の子は   ある-COND   言う-PTCP.PFV   と
      そうしたらこの男の子は言ったという、

(158) "mindu   ʊxʊn=kəd   xər-ii   aasɪn,"   guŋkən.
      私.DAT   何=FOC   必要-INDF.ACC   ない   と
      「私には何も必要ないです、」と。

(159) "too-dlɪ=si   əm-xəəxən   sinii   tajjaa,
      そうする-CVB.ANT=FOC   一-DIM   あなた.GEN   その
      「それでたった一人の、あなたのその、

(160) ənu   bolog   ʊnaaǰɪ-w   sikki,   əbbuu-čči
      FIL   豹   娘-ACC   こそ   連れて行く-CVB.PFV
      豹の娘をこそ連れて行って、

(161) bii   məənii   xanɪ-wɪ   oo-sɪ-xtee,"   guŋkən   gələə-səə   gunən.
      私   自分.GEN   連れ合い   する-ASP-INT   と   求める-PTCP.PFV   と
      私は自分の連れ合いにします、」と、求めたという。

(162) too-ččɪ=kki   lʊʊs-nɪɪ   əǰiŋki=kki,   əjjəə   ugə-wə-n
      そうする-CVB.PFV=FOC   龍-GEN   主人=FOC   この   言葉-ACC-3
      そうして龍の主人は、この言葉を

(163) dooldɪ-ččɪ,   "əm-xəəxən   ʊnaaǰɪ-wɪ   bii   buu   muguw   əsin   muguw,"
      聞く-CVB.PFV   一-DIM   娘-REFL.SG   私   私たち   あげる   NEG   あげる
      聞いて、「たった一人の自分の娘を私はあげようかあげないか、」

(164) guŋkən   doo-loo-wɪ   amasʊxʊn   bodo-soo   gunən.
      と   中-LOC-REFL.SG   少し   考える-PTCP.PFV   と
      と心の中で少し考えたという。

(165) too-dlɪ   bodo-ččɪ   bodo-ččɪ=l   sinjə,   "sii   odoo   minii,
      そうする-CVB.ANT   考える-CVB.PFV   考える-CVB.PFV=FOC   SFP   あなた   今   私.GEN
      そうして考えて考えてから、「あなたは今私の、

(166) məggən   ančin   ukkəəxən,"   guŋkən.
      腕の良い   猟師   男の子   と

      腕の良い猟師である男の子だ、」と。

(167) "sii   minii   ukkəəxə-nii-wul   amɪ-dʊ-n   ii-səə-si,
      あなた   私.GEN   息子-GEN-1SG   命-DAT-3   入る-PTCP.PFV-2SG

      「あなたは私の息子の命を救った、

(168) too-dlɪ=kki   bii   agga-ɪ   aasɪn,   ukkəəxə-nii-wul
      そうする-CVB.ANT=FOC 私   方法-INDF.ACC   ない   息子-GEN-1SG

      だから私は仕方ない、息子の

(169) amɪ-dʊ-n   ii-səə-si=ə,"   guŋkən,   "agga-ɪ   aasɪn,"
      命-DAT-3   入る-PTCP.PFV-2SG=SFP   と   方法-INDF.ACC   ない

      命を救った、」と。「仕方ない、」と

(170) nʊnmaa   ʊxʊnoo-čči,   jognɪɪ-čɪ=kki   gun-čəə   gunən.
      長いこと   何をする-CVB.PFV   あくびする-CVB.PFV=FOC   言う-PTCP.PFV   と

      長いことあくびして言ったという。

(171) "oo-don,"   gun-čəə   gunən.   too-čči=kki   sinjə,
      なる-IND.PRS.3   言う-PTCP.PFV   と   そうする-CVB.PFV   SFP

      「よし、」と言ったという、そうして、

(172) mandɪɪ   boŋgon   ʊxʊnoo-so   sitə,   xʊdaa   naɪr-ɪɪ   oo-soo   gunən.
      とても   大きい   何をする-PTCP.PFV   SFP   結婚   宴会-INDF.ACC   する-PTCP.PFV   と

      とても大きな結婚式をしたという。

(173) too-čči   adɪɪ   inəg-nii   adɪɪ   inəg-tixi   amasɪxɪɪ=kki   sinjə,
      そうする-CVB.PFV   いくつ   日-GEN   いくつ   日-ABL   後に=FOC   SFP

      そうして何日間か後で、

(174) əjjəə   məggən   bəjuusin   bi-kki,   lʊʊs-nɪɪ   əjiŋki   məggən
      この   腕の良い   猟師   ある-COND   龍-GEN   主人-GEN   腕の良い

      この腕の良い猟師は、龍の主人の腕の良い

(175) bəjuusin   bi-kki,   lʊʊs-nɪɪ   əjiŋki=kki   sinjə,   ən
      猟師   ある-COND   龍-GEN   主人=FOC   SFP   FIL

      猟師は、、、《語り手は間違えて言い直した（筆者註）》 龍の主人は、

(176) mandıı   boŋgon-ǰı   ʊxʊnoo-so   sitə.   ənu,   odoo   ulii-xəŋ-čə   sitə.
      とても   大きい-INS   何をする-PTCP.PFV   SFP   FIL   今   行く-CAUS-PTCP.PFV   SFP

とても大きく結婚式をした、今行かせた、

(177) məggən   bəjuusin,   məggən   bəjuusin=ki
      腕の良い   猟師   腕の良い   猟師=FOC

腕の良い猟師は、

(178) əǰǰəə   bax-sa   ʊxʊn   bi(-kki)   sinǰə.   bolw-ıı=kki   xəmli-čči,
      この   得る-PTCP.PFV   何   ある-COND   SFP   豹-INDF.ACC=FOC   抱く-CVB.PFV

そのもらった豹を抱いて、

(179) ǰuu-ddii   nənu-čči,   ǰuu-ddii   nənuu-səə-tixi   amasıxıı=kki   xuləə-si-r
      家-DAT   去る-CVB.PFV   家-DAT   去る-CVB.PFV-ABL   後=FOC   横になる-ASP-PTCP.IPFV

自分の家に帰った後で、横になる、

(180) jag   lax-nıı   oron-dʊ-n,   nəə-čči   nəə-səə   gunən.
      ちょうど   オンドル-GEN   上-DAT-3   置く-CVB.PFV   置く-PTCP.PFV   と

ちょうどオンドルの上に、置いておいたという。

(181) too-čči   tımaasının,   tarı   bəjuu-si-nəə-m,
      そうする-CVB.PFV   次の日   彼   狩りをする-ASP-DIRINT-CVB.IPFV

そうして次の日、彼は狩りをしに行って、

(182) ul-ǰi-čči,   ul-ǰi-čči,   orıı   əmə-r   ui-du-n   bi-kki   sinǰə,
      行く-PROG-CVB.PFV   行く-PROG-CVB.PFV   夕方   来る-PTCP.IPFV   時-DAT-3   ある-COND   SFP

行って行って、夕方戻って来る時に、

(183) ǰuu-ddu-n   ii-d-du-n,   iixəə   ǰalʊn,   ıs-saa   uldə,
      家-DAT-3   入る-PTCP.IPFV-DAT-3   鍋   いっぱい   着く-PTCP.PFV   肉

家に入った時に、鍋いっぱいの肉を

(184) ʊxʊnoo-ǰı-ran   gunən,   ugii-ǰi-rən   gunən.
      何をする-PROG-IND.PRS.3   と   沸く-PROG-IND.PRS.3   と

ああしてあるという。沸いているという。

(185) too-čči=kki   əǰǰəə,   məggən   bəjuusin   bi-kki,
      そうする-CVB.PFV=FOC   この   腕の良い   猟師   ある-COND

そうしてこの腕の良い猟師は、

(186) doo-loo-wɪ   bodo-soo   gunən.
     中-LOC-REFL.SG   考える-PTCP.PFV   と

　　心の中で考えたという。

(187) "ajjaa   awʊʊ   mindu   ʊxʊnoo-jɪ-r=jɪmdaa,"   guŋkən.
     ああ   誰   私.DAT   何をする-PROG-PTCP.IPFV=SFP   と

　　「ああ、誰が私にこうしてくれているのかなあ、」と。

(188) too-čči   əwəsixii   saasɪxɪɪ   məndi-səə-nin   ʊxʊn=kəd   aasɪn   gunən.
     そうする-CVB.PFV   こっちへ   あっちへ   見る-PTCP.PFV-3   何=FOC   ない   と

　　そうしてあっちこっちを見たが、誰もいないという。

(189) oondɪɪ=xod   bəj   sinjə,   xəəm-ii   oo-soo   tar   janjɪ,
     どんな=FOC   人   SFP   食事-INDF.ACC   作る-PTCP.PFV   その 様子

　　どんな人も、食事を作ったその様子は、

(190) ə-sin   is-uu-r   gunən.   too-čči=kki   bodo-soo
     NEG-IND.PRS.3   見る-PASS-PTCP.IPFV   と   そうする-CVB.PFV=FOC   考える-PTCP.PFV

　　見えないという。そうして考えた

(191) gunən,   "ajjaa,"   too-čči   bodo-geel   bodo-geel   bol
     と   ああ   そうする-CVB.PFV   考える-CVB.CONT   考える-CVB.CONT   FOC

　　という、「ああ、」そうして考えて考えて、

(192) naan,   aɪm-nɪn   jədələ-čči,
     また   眠り-3   できない-CVB.PFV

　　また眠れなくなって、

(193) əmun   dolbo-nɪɪ=gʊ   ə-sə,   ə-sə,   aasɪn   gunən.
     一   夜-GEN=Q   NEG-PTCP.PFV   NEG-PTCP.PFV   ない   と

　　まる一晩中寝なかったという。

(194) tɪmaasɪn   juu-čči=kki   sinjə   bas,   naa   ʊxʊn-dɪɪ   nən-čəə   sitə,
     次の日   出る-CVB.PFV=FOC   SFP   FOC   また   何-DAT   行く-PTCP.PFV   SFP

　　次の日に起きてまたどこかへ行った、

(195) bəjuusi-nəə-m   ul-čəə   gunən.
     狩りをする-DIRINT-CVB.IPFV   行く-PTCP.PFV   と

　　狩りをしに行って行ったという。

(196) too-ččɪ   bəjuusi-nəə-m   uli-r   jaŋjɪ-čɪ=kki
      そうする-CVB.PFV   狩りをする-DIRINT-CVB.IPFV   行く-PTCP.IPFV   様子-PROP=FOC
      そうして狩りをしに行って行く様子で、

(197) ʊxʊnoo-ččɪ,   morɪn-dɪɪ   ʊgʊ-ččɪ,   ʊxʊn-ɪɪ   jag   tar   xoŋkor-nɪɪ   oron-dʊ
      何をする-CVB.PFV 馬-DAT   乗る-CVB.PFV   何-GEN   ちょうど   その   丘-GEN   上-DAT
      ああして馬に乗って、あれのちょうどその丘の上に

(198) nən-či,   ǰuu,   ǰuu-ttixi-wi   məndi-sii-səə   gunən.   gəntəxən
      行く-CVB.PFV   家   家-ABL-REFL   見る-ASP-PTCP.PFV   と   突然
      行って自分の家の方から見た、という。突然

(199) ǰuu-ttixi,   ǰuu-nii-nin   tar   jaŋtʊn-tɪxɪ-n=ki   ʊxʊnoo-ǰɪ-ran   gunən.
      家-ABL   家-GEN-3   その   煙突-ABL-3=FOC   何をする-PROG-IND.PRS.3   と
      家から、その人の家のその煙突からああしているという。

(200) saŋan   ʊxʊnoo-ǰɪ-ran   gunən.   bʊttʊraa-m   ǰuu-ǰɪ-rən
      煙   何をする-PROG-IND.PRS.3   と   モウモウとする-CVB.IPFV   出る-PROG-IND.PRS.3
      煙がああしているという。モウモウと出ている

(201) gunən.   too-ččɪ=kki   məggən   bəjuusin   bi-kki,   əə   saasɪxɪ
      と   そうする-CVB.PFV=FOC   腕の良い   猟師   ある-COND   こっち   あっち
      という。そうして腕の良い猟師は、あっちこっち

(202) ə-mii=xəd   uli-r,   amakkan   amakkan   ǰuu-ddii   əmə-ŋgi-səə
      NEG-CVB.IPFV=FOC   行く-PTCP.IPFV   急いで   急いで   家-DAT   来る-REPET-PTCP.PFV
      行かないで、急いで急いで自分の家に戻って来た

(203) gunən.   too-ččɪ   ǰuu-ddii   əmə-ŋgii-ččɪ=l   sinǰə,
      と   そうする-CVB.PFV 家-DAT   来る-REPET-CVB.PFV=FOC SFP
      という。そうして自分の家に戻ってから、

(204) ǰuu-nii-wi   tar   saasʊn   soŋko-nɪɪ-nɪn   soŋko-lɪ
      家-GEN-REFL.SG   その   紙   窓-GEN-3   窓-PROL
      自分の家のその紙でできた窓から、

(205) ʊnʊxʊn-ǰɪ   akkɪ-ččɪ,   saasɪxɪɪ   məndi-sii-səə   gunən.
      指-INS   突き破る-CVB.PFV   あちら   覗く-ASP-PTCP.PFV   と
      指で突き破って向こうを覗いたという。

(206) saasıxı   məndi-sii-r   ui-du-n   bi-kki   sinǰə,   əmun   nandaaxan
     あちら   覗く-ASP-PTCP.IPFV   時-DAT-3   ある-COND   SFP   一   美しい

     向こうを覗くと一人の美しい

(207) ʊnaaǰi   sinǰə   xəəm-ii   oo-ǰɪ-ron   gunən.   too-čči
     娘   SFP   食事-INDF.ACC   作る-PROG-IND.PRS.3   と   そうする-CVB.PFV

     娘が食事を作っているという。そうして

(208) əjjəə   ukkəəxən   bi-kki   sinǰə,   tar   nandaaxan   ʊnaaǰi-nıı,
     この   男の子   ある-COND   SFP   その   美しい   娘-GEN

     この男の子は、その美しい娘が

(209) tar   moo   gaǰʊʊ-r,   ila-r   moo
     その   薪   採って来る-PTCP.IMPF   燃やす-PTCP.IMPF   薪

     薪を採って来る、燃やす薪を

(210) gaǰʊʊ-r   siddən-du-n=ki   sinǰə,   tajjaa   ʊnaaǰi-nıı   ʊxʊn-ba-n=ki,
     採って来る-PTCP.IMPF   間-DAT-3=FOC   SFP   その   娘-GEN   何-ACC-3=FOC

     採って来る間に、その娘のあれを、

(211) soŋko-lıı   tʊččaa-m   ii-či=kki   tajjaa   ʊnaaǰi-nıı
     窓-PROL   跳び込む-CVB.IPFV   入る-CVB.PFV=FOC   その   娘-GEN

     窓から跳び込んで入って、その娘の

(212) nanda-wa-n,   suurə-m   ga-čči=l,   ʊxʊnoo-soo   gunən,
     皮-ACC-3   早くする-CVB.IPFV   取る-CVB.PFV=FOC   何をする-PTCP.PFV   と

     (豹の)皮をすばやく取って、

(213) dagga-saa   gunən.   təə   ər   ui-du-n   bi-kki   sinǰə
     燃やす-PTCP.PFV   と   さあ   この   時-DAT-3   ある-COND   SFP

     燃やしたという。この時に、

(214) ʊnaaǰi   amakkan   amakkan   ii-čči   əmə-səə   gunən.
     娘   急いで   急いで   入る-CVB.PFV   来る-PTCP.PFV   と

     娘は急いで入って来たという。

(215) ii-čči   əmə-d-du-n=ki,   məə-nii-nin   tar   ʊxʊnoo-soo,
     入る-CVB.PFV   来る-PTCP.IPFV-DAT-3=FOC   自分-GEN-3   その   何をする-PTCP.PFV

     入って来た時には、自分のその

(216) nandaa-nɪn nəgəntə ʊxʊn-dʊ, togo-ddʊ ii-təən daggʊʊ-jɪ-ran gunən.
皮-3　　　 すでに　　何-DAT　　火-DAT　 入る-CVB.SIM　燃える-PROG-IND.PRS.3　と

皮が、すでに火の中に入って燃えていたという。

(217) too-čcɪ əjjəə-wə-n isə-čci=kki əjjəə ʊnaajɪ=kki
そうする-CVB.PFV　これ-ACC-3　見る-CVB.PFV=FOC　この　娘=FOC

そうしてこれを見て、この娘は

(218) gun-čəə gunən, "ajjaa," gun-čəə gunən,
言う-PTCP.PFV　と　「ああ」と　言う-PTCP.PFV　と

言ったという。「ああ、」と言ったという、

(219) "sii daxɪn əmun, ɪlan xonoo alaa-sɪ-saa bi-kki,
あなた　また　一　　三　日間　　待つ-ASP-PTCP.PFV　ある-COND

「あなたはもうちょっと、三日間待っていれば、

(220) mit juuri bol əmun nasʊn-dɪɪ bol jɪggaa-m amdɪrɪ-r
私たち　二　FOC　一　歳-DAT　FOC　幸せになる-CVB.IPFV　暮らす-PTCP.IPFV

私たち二人は、一生幸せに暮らして

(221) bi-səə-t=ee guŋkən. "əsii bi-kki ə-sin ətə-r
ある-PTCP.PFV-1PL=SFP　と　　今　ある-COND　NEG-PTCP.IPFV　できる-PTCP.IPFV

いた、」と。「今はできなく

(222) oo-soo-tɪ=a," guŋkən. too-čcɪ=kki
なる-PTCP.PFV-1PL=SFP　と　　そうする-CVB.PFV=FOC

なってしまった、」と。そうして

(223) ɪɪsal-dɪ jalʊʊn namɪtta-sɪ, ənu soŋo-čci=kki sinjə,
目-DAT　いっぱい　涙-PROP　FIL　泣く-CVB.PFV=FOC　SFP

目にいっぱい涙を浮かべて

(224) ʊxʊnoo-soo gunən, soŋo-jɪ-ron gunən,
何をする-PTCP.PFV　と　泣く-PROG-IND.PRS.3　と

泣いているという、

(225) mandɪɪ soŋ-soo gunən. too-čcɪ=kki
とても　泣く-PTCP.PFV　と　　そうする-CVB.PFV=FOC

たくさん泣いた、という。そうして

(226) dəmii=xəd   ə-sin   ʊda-r=ki   əččil   amdɪr-geel
     少し=FOC   NEG-PTCP.PFV   時間が経つ-PTCP.IPFV=FOC   この人たち   暮らす-CVB.CONT

少しの時間も経たないうちに、この人たちは暮らして

(227) amdɪr-geel   dəmii   ə-sin   ʊda-r,   əmun   goɪ
     暮らす-CVB.CONT   少し   NEG-PTCP.PFV   時間が経つ-PTCP.IPFV   一   美しい

暮らしていて、間も無く、一人の美しい

(228) ukkəəxə-si   oo-soo   gunən,   goɪ   ukkəəxə-si   oo-čči,
     男の子-PROP   なる-PTCP.PFV   と   美しい   男の子-PROP   なる-CVB.PFV

男の子を得ることとなったという、美しい男の子持ちとなって、

(229) ə-sin=kəd   mandɪɪ=l   ʊxʊnoo-jɪ-soo   sitə,
     NEG-PTCP.PFV=FOC   とても=FOC   何する-PROG-PTCP.PFV   SFP

何も大変なことは無くそうして暮らしていた、

(230) goɪ-jɪ   amdɪr-jɪ-saa   sitə,   əmun   inəg=ki   gəntəxən,
     良い-INS   暮らす-PROG-PTCP.PFV   SFP   一   日=FOC   突然

良く暮らしていたが、ある日突然に、

(231) jag   siun   juu-r   bʊgʊ-txaaxɪ,
     ちょうど   太陽   出る-PTCP.IPFV   場所-ABL

ちょうど太陽が出る場所の方から、

(232) bʊgʊ-nɪɪ   tar   jugu-txəəxi=kki   əmun,   ugir   əmə-jɪ-rən   gunən.
     場所-GEN   その   方向-ABL=FOC   一   洪水   来る-PROG-IND.PRS.3   と

その場所のその方向から、一つの洪水がやって来るという。

(233) tar   uir-nii   dolɪn-dʊ=kki   sinjə,   əmun   lʊʊs-ɪn   əjin=ki
     その   洪水-GEN   真ん中-DAT=FOC   SFP   一   龍-3   主人=FOC

その洪水の真ん中から、一人の龍の主人が

(234) dooloo   dolooxɪn   juu-čči   əmə-səə   gunən.
     中   中から   出る-CVB.PFV   来る-PTCP.PFV   と

その中から出て来たという。

(235) juu-čči   əmə-jɪ-ləəxin   gəntəxən   əmun   ʊnaaji   ʊnaaji-nɪɪ-nɪn,
     出て-CVB.PFV   来る-PROG-IM   突然   一   娘   娘-GEN-3

出て来るやいなや、すぐ

(236) ʊnaajɪ-txɪ   jɪnjɪ-jɪ-ran   gunən.   "sinii   nənu-r
娘-ABL   話す-PROG-IND.PRS.3   と   おまえ.GEN   去る-PTCP.IPFV

娘へ話すという。「おまえの去る

(237) saga-sɪ   ɪč-čaa,"   guŋkən.   "amakkan   nənu-xə,"
時-PROP   着く-PTCP.PFV   と   急いで   去る-IMP

時が来た、」と。「急いで帰れ、」と

(238) gun-čəə   gunən.   too-ččɪ=kki   sinjə,   ʊxʊn,   təŋgər
言う-PTCP.PFV   と   そうする-CVB.PFV=FOC   SFP   何   天

言ったという。そうして天や

(239) bʊkkʊn   ʊxʊnoo-ččɪ   ooxɪn,   niggi-čči   ooxɪn   bakkɪraa-saa   gunən.
神   何する-CVB.PFV   ほどに   轟く-CVB.PFV   ほどに   叫ぶ-PTCP.PFV   と

神がどんなにかするほどに、音が轟いたりするほどに、叫んだという。

(240) too-ččɪ   ʊnaajɪ-nɪn=ki   gun-jɪ-rən   gunən,   ʊxʊn-tɪxɪ,
そうする-CVB.PFV   娘-3=FOC   言う-PROG-IND.PRS.3   と   何-ABL

そうしてその娘は言うという、

(241) ukkəəxən-tixɪ,   "minii=kki   nənu-r   saga-wʊl   ɪč-čaa,"   guŋkən,
男の子-ABL   私.GEN=FOC   去る-PTCP.IPFV   時-1SG   着く-PTCP.PFV   と

男の子に、「私の去る時が来た、」と、

(242) "sii=kki   ukkəəxəŋ-bi,   nandaaxan-jɪ   ʊxʊnoo-xo
あなた=FOC   息子-REFL.SG   良い-INS   何をする-IMP

「あなたは自分の息子をちゃんと育てよ、

(243) əjɪŋki-m,   amdɪraa-xa,"   guŋkən,   "nandaaxan-jɪ   iggi-xə,"   guŋkən.
主人となる-CVB.IPFV   暮らす-IMP   と   良い-INS   育てる-IMP   と

主人となって暮らせ、」と、「良く育てよ、」と。

(244) too-ččɪ=kki   muu   dooloo,   tʊččaan-čɪ   ii-ččɪ,
そうする-CVB.PFV=FOC   水   中   跳び込む-CVB.PFV   入る-CVB.PFV

そうして水の中へ跳び込んで、

(245) ənu   tar   muu-nii   ʊxʊn-dʊ-n,   ʊrʊsxaal-dʊ-n   bi-kki,   aajʊʊ-xʊn
FIL   その   水-GEN   何-DAT-3   流れ-DAT-3   ある-COND   ゆっくりと-DIM

その水の流れにゆっくりと

(246) ʊxʊnoo-čči   aasɪn   oo-soo   gunən.
      何をする-CVB.PFV ない   なる-PTCP.PFV と

流されていなくなったのだという。

注

1 (2) xandagaɪ および直後の (3) tooxɪ と「ヘラジカ」を意味する異なる語形が用いられている。後者 tooxɪ はツングース語族の諸言語に広く共通する語（cf. エヴェンキ語 tōkī; オロチ語 tōki; ナーナイ語 tō, etc.［Tsintsius, V. I. 1977: 191-192］）であるが、前者の xandagaɪ は周辺のモンゴル語族の諸言語に見られる「ヘラジカ」を意味する語形と同一である（cf. モンゴル語 xandgai; ブリヤート語 xandagai; ダグール語 xandɢæ:, etc.［孫竹 1987: 325 ほかより］）。つまり、xandagaɪ はモンゴル語からの借用語、tooxɪ は借用ではない固有語といえる。

テキスト2. シャーマンやオヲーについて

【語り手】 オドンススグ氏
【収録日】 2009年8月9日
【収録場所】 内モンゴル自治区フルンボイル市エウェンク族自治旗フイ（輝）ソム

【解説】これはシャーマンやオヲーに関しての談話である。どのようにその行事を復興して執り行ったかについて、かなり具体的に語っている。民俗学・人類学的にも価値のある内容になっているものと考えられる。シャーマンのカムラーニエについても、かなり具体的に描写されているので、宗教学にも資するところがあるのではないかと考える。話の中に出てくるように、オヲーの祭祀は氏族単位で行われる。なおテキスト中の [ ] 及び［ ］で記した部分は、語り手以外の人物が質問したりした場合の発話を示している。

(1) tookki   bii   əmun,   məəni   ič-čəə,   noogʊttıı   tuuxə,
    それから   私   一   自分   見る-PTCP.PFV   以前の   歴史

  それでは私は一つ、自分が見た以前の歴史、

(2) mənii   samaan   jəəjəə-nii, tuuxə-txi   ʊlamǰıraa-m   əmə-səə.
    自分.GEN   シャーマン   祖父-GEN   歴史-ABL   伝える-CVB.IPFV   来る-PTCP.PFV

  自分のシャーマンの祖父の、以前から伝えられて来た。

(3) ənnəgən   əmun   samaan   guŋkən,   bixišee.
    こんな   一   シャーマン   と   いたのだ

  こんな風な一人のシャーマンがいたのだと。

(4) too-ččı   bi-kki,   əǰəə#tuuxə-w   bi-kki,   daxın   səggəwəə-m,
    そうする-CVB.PFV   ある-COND   歴史-ACC   ある-COND   また   復興する-CVB.IPFV

  そうしてこの歴史をまた復興して、

(5) samaam-bı   bi-kki   daxın   səggəwəə-m,   əduuxi   amasıxı,
    シャーマン-REFL.SG ある-COND   また   復興する-CVB.IPFV   これ.ABL   後に

  自分のシャーマンをまた復興して、それから以降、

(6) əddug-nəər,   omolee,   ombol   dombol,   aı   nandaaxan
    大きい-PL   孫   孫   曾孫   良い   美しい

  年輩の人たちは、孫に曾孫が良く幸せに

(7) ulə-n-nii   ǰaarın,   ənnəgən   əmun   samaam-bal,
    行く-PTCP.IPFV-GEN ため   こんな   一   シャーマン-REFL.PL
    暮らして行けるようにと、このような一人の自分らのシャーマンを、

(8) məənii   ǰəəǰəə-nii-wəl   samaam-bal   səggəgəə-r-nii   ǰaarın   bi-kki,
    自分.GEN   祖父-GEN-REFL.PL   シャーマン-REFL.PL   復興する-PTCP.IPFV-GEN   ため   ある-COND
    自分の祖父のシャーマンを復興するために、

(9) əjjəə   əmun   tuuxə-w,   tuuxə   bi-kki,   daxın   səggəgəə-m,
    この   一   歴史-ACC   歴史   ある-COND   また   復興する-CVB.IPFV
    この一つの歴史をまた復興して、

(10) daxın   ulii-xəə-r-nii   ǰaarın,   buu   əddug#daattʊ   aımag
     また   行く-CAUS-PTCP.IPFV-GEN   ため   私たち   ウッドゥグダートゥ   氏族
     またああすることのために、私たちウッドゥグダートゥ姓の一族たちは、

(11) muxunǰu-wul   bi-kki,   samaan   owoo-wol   bi-kki,   taxıı-m,
     シャーマン-1PL   ある-COND   シャーマン   オヲー-REFL.PL   ある-COND   祀る-CVB.IPFV
     シャーマンのオヲーを祀って、

(12) ılʊʊ-m,   səggəggəə-nii   ǰaarın   bi-kki,   tʊŋ   bee   digi-nii   inig   bi-kki,
     建てる-CVB.IPFV   復興する-GEN   ため   ある-COND   五   月   四-GEN   日   ある-COND
     建てて復興するために、五月四日（2009年に行ったという）に、

(13) untu   bʊg-tıxı,   gəgən   samaan   oo-ččı,   baksı-wa-n   ǰala-m
     別の   場所-ABL   ググン   シャーマン   なる-CVB.PFV   先生-ACC-3   招聘する-CVB.IPFV
     別の場所から、ググン（シャーマンの名）シャーマンとその先生を招聘して、

(14) əmuu-m   bi-kki-wi,   dusi-nii   ǰuldəə-du-n,   ǰəəǰəə
     連れて来る-CVB.IPFV   ある-COND-REFL.SG   ドゥシ山-GEN   前-DAT-3   祖父
     連れて来て、ドゥシ（フイ河にある山の名）の前で、祖父の

(15) samaa-nıı-wal,   sındaŋ   owoo-wo-n   bi-kki
     シャーマン-GEN-REFL.PL   シンダン   オヲー-ACC-3   ある-COND
     自分らのシャーマンはシンダン・オヲー（石で作るシャーマンのオヲー）を

(16) ılʊʊ-m   taxılag   oo-ččı   bi-kki,
     建てる-CVB.IPFV   祭祀   なる-CVB.PFV   ある-COND
     建てて祀ることとなって、

(17) bəltəxəəl   oo-soo-monı.   digi-nii   inig   bi-kki,
    準備   なる-PTCP.PFV-1PL 四-GEN   日   ある-COND
    準備をした。四日には、

(18) gəgəən   samaan,   baksı-wı   əmu-m   bi-čči   bi-kki,
     ググン   シャーマン 先生-REFL.SG   連れて来る-CVB.IPFV ある-CVB.PFV   ある-COND
     ググンシャーマンは、自分の先生の一人がいて、

(19) dusi-nii   ǰuldəə-du-n,   samaam-bı   taxılag   samaam-bı   bi-kki
     ドゥシ山-GEN 前-DAT-3   シャーマン-REFL.SG 祭祀   シャーマン-REFL.SG.   ある-COND
     ドゥシ山の前で、自分のシャーマンを、祀るシャーマンを

(20) səggəggəə-m,   əddug#daatta-nıı-wı   aımag#muxun-nii-wi   aja
     復興する-CVB.IPFV   ウッドゥグダーットゥ-GEN-REFL.SG 氏族-GEN-REFL.SG   良い
     復興して、ウッドゥグダーットゥの一族を良く

(21) nandaaxan,   uli-r-ə-w,   bi-kki,   ǰuŋnə-r-nii   ǰaarın   əǰǰəə
     美しい   行く-PTCP.IPFV-E-ACC ある-COND   予言する-PTCP.IPFV-GEN   ため   こんな
     幸せに暮らして行けるようにと予言するため、このような

(22) əmun,   owoo   bi-kki   ıloǰa-wal   baraan-ǰi-wal   čırıme-saa-monı.
     一   オヲー ある-COND 建てること-REFL.PL たくさんの-INS-REFL.PL 努力する-PTCP.PFV.-1PL
     一つのオヲーを建てるために、たくさんの人々で私たちは努力した。

(23) əduu   bi-kki-wi,   ǰəəŋgiiǰi   bi-kki-wi,
     これ.DAT ある-COND-REFL.SG 東側   ある-COND-REFL.SG
     ここに、東側（イミンのこと、フイは西側でシャーマンもイミン側の人）からも、

(24) bas   munii   əddug#daatta-nıı,
     また 私たち.GEN ウッドゥグダーットゥ-GEN
     やはり私たちウッドゥグダーットゥの

(25) baraan   əx-niir   nəxu-niir   əddug-nəər   bi-kki   ısı-m   əm-səə.
     たくさん 姉-PL   妹/弟-PL   大きい-PL   ある-COND   着く-CVB.IPFV   来る-PTCP.PFV
     たくさんの姉さんたち、妹たち、年輩の人たちがやって来た。

(26) too-ččı   bi-kki,   buu   bi-kki   xokko-ǰı-wol   xamtara-m
     そうする-CVB.PFV ある-COND   私たち ある-COND   全員-INS-1PL   集まる-CVB.IPFV
     そうして、私たちは皆で一緒になって、

(27) bikki,   əjjəə   əmun   taxɪlag,   samaam-bal   taxɪlag   bi-kki,
    ある-COND   こんな   一   祭祀   シャーマン-REFL.PL 祭祀   ある-COND

    このような一度の祭祀を、自分らのシャーマンの祭祀を、

(28) ɪlʊʊ-m   bi-kki,   baraan-jɪ-wal   bi-kki,   digi-nii   inig
    建てる-CVB.IPFV   ある-COND   たくさんの-INS-REFL.PL   ある-COND   四-GEN   日

    建てて、たくさんの人々で四日の日に、

(29) bi-kki-wi,   samaam-bal   bi-kki-wi,
    ある-COND-REFL.SG   シャーマン-REFL.PL   ある-COND-REFL.SG

    自分らのシャーマンに

(30) samaalda-xan-čaa-mʊnɪɪ,
    シャーマンする-CAUS-PTCP.PFV-1PL

    シャーマンを私たちはさせた、

(31) ədu   samaalda-d-dʊ   bi-kki-wi,   əjjəə   samaan,
    これ.DAT   シャーマンする-PTCP.IPFV-DAT ある-COND-REFL.SG   こんな   シャーマン

    そこでシャーマンする時に、このシャーマンが、

(32) "səwə-nin   əwəčči-m,"   bi-kki-wi,   jɪnjɪ-jɪ-ran.
    魂-3   降りる-CVB.IPFV   ある-COND-REFL.SG   話す-PROG-IND.PRS.3

    「魂が降りて来る、」と言った。

(33) jaawʊl   əjjəə   samaan   bi-kki,   owoo-wɪ   ɪlʊʊ-d-da   bi-kki,
    必ず   この   シャーマン   ある-COND   オヲー-REFL.SG   建てる-PTCP.IPFV-DAT   ある-COND

    必ずこのシャーマンは自分のオヲーを建てる時には、

(34) juur   namaajɪ   moo,   ʊlarɪn   moo,   daxɪn,
    二   百   棒   赤い   棒   また

    二百本の（赤い）棒と、さらに、

(35) juur   mɪŋgan   jolo-ɪ   əmuu-m   bi-kki,   əjjəə,
    二   千   石-INDF.ACC   持って来る-CVB.IPFV   ある-COND   こんな

    二千個の石を持って来て、この

(36) samaan   owoo-w   taxɪlag   nəə-rən   guŋkən   əttuu   jɪnjɪ-saa.
    シャーマン   オヲー-ACC   祭祀   置く-IND.PRS.3 と   このように 話す-PTCP.PFV

    シャーマンはオヲーを、祭祀を据えるのにこんな風に言った。

(37) too-r   oo-dlı   buu   bi-kki,   tarı   jos-jı-n
    そうする-PTCP.IPFV なる-CVB.ANT   私たち   ある-COND   あれ   道理-INS-3
    そうすると私たちは、あの習わしで、

(38) xokko-jı-wol   guggəldə-m   bi-kki-wi,   əlii   jos-jı-n   bi-kki,
    全員-INS-REFL.PL   動く-CVB.IPFV   ある-COND-REFL.SG   これ   道理-INS-3   ある-COND
    皆で力を合わせて、この習わしで、

(39) owoo-wol   ʊxʊn   oo-m   bi-kki,   tar   orʊı   bi-kki,
    オヲー-REFL.PL   何   作る-CVB.IPFV   ある-COND   その   晩   ある-COND
    自分らのオヲーだの何だのを作って、その晩には、

(40) xokko-jı-wol   buu,   əggəə   ǰuu   ǰawʊ-m,   baraan-jı-wal
    全員-INS-REFL.PL   私たち   ゲル型の   家   建てる-CVB.IPFV   たくさん-INS-REFL.PL
    皆で私たちは、ゲルの家を建てて、たくさんの人々でやって来て、

(41) ısı-m,   xʊnım-bal   əbbuu-m,
    着く-CVB.IPFV   羊-REFL.PL   持って来る-CVB.IPFV
    自分らの羊を持って来て、

(42) ǰuur   xʊnın   əbbuu-m   bi-čči,
    二   羊   持って来る-CVB.IPFV   ある-CVB.PFV
    二匹の羊を運んで来ていて、

(43) baraan-jı-wal   əmun   xʊnın   waa-m   bi-čči,
    たくさんの-INS-REFL.PL   一   羊   殺す-CVB.IPFV   ある-CVB.PFV
    たくさんの人々で一匹の羊を殺して、

(44) baraan-jı-wal   tar   orʊı   bi-kki,   xokko-jı-wol   bi-kki,
    たくさんの-INS-REFL.PL   その   晩   ある-COND   全員-INS-REFL.PL   ある-COND
    たくさんの人々でその晩は、皆で、

(45) xөөr#xөgǰөө-si,   ǰəəǰəə   samaa-nıı-wal,   ənnəgən   bʊŋʊn
    賑わい-PROP   祖父   シャーマン-GEN-REFL.PL   こんな   大きい
    それは賑やかに、祖父のシャーマンは、こんな風な大きな

(46) sindəm-ba-n   səggəggəə-m,   əbdəsi   ix   naıra-wal
    シンダン-ACC-3   復興する-CVB.IPFV   すごく   大きい   宴会-REFL.PL
    シンダン・オヲーを復活させて、すごく大きな宴を、

(47) tarı oroı ulii-xən-čəə-muni. ədu bi-kki, ulii-xəən-ər dom-da,
    その 晩 行く-CAUS-PTCP.PFV-1PL これ.DAT ある-COND 行く-CAUS-PTCP.IPFV 中-DAT
    その晩私たちは執り行った。そこで執り行っている最中に、

(48) gəgəən oo-čči baksı-jı-wı, munəw aaŋı-xaa-m bi-čči,
    ググン なる-CVB.PFV 先生-INS-REFL.SG 私たち.ACC 従う-CAUS-CVB.IPFV ある-CVB.PFV
    ググンと自分の先生で、私たちを後ろに従えていて、

(49) ʊxʊn, oro-m bi-čči, xokko-jı-wol bi-kki, dooloo-m
    何 集まる-CVB.IPFV ある-CVB.PFV 全員-INS-REFL.PL ある-COND 歌う-CVB.IPFV
    集結して、皆で歌を歌い、

(50) narıgı-m ımı-m bujıgləə-m bi-čči, jəəjəə
    宴を催す-CVB.IPFV 飲む-CVB.IPFV 踊る-CVB.IPFV ある-CVB.PFV 祖父
    宴を行い、飲んで踊っていて、祖父の

(51) samaa-nıı-wal, oŋgom-ba-n bi-kki-wi, addʊʊ-xaan-a-m
    シャーマン-GEN-REFL.PL 陵墓-ACC-3 ある-COND-REFL.SG 喜ぶ-CAUS-E-CVB.IPFV
    自分らのシャーマンの陵墓を喜ばせる

(52) irəə-r gada-m, əduuxi amasıxı aja nandaaxan bi-kki,
    祝詞を言う-PTCP.IPFV 取る-CVB.IPFV これ.ABL 後 良い 美しい ある-COND
    祝詞を宣べて、これから後、良く幸せに、

(53) aja nandaaxan ui#tumən, arda, xokko-jı-wol nandaaxan,
    良い 美しい たくさんの 人民 全員-INS-REFL.PL 美しい
    良く幸せに、多くの人々、人民、皆で幸せに、

(54) tajjaa-wa-n nandaaxan amıdalaa-r ənnəgən
    あれ-ACC-3 美しい 生活する-PTCP.IPFV こんな
    幸せな生活が（あれ）、とこのような

(55) əmun sətxil bi-kki, əjjəə, owoo-wol ılʊʊ-m guŋkən
    一 心 ある-COND これ オヲー-REFL.PL 建てる-CVB.IPFV と
    一つの心でこのオヲーを建てる、と

(56) buu jorıg šʊʊda-čči bi-kki, xөөr#xəgjəə-si bi-kki,
    私たち 決心 決める-CVB.PFV ある-COND 賑わい-PROP ある-COND
    私たちは決心をして、賑やかに、

(57) tarı   dolbo-w   nuččigəə-səə-muni.   ədu   bi-kki,
    それ   夜-ACC   過ごす-PTCP.PFV-1PL   これ.DAT   ある-COND

その晩を私たちは過ごした。そこで、

(58) bəi   buxul   unən   sətxil-ji-wi,   xanda-m,   məənii   sətxil-ji-wi   bi-kki,
    人   全員   正しい   心-INS-REFL.SG   向かう-CVB.IPFV   自分.GEN   心-INS-REFL.SG   ある-COND

人々は皆正しい心で向かい、自分の心で、

(59) ui#tumə-nii,   baraan-ıı-wı   ǰaarın=a,   ur   xuugəd-nii-wi   ǰaarın,
    たくさん-GEN   多い-GEN-REFL.SG   ため=SFP   子供   子供-GEN-REFL.SG   ため

たくさんの人々、多くの人のために、子供たちのために、

(60) xoıčı#ui-nii-wi   ǰaardan,   baraan-ıı   ǰaarın   ənnəgən   əmun
    任務を受け継いでいく者-GEN-REFL.SG   ため   たくさん-GEN   ため   こんな   一

任務を受け継いでいく者のために、多くの人のためにこのような一つの

(61) sətxil-ǰi   bi-kki,   əddug   samaam-bal   bi-kki-wi,
    心-INS   ある-COND   大きい   シャーマン-REFL.PL   ある-COND-REFL.SG

心で、先祖の自分らのシャーマンを、

(62) ədduugu-ǰi   xəndələə-m,   xəndəttə-xəə-m,   xaıralaa-m,
    大きい-INS   尊敬する-CVB.IPFV   尊敬する-CAUS-CVB.IPFV   愛する-CVB.IPFV

強く尊敬し、尊敬させ、愛し、

(63) amarlaŋʋı   noırso-čči,   amdarǰı-r,   əri   bʋgʋd-dʋ   amdarǰı-r,
    安心する   眠る-CVB.PFV   生活する-PTCP.IPFV   この   場所-DAT   生活する-PTCP.IPFV

安心して眠って、生活する、この地で生活する

(64) orčın#toorım-bı,   aja   nandaaxaan-ıı   ǰaarın=a,
    環境-REFL.SG   良い   美しい-GEN   ため=SFP

自分の環境を、良く幸せにするために、

(65) xokko-ǰı-wol   bi-kki,   əmun   sətxil-ǰi,   əǰǰəə   əmun   ǰəəǰəə
    全員-INS-REFL.PL   ある-COND   一   心-INS   これ   一   祖父

皆で、一つの心で、この一人の祖父の

(66) samaa-nıı-wal,   oŋgom-bo-n,   goı-ǰı   ʋxʋn   oo-r-nıı   ǰaarın=a,
    シャーマン-GEN-REFL.PL   陵墓-ACC-3   美しい-INS   何   作る-PTCP.IPFV-GEN   ため=SFP

シャーマンの陵墓を美しく作るために、

(67) ənnəgən əmun sətxɪl-ǰi, baraan-ǰɪ-wal totto-soo-mʊnɪ.
    こんな — 心-INS たくさんの-INS-REFL.PL そうする-PTCP.PFV-1PL

このような一つの心で、多くの人々で私たちはそのようにした。

(68) too-r oo-dlɪ bi-kki, tar oroɪ bi-kki, xɵɵr#nargaa-sɪ,
    そうする-PTCP.IPFV なる-CVB.ANT ある-COND その 晩 ある-COND 賑わい-PROP

そうするので、その晩は賑やかに、

(69) təŋgər bʊkkʊn naan, niggi-čči=l, aɪŋʊt boroon, bas,
    天 神 また 稲光する-CVB.PFV=FOC 雷 雨 また

天の神もまた稲光り、雷雨となり、また、

(70) aɪŋʊt ʊdan bas tukku-m, nandaaxan orčɪn#toorɪn bi-kki
    雷 雨 また 降る-CVB.IPFV 美しい 環境 ある-COND

雷雨も降って、美しい青々とした環境を

(71) mundu buu-səə. tar əmun dolbo-wɪ nučči-čči,
    私たち.DAT あげる-PTCP.PFV そうして — 夜-REFL.SG 過ごす-CVB.PFV

私たちに下さった。そうして一晩を過ごして、

(72) tɪmaasɪ-nɪn oo-soo, ʊdan=kad goɪ-ǰi gaal-ča,
    翌日-3 なる-PTCP.PFV 雨=FOC 美しい-INS 止む-PTCP.PFV

次の日になった、雨もステキに止んだ、

(73) bəi buxul=xəd goɪ, inəədə-m saɪxan.
    人 全員=FOC 美しい 笑う-CVB.IPFV 美しい

人々も皆ステキに笑って快い。

(74) inəədə-m nandaaxan adda-m, bəi buxul adda-m,
    笑う-CVB.IPFV 美しい 喜ぶ-CVB.IPFV 人 全員 喜ぶ-CVB.IPFV

笑って幸せに喜び、人々は皆喜び、

(75) tattoo tɪmaasɪt-tɪ taxɪlaga-wal bi-kki, goɪ-ǰi əəkkəə-səə-muni.
    そうする 翌日-REFL.SG 祭祀-REFL.PL ある-COND 美しい-INS 始める-PTCP.PFV-1PL

そうして次の日は自分らの祭祀を、ステキに私たちは始めた。

(76) əduu bi-kki-wi, bəi buxul xokko, əǰǰəə əmun samaan-ɪɪ,
    これ.DAT ある-COND-REFL.SG 人 全員 全員 これ — シャーマン-GEN

そこで人々は皆この一人のシャーマンの、

(77)　jəəjəə　　　　samaa-nıı-wal,　　　　　sətxil-wə-n,　　　saa-mı,
　　　祖父　　　　シャーマン-GEN-REFL.PL　　心-ACC-3　　　知る-CVB.IPFV
　　　祖父の自分らのシャーマンの心を知り、

(78)　ugurii-r　　　　　joso-sı　　　　jəəmə-wəl　　　ugurii-mun　　　　　guŋkən.
　　　奉納する-PTCP.IPFV　道理-PROP　　物-REFL.PL　　奉納する-IND.PRS.1PL　と
　　　奉納する習慣の自分らの物を奉納するという。

(79)　əttuu　　　　dooloo-wol　　sətxiləg-də-wəl,　　ugurii-r　　　　　tannagan
　　　このように　　内-REFL.PL　　心-DAT-REFL.PL　　奉納する-PTCP.IPFV　そのような
　　　このように内の心から、奉納するそんな

(80)　sətxil-ji-wəl　　　bi-kki　　　xokko,　　bəlxən　　bi-ji-mun.
　　　心-INS-REFL.PL　　ある-COND　全員　　　準備　　　ある-PROG-IND.PRS.1PL
　　　心で皆準備している。

(81)　too-ččı　　　　　ər　　　ʊxʊn　　oo-d-dʊ,　　　　munii　　　juur　　samaan,
　　　そうする-CVB.PFV　これ　　何　　　なる-PTCP.IPFV-DAT　私たち.GEN　二　　　シャーマン
　　　そうしてこの時に、私たちの二人のシャーマン、

(82)　munii　　　jəəjəə　　samaan　　　bi-kki,　　　addʊʊ-xaan-ar-nıı　　　　jaarın=a,
　　　私たち.GEN　祖父　　　シャーマン　ある-COND　喜ぶ-CAUS-PTCP.IPFV-GEN　ため=SFP
　　　私たちの祖父のシャーマンを喜ばせるために、

(83)　tımaasın　　əddə　　əmun　　xʊnım-bal　　waa-m,　　xokko-ji-wol
　　　翌日　　　　朝　　　一　　　羊-REFL.PL　　殺す-CVB.IPFV　全員-INS-REFL.PL
　　　次の日の朝一匹の自分らの羊を殺して、皆、

(84)　jəəjəə　　samaan-ıı-wal　　　　　owoo-wo-n　　xokko-jı-wol　　　　guggəldə-m,
　　　祖父　　　シャーマン-GEN-REFL.PL　オヲー-ACC-3　全員-INS-REFL.PL　　動く-CVB.IPFV
　　　祖父のシャーマンのオヲーを皆で力を合わせて、

(85)　tarı　　bʊgʊ-dʊ-n,　　adda-m　　　　nəttə-m,　　　owoo-wol
　　　それ　　場所-DAT-3　　喜ぶ-CVB.IPFV　笑う-CVB.IPFV　オヲー-REFL.PL
　　　その場所に喜び笑って自分らのオヲーを

(86)　xokko-jı-wol　　　　　ılʊʊ-saa-mʊn=a.　　　too-ččı　　　　　bi-kki-wi,
　　　全員-INS-REFL.PL　　　建てる-PTCP.PFV-1PL=SFP　そうする-CVB.PFV　ある-COND-REFL.SG
　　　皆で私たちは建てた。そうして

(87) baraan-jɪ-wal   xokko-jɪ-wol   ɪsʊʊ-r
      たくさんの-INS-REFL.PL   全員-INS-REFL.PL   捧げる-PTCP.IPFV

      たくさんの者で皆で捧げる

(88) joso-sɪ   idəəm-bəl   nəə-čči,   xokko-jɪ-wol   bi-kki,
      道理-PROP   食べ物-REFL.PL   置く-CVB.PFV   全員-INS-REFL.PL   ある-COND

      習わしの食べ物を置いて、皆で、

(89) aaččɪ   ərəm,   arxɪ,   satan   əwəən,
      チーズ   クリーム   酒   飴   小麦粉を焼いたもの

      チーズやクリーム、酒、飴、小麦粉を焼いたの、

(90) jəizə-nii   jəilə-w   xokko   nəə-səə-muni.
      果物-GEN   供物-ACC   全部   置く-PTCP.PFV-1PL

      果物を、全部私たちは置いた。

(91) xokko   ənnəgən   baraan,   əmun=kəd   ə-səə   abal-da.
      全員   このような   たくさんの   一=FOC   NEG-PTCP.PFV   不足する-PTCP.IPFV

      皆このようにたくさん、一つとして欠けるものはなかった。

(92) xokko   nəə-səə-muni.   uldə,   xʊnɪn,   waa-m   bi-čči,
      全員   置く-PTCP.PFV-1PL   肉   羊   殺す-CVB.IPFV ある-CVB.PFV

      皆私たちは置いた。肉は、羊を殺していて、

(93) xʊnɪm-bɪ   naan   xokko,   ikkin-ji   ʊxʊn   oo-m   bi-čči
      羊-REFL.SG   また   全員   新しい-INS   何   なる-CVB.IPFV ある-CVB.PFV

      羊をまた皆、新しいもので、

(94) nɪŋaan-čaa.   xokko,
      霊が憑く-PTCP.PFV   全部

      シャーマンに霊が憑いてしゃべり出した。全て、

(95) amɪlaa-m   bi-čči,   too-čči   ələə-m   bi-čči
      復活する-CVB.IPFV   ある-CVB.PFV   そうする-CVB.PFV   煮る-CVB.IPFV   ある-CVB.PFV

      復活していて、ああして煮てあって、

(96) xokko,   əddug   idəəm-bə   nəə-r   joso-sɪ   jəməə-w   xokko   nəə-səə.
      全部   大きい   食べ物-ACC   置く-PTCP.IPFV   道理-PROP   物-ACC   全部   置く-PTCP.PFV

      全部、先に捧げる食べ物を、置く習わしの物を全部置いた。

(97) aaxɪn   əətte-wə-n=kəd   nəə-ji-rən.
    肝臓   肺-ACC-3=FOC   置く-PROG-IND.PRS.3

    肝臓と肺を置いている。

(98) [juldə=ba?]
    肉以外の頭や内臓=FOC

    ［肉以外の頭や内臓？］

(99) tar-wa-n=kaa   ə-si-m   saa-ra,   nəə-r   joso-si
    それ-ACC-3=FOC   NEG-PTCP.IPFV-1SG   知る-PTCP.IPFV 置く-PTCP.IPFV   道理-PROP

    それは私は知らない、置く習わしの

(100) jəəmə-wə-n   xokko   nəə-ji-rən.   nəə-m   ətə-čči   daxɪn,
     物-ACC-3   全部   置く-PROG-IND.PRS.3   置く-CVB.IPFV   終わる-CVB.PFV   また

     物を全部置いている。置き終わって、もう一度、

(101) juur   samaan,   nɪŋaan-čaa.   nɪŋaan-čɪ   nɪŋaan-čɪ=l,
     二   シャーマン   霊が憑く-PTCP.PFV   霊が憑く-CVB.PFV   霊が憑く-CVB.PFV=FOC

     二人のシャーマンは、霊が憑いて話して、

(102) baraan-jɪ-wal   xokko   sugdu-m,   sugdu-m   bi-čči
     たくさんの-INS-REFL.PL   全員   跪く-CVB.IPFV   跪く-CVB.IPFV   ある-CVB.PFV

     たくさんの者で皆跪いていて、

(103) muggu-səə-muni.   əŋəntu-m   bi-čči   muggu-səə-mun.
     祈る-PTCP.PFV-1PL   膝をつく-CVB.IPFV   ある-CVB.PFV   祈る-PTCP.PFV-1PL

     私たちは祈った。膝をついて私たちは祈った。

(104) muggu-čči=l   nɪŋaan-jɪ-ran,
     祈る-CVB.PFV=FOC   霊が憑く-PROG-IND.PRS.3

     祈って、霊が憑いて話している。

(105) sag   jiggin   nɪŋaan-jɪ-r   ə-jigəə   bi-si=gəə,
     時間   霊   霊が憑く-PROG-PTCP.IPFV   NEG-PTCP.FUT   ある-PTCP.IPFV=Q

     一時間ほど霊が憑いて話し、そうして

(106) sag   ulux   nɪŋaan-čaa.   nɪŋaan-čaa-txɪ   amasɪxɪ,
     時間   余り   霊が憑く-PTCP.PFV   霊が憑く-PTCP.PFV-ABL   後

     一時間以上霊が憑いて話してそれから、

(107) samaan bi-kki sǝwǝ-nin ǝmǝ-sǝǝ.
シャーマン ある-COND 魂-3 来る-PTCP.PFV

シャーマンは正気に戻った。

(108) too-čči tajjaa aaŋɪ-jɪ-r bǝi-nin bi-kki,
そうする-CVB.PFV それ 従う-PROG-PTCP.IPFV 人-3 ある-COND

それからその付き従って来た人は、

(109) tajjaa samaam-bɪ akkadaa-m,
それ シャーマン-REFL.SG 労わる-CVB.IPFV

その自分のシャーマンを労わって、

(110) tǝguu-sǝǝ-tixi amasɪxɪɪ bi-kki, ǝjjǝǝ bǝjǝ-nin,
座らせる-PTCP.PFV-ABL 後 ある-COND これ 人-3

座らせてそれからこの人は、

(111) samaan-ɪɪ sǝwǝ-nin ǝmǝ-sǝǝ. jǝǝjǝǝ samaan-ɪɪ sǝwǝ-nin
シャーマン-GEN 魂-3 来る-PTCP.PFV 祖父 シャーマン-GEN 魂-3

シャーマンの正気が戻った。祖父のシャーマンの魂が

(112) ǝmǝ-čči bi-kki, xokko ǝǝri-r joso-sɪ,
来る-CVB.PFV ある-COND 全員 呼ぶ-PTCP.IPFV 道理-PROP

戻って、皆の名を呼ぶ習わしがあって、

(113) jɪl oo-čči ʊxʊn-jɪ-n ǝǝr-jɪ-rǝn.
干支 なる-CVB.PFV 何-INS-3 呼ぶ-PROG-IND.PRS.3

干支の年や何かで呼んでいる。

(114) nasan-jɪ-n ǝǝr-jɪ-rǝn. too-ččɪ=l, gada-r joso-sɪ
齢-INS-3 呼ぶ-PROG-IND.PRS.3 そうする-CVB.PFV=FOC 取る-PTCP.IPFV 道理-PROP

その生年で呼んでいる。それから買って来る習わしの

(115) jǝǝmǝ-wi xokko gajɪ-ran.
物-REFL.SG 全部 持って来る-IND.PRS.3

物を全部持って来る。

(116) gada-d-dɪ-wɪ arxɪ-ja ga-dan,
取る-PTCP.IPFV-DAT-REFL.SG 酒-INDF.ACC 取る-IND.PRS.3

持って来る時に酒を持って来る、

(117) aaččı   ərəmə-i   ga-dan.
      チーズ   クリーム-INDF.ACC   取る-IND.PRS.3

   チーズやクリームを持って来る。

(118) jittə-r   joso-sı   jəəm-i   xokko   gaǰı-ran.
      食べる-PTCP.IPFV   道理-PROP   物-INDF.ACC   全部   持って来る

   食べるきまりの物を全部持って来る。

(119) dunči-si   arxı-wı   xokko   əmun   əmun   xuntur-ǰi-ran.
      壺-PROP   酒-REFL.SG   全員   一   一   一気飲みする-PROG-IND.PRS.3

   壺（高さ20cm程の首のない壺）に入った酒を一人ずつ皆一気飲みする。

(120) arxı-w   bi-kki-wi,   əmun   dunči-ǰi   nəə-xəə-m   nəə-xəə-mə=l,
      酒-ACC   ある-COND-REFL.SG   一   壺-INS   置く-CAUS-CVB.IPFV   置く-CAUS-CVB.IPFV=FOC

   酒を一つの壺で、（杯に）注いでは注いでは、

(121) aŋma-dı-wı   jawa-m   bi-čči=l   əmərəəxən   xuntər-ǰi-rən.
      口-DAT-REFL.SG   つかむ-CVB.IPFV   ある-CVB.PFV=FOC   一気に   飲み干す-PROG-IND.PRS.3

   自分の口に受けていて、一気に入れて飲み干す。

(122) barıg,   geŋ   ım-saa.   daxın   aačča   ərəmə-w   əmrəəxən
      約   斤   飲む-PTCP.PFV   また   チーズ   クリーム-ACC   一気に

   おおよそ500グラム飲んだ。さらにチーズとクリームを一気に

(123) ıttoo-m   naal-ǰı-wı   ʊxʊn   oo-m   bi-čči=l,
      どうする-CVB.IPFV   手-INS-REFL.SG   何   する-CVB.IPFV   ある-CVB.PFV=FOC

   手でああして

(124) xokko-wo-n   jiǰ-ǰi-rən.   naal-ǰı-wı,   ʊxʊn   oo-m
      全部-ACC-3   食べる-PROG-IND.PRS.3   手-INS-REFL.SG   何   する-CVB.IPFV

   全部食べる。手でああして

(125) bi-čči   xokko-wo-n   ǰi-m   ətə-čči=l,
      ある-CVB.PFV   全部-ACC-3   食べる-CVB.IPFV   終わる-CVB.PFV=FOC

   全部食べ終わって、

(126) daxın   əwər-tixi   awʊ-ran,
      また   裾-ABL   拭う-IND.PRS.3

   さらにシャーマンの服の前の裾で拭う、

(127) sǝǝxǝ onta-tıxı awʊ-ran.
　　　牛の皮の 靴-ABL 拭う-IND.PRS.3

　　　牛の皮のブーツへ擦って拭う。

(128) too-m bi-čči=l boroo-si bi-kki-wi
　　　そうする-CVB.IPFV ある-CVB.PFV=FOC 間違い-PROP ある-CVB.COND-REFL.SG

　　　そうしていて間違いがあれば、

(129) boroo-wa-n ǰınǰı-čči=l sǝwǝǝ-nin ǝmǝ-d-dili alıı-ran.
　　　間違い-ACC-3 話す-CVB.PFV=FOC 魂-3 来る-PTCP.IPFV-PROL 怒る-IND.PRS.3

　　　間違ったことを話して、魂が戻って来た時に怒る。

(130) alıı-čči bi-kki ǝbxi, ıla-čči=l iddii ǝggilduu-ji-rǝn=kun.
　　　怒る-CVB.PFV ある-COND ああ 立つ-CVB.IPFV=FOC ひどく 歩き回る-PROG-IND.PRS.3=FOC

　　　怒っていれば恐ろしい、立ち上がってひどく歩き回るのだ。

(131) ǝggildu-m ǝtǝ-čči=l daxın, tǝgǝ-ji-rǝn.
　　　歩き回る-CVB.IPFV 終わる-CVB.PFV=FOC また 座る-PROG-IND.PRS.3

　　　歩き回り終わると再び座っている。

(132) tajjaa tajja-wa=sı bas aggadaa-ran. too-čči aggadaa-saa-tıxı
　　　あれ あれ-ACC=FOC また 喜ぶ-IND.PRS.3 そうする-CVB.PFV 喜ぶ-PTCP.PFV-ABL

　　　彼はあれをまた喜ぶ。それから喜んでから

(133) amasıxı tajjaa ʊxʊn oo-ron. ǝ-sikki=si aggadaa-r bas
　　　後 あれ 何 する-IND.PRS.3 NEG-COND=FOC 喜ぶ-PTCP.IPFV また

　　　それからそれはどうなるか。もし喜ばなければまた

(134) tajjaa=si ǰiin-tǝǝn bi-sin sinǰǝ. ǰiin-tǝǝn
　　　あれ=FOC じっとする-CVB.SIM ある-PTCP.IPFV SFP じっとする-CVB.SIM

　　　彼はじっとして何もせずにいるのだ。じってしていて

(135) ǝ-si-n ıttoo-r. tajjaa
　　　NEG-PTCP.IPFV-3 どうする-PTCP.IPFV あれ

　　　どうもしない。彼は

(136) sǝgdǝ-m muggu-m bi-čči gǝlǝǝ-ji-rǝn.
　　　頭を垂れる-CVB.IPFV 祈る-CVB.IPFV ある-CVB.PFV 求める-PROG-IND.PRS.3

　　　頭を垂れて祈っていて、人々は求める。

(137) iiti-wi   xıxa-čču,   xəəsun   sagalıı-ǰı-ran.
      歯-REFL.SG   食いしばる-CVB.PFV   涎   滴る-PROG-IND.PRS.3

歯を食いしばって、涎が出ている。

(138) too-čču   gələə-səə-tıxı
      そうする-CVB.PFV   求める-PTCP.PFV-ABL

それから求めてから

(139) amasıxı   tarı   bi-kki,   aran   guŋkən   ʊxʊn   oo-ron.
      後   あれ   ある-COND   今にも   と   何   なる-IND.PRS.3

その後、彼は今にもああしそうになる。

(140) əmə-ŋgii-ǰı-rən   sitə.   əwəmbuu-ǰı-rən   sitə.
      来る-REPET-PROG-IND.PRS.3   SFP   降参する-PROG-IND.PRS.3 FOC

再び動き出すのだろう。降参するのだね。

(141) tannagan   jaŋǰı-sı   uliwu-səə.   too-čču   bi-kki,
      あのような   様子-PROP   終わる-PTCP.PFV   そうする-CVB.PFV   ある-COND

そのような様子で終わった。それから、

(142) irəəl-wi   nəə-rən,   "gada-r   jəəmə-wi   ga-dan,
      祝詞-REFL.SG   置く-IND.PRS.   得る-PTCP.IPFV   物-REFL.SG   得る-IND.PRS.3

祝詞を述べる、「得る物を得る、

(143) too-čču   bi-kki,   abarda-r   jəəmə   bi-kki,
      そうする-CVB.PFV   ある-COND   不足する-PTCP.IPFV   物   ある-COND

それから、欠けている物は、

(144) əduuxi   amasıxı   suu,   ombol   dombol   omoləə   jusəə,
      これ.ABL   後   あなたたち   孫   曾孫   孫   子

これから以後、おまえたち、孫や曾孫、孫に子よ、

(145) suu   xokko   əduuxi   amasıxı   bi-kki,   gʊı-ǰı   amıdʊra-r-čʊn.
      あなたたち   全員   これ.ABL   後   ある-COND   美しい-INS   暮らす-PTCP.IPFV-2PL

おまえたちは皆これから以後、幸せに暮らすことだろう。

(146) gʊı-ǰı   ul-čun."   aı   nandaaxan   irəəl-wi   nəə-ǰı-rən.
      美しい-INS   行く-2PL   良い   美しい   祝詞-REFL.SG   置く-PROG-IND.PRS.3

幸せに暮らす。」と良く美しく祝詞を述べる。

(147) "əduuxı   amasıxı   laptəə,   aja-jı   ul-čun.   ombol   dombol
       これ.ABL   後   必ず   良い-INS   行く-2PL   孫   曾孫

「これから以後は必ず良く暮らす、と。孫曾孫、

(148) xoıčı#ui,"   guŋkən,   tatʋʋ   jınjı-jı-ran.
       任務を受け継いで行く者   と   そのように   話す-PROG-IND.PRS.3

任務を受け継いで行く者よ、」とそう話す。

(149) "tajjaa=sı   bi-kkı   goı-jı   buu-jı-rən.
       それ=FOC   ある-COND   美しい-INS   与える-PROG-IND.PRS.3

「それは良く与えている。

(150) ə-si-n   ısıldıı-r   bi-kkı-wi,
       NEG-PTCP.IPFV-3   足りる-PTCP.IPFV   ある-COND-REFL.SG

足りなければ、

(151) mugguu-xə-m   bi-čči   jınjı-ran.   jınjı-m   buu-rən."
       祈る-CAUS-CVB.IPFV   ある-CVB.PFV   話す-IND.PRS.3 話す-CVB.IPFV   あげる-IND.PRS.3

祈らせていて話す。話してやる。」

(152) too-čči   bi-kkı,   tarı   janjı-sı   taattʋʋ   ulii-xən-čəə.
       そうする-CVB.PFV   ある-COND   あれ   様子-PROP   そのように   行く-CAUS-PTCP.PFV

そうしてそんな風に行かせた。

(153) too-čči   bar   jıl-čı   oo-čči   tooləə   jıl-či   xokko   tattʋʋ
       そうする-CVB.PFV   トラ   干支-PROP   なる-CVB.PFV   ウサギ   干支-PROP   全員   そのように

それから寅年生まれの者と兎年生まれの者とを皆そんな風に

(154) ʋxʋn   oo-soo.   too-kkı   əruu   jəəmə   taara-kkı,   naan
       何   する-PTCP.PFV   そうする-COND   悪い   物   当たる-COND   また

ああした。それから悪い物に当たると、

(155) tara-wa-n   ʋxʋn   oo-m#bʋʋ-ran,   jʋxaa-m#bʋʋ-ran.
       それ-ACC-3   何   なる-CVB.IPFV#あげる-IND.PRS.3   直る-CVB.IPFV#あげる-IND.PRS.3

またそれを直させる。

(156) tannagan   ʋxʋ-sı   ulii-xən-čəə.   too-čči=kkı   baraanjı-wal,
       そのような   何-PROP   行く-CAUS-PTCP.PFV   そうする-CVB.PFV=FOC   西側-REFL.PL

そんな風に行かせた。それから、西側で、

(157) tar   ǰuldəə-li   tar,   tar   owoo-wo   ɪlʊʊ-d-dɪ-wɪ,
      そうして 前-PROL   そうして そうして オヲ-ACC   建てる-PTCP.IPFV-DAT-REFL.SG

      そうして前にそうしてオヲを建てる時に、

(158) ǰuur   namaaǰɪ   moo,
      二   百   棒

      二百本の棒、

(159) jol-wɪ   nəə-səə-tixi   amasɪxɪ,   xokko-ǰɪ-wol,   owoo,
      石-REFL.SG 置く-PTCP.PFV-ABL   後   全員-INS-REFL.PL   オヲ

      石を置いてからそれから皆で、

(160) owoo-wol   bi-kki   naan,   goɪ-ǰɪ   ǰʊxaa-saa-mʊnɪ,   goɪ,
      オヲ-REFL.PL ある-COND   また   美しい-INS   直す-PTCP.PFV-1PL   美しい

      自分らのオヲをまた美しく私たちは直した、ステキに、

(161) ʊlarɪn   bəəsə   adɪɪ   ooxɪɪ   janǰɪ-nɪɪ   ʊlarɪn   bəəsə-ǰi   čiməgələə-səə-mun.
      赤い   布   いくつ   どんな   様子-GEN   赤い   布-INS   飾る-PTCP.PFV-1PL

      赤い布、いくつもいろいろな様子の赤い布で私たちは飾った。

(162) xuul#xəgǰəə-si.   ərxə#sur-si.   tannagan   goɪ   owoo   oosɪɪ-soo-mʊnɪ.
      派手だ-PROP   威厳-PROP   そのような   美しい   オヲ   作る-PTCP.PFV-1PL

      派手に。威厳のあるように。そんな風なステキなオヲを私たちは作った。

(163) tajjaa   ooxɪɪ   namaa-dʊ-n   bi-sin=ǰəə,   ooxɪɪ   bəəsə-i   ugi-kki,
      それ   どのくらい   枝-DAT-3   ある-PTCP.IPFV=FOC   どのくらい   布-INDF.ACC   縛る-COND

      そのどれだけの枝にあったことか、どれだけか多く布を縛り付けると、

(164) ooxii   aja   gunə.   oondɪɪ,   gɪltarɪn   səŋkir   jaarɪn,
      どのくらい 良い   と   どんな   白い   青い   ピンクの

      それだけもっと良いという。どんなにか、白や青やピンク、

(165) uŋgu   uŋgu-nii   bəəsə-i   ugi-rən.
      色   色-GEN   布-INDF.ACC   縛る-IND.PRS.3

      色々な色の布を縛り付けた。

(166) odoo   uŋgu   ǰus   sitə.   ɪlagʊʊraa-xaan-an.   tajja-wa-n
      今   色   さまざまだ   SFP   飾る-CAUS-IND.PRS.3   それ-ACC-3

      今色はさまざまだ。美しく飾り立てた。

148

(167) əmun   lawaa-da   baraan-jɪ-n   ugi-m   ə-sin   oo-do
      —   枝-DAT   たくさんの-INS-3   縛る-CVB.IPFV   NEG-PTCP.IPFV   なる-PTCP.IPFV

それを一本の枝にたくさんの布で縛り付けてはならない

(168) gunən.   ǰaawʊl   namaa   namaa-dʊ-n   əmun   ugii-rən.
      と   必ず   枝   枝-DAT-3   —   縛る-IND.PRS.3

という。必ず、枝枝ごとに一本の布を縛り付ける。

(169) ugii-rən   gunən.   too-kkɪ   aja   gunən.
      縛る-IND.PRS.3   と   そうする-COND   良い   と

縛り付けるという。そうすると良いという。

(170) umurəəxen   əttuu   ugii-čči   alɪ-wʊ-saa-mʊn   sinǰə,
      一度   このように 縛る-CVB.PFV   怒る-PASS-PTCP.PFV-1PL   SFP

ひとたびそうして間違って縛ると、私たちは怒られたんだよ、

(171) tajjaa   ʊxʊn-dʊ-nɪ,   samaan-dʊ.   alɪ-wʊ-saa-mʊnɪ.
      あれ   何-DAT-3   シャーマン-DAT   怒る-PASS-PTCP.PFV-1PL

シャーマンに。私たちは叱られた。

(172) too-čči   daxɪn   tajjaa-wal   əmun   əmun-ji   daxɪn   ǰʊxaa-saa-mʊn.
      そうする-CVB.PFV   また   それ-REFL.PL   —   —-INS   また   直す-PTCP.PFV-1PL

それで再び自分らのあれを一つ一つまた私たちは結び直した。

(173) too-ččɪ=l   taxɪlaga-wal   oo-ččɪ=l   ətə-səə-mun,
      そうする-CVB.PFV=FOC   祭祀-REFL.PL   する-CVB.PFV=FOC   終える-PTCP.PFV-1PL

それから自分らの祭祀を行って私たちは終えた、

(174) xokko   buu-r   joso-sɪ   ǰəəmə-wəl   buu-səə-mun,
      全員   あげる-PTCP.IPFV   道理-PROP   物-REFL.PL   あげる-PTCP.PFV-1PL

皆捧げる習わしの物を差し上げた、

(175) tattaa-saa-mʊn.
      そうする-PTCP.PFV-1PL

そんな風に私たちはした。

(176) sugdu-m   muggu-m   bi-čči,   ɪttaa-saa-mʊn,
      跪く-CVB.IPFV   祈る-CVB.IPFV   ある-CVB.PFV   どうする-PTCP.PFV-1PL

跪いて祈っていて、私たちはどうしたか、

(177) taččɪl   naan   irəəl-wəl.   tarɪ   ǰəəǰəə   samaan-txɪ
     彼ら   また   祝詞-REFL.PL あれ   祖父   シャーマン-ABL

それからまた自分らの祝詞を。あの祖父のシャーマンへ

(178) irəəl   gоɪ   nandaaxan-ǰɪ   xokko   ǰɪnǰɪ-m#bʊʊ-saa.
     祝詞   美しい   美しい-INS   全員   話す-CVB.IPFV#あげる-PTCP.PFV

祝詞をとても美しく皆が語ってさし上げた。

(179) ə-si-n   ɪsɪldɪɪ-r-a-w   naan   ǰɪnǰɪ-m#bʊʊ-saa.
     NEG-PTCP.IPFV-3   足りる-PTCP.IPFV-E-ACC   また   話す-CVB.IPFV#あげる-PTCP.PFV

足りなかったらまた話してさし上げた。

(180) too-ččɪ   bi-kki,   owoo-wol
     そうする-CVB.PFV   ある-COND   オヲー-REFL.PL

それから自分らのオヲーを

(181) təxəəri-m   bi-čči=l,   mərgəl   oo-soo-mʊn,
     取り囲む-CVB.IPFV   ある-CVB.PFV=FOC   参拝   する-PTCP.PFV-1PL

取り囲んで参拝をした、

(182) saslaa-saa-mʊn,   xʊrɪɪlaa-saa.   xʊrɪɪlaa-saa   uldə   oo-ččɪ
     捧げ物を撒く-PTCP.PFV-1PL   周る-PTCP.PFV   周る-PTCP.PFV   肉   なる-CVB.PFV

捧げ物を撒いた、両手に持ち回しながらオヲーの周りを三周周った。肉と

(183) satan   əwəəm-bə-n,   xokko   tar   tarɪl   ʊlar-dʊ-n
     飴   小麦粉を焼いた物-ACC-3   全部   そして   あれ.PL   人々-DAT-3

飴と小麦粉を焼いたのを、全部そうして彼らは人々に

(184) buu-səə.   too-kkɪ   tajjaa   buu-səə   ǰəəmə-wə-n   sii,
     あげる-PTCP.PFV   そうする-COND   それ   あげる-PTCP.PFV   物-ACC-3   あなた

与えた。それからそれを与えた、物を、おまえは、

(185) bəi   buxur-du   buu-m   ə-si-n   oo-do.
     人   全部-DAT   あげる-CVB.IPFV   NEG-PTCP.IPFV-3   なる-PTCP.IPFV

（他の氏族の）人々に与えてはならない。

(186) ǰaa-wal   ǰuu-nii   bəi-du-wi   məənii   dotton
     仲間-REFL.PL   家-GEN   人-DAT-REFL.SG   自分.GEN   親愛な

仲間の家の人に、自分の最も親愛なる

(187) bəi-du-wi buu-rən. adıı jawʊ-saa bi-kki adıı-wı.
人-DAT-REFL.SG あげる-IND.PRS.3 いくつ つかむ-PTCP.PFV ある-COND いくつ-REFL.SG

人にあげる。どれだけかもらえば、それだけ（返す）。

(188) xokko məən məən-du buu-səə.
全部 自分 自分-DAT あげる-PTCP.PFV

全てをめいめい互いにあげた。

(189) too-ččı gol ʊxʊn-ın bi-kki-wi,
そうする-CVB.PFV 最も重要な 何-3 ある-COND-REFL.SG

それから最も重要な、

(190) gol owoo-nıı əji-nin bi-kki,
最も重要な オヲー-GEN 主人-3 ある-COND

最も重要なオヲーの主人は、

(191) ʊlaan tog untu=gi. too-soo jaarın,
赤い 旗 違う=Q そうする-PTCP.PFV ために

赤い旗じゃないか。そうなったので、

(192) taxı-ččı čirməə-səə bəi-nin, awʊʊ, batʊʊ-šeen.
礼拝する-CVB.PFV 飾る-PTCP.PFV 人-3 誰 バトー-PL

礼拝して飾った人はバトー（語り手の妹だという）たちだ。

(193) od-šəən gollʊn xəəw oo-soo.
オド-PL 主な 走り手 なる-PTCP.PFV

オド（語り手の兄）たちは主な走り手となった。

(194) xokko balčaa#əlčəə, aımamʊxa-nıı balčaa#əlčəə jax-sı,
全員 親戚 近い-GEN 親戚 もの-PROP

皆親戚だ、近い親戚なので、

(195) taččıl čirməə-səə. tottoo-ččı dagalda-ččı,
彼ら 飾る-PTCP.PFV そうする-CVB.PFV 従う-CVB.PFV

彼らが飾った。そうなって、従って行って、

(196) buu naan čirıməə-sə-mun=ə.
私たち また 飾る-PTCP.PFV-1PL=SFP

私たちも飾った。

(197) too-čču   əjjəə   owoo-wol   bi-kki,   goɪ-jɪ   taxɪ-saa-monɪ
      そうする-CVB.PFV これ   オヲー-REFL.PL   ある-COND   美しい-INS   礼拝する-PTCP.PFV-1PL
      それからこのオヲーを、よく私たちは礼拝した、

(198) xөөr#xəgǰəə-si,   jəəjəə   samaan   naan   "adda-s-ʊ,"   guŋkən
      賑やかさ-PROP   祖父   シャーマン   また   喜ぶ-PTCP.PFV-1SG   と
      賑やかに、祖父のシャーマンも「ありがとう、」と

(199) jɪnjɪ-saa.   "əttuu   ərə,   ʊdaa   bi-kki   minəw   əttuu
      話す-PTCP.PFV このように   この   回   ある-COND   私.ACC   このように
      言った。「こんな風に、今回は、私をこんな風に

(200) taxɪ-m   əttuu   xunduləə-m
      礼拝する-CVB.IPFV   このように   信じる-CVB.IPFV
      尊敬してこんな風に信じて

(201) ugurii-səə-du-suni   adda-jɪ-m,"   gunən.
      崇拝する-PTCP.PFV-DAT-2PL 喜ぶ-PROG-IND.PRS.1SG   と
      おまえたちが崇拝したことに私は喜んでいる、」と。

(202) "adda-saa,"   gunən.   "baraan-jɪ-wɪ   adda-saa,"   gunən.
      喜ぶ-PTCP.PFV   と   たくさんの-INS-REFL.SG   喜ぶ-PTCP.PFV   と
      「ありがとう、」と「たくさんの者にありがとう、」と。

(203) "too-čču   bi-kki,   haishi,   gʊtɪn   adɪɪ   anɪɪ,   tiruu-s-u,"
      そうする-CVB.PFV ある-COND   さらに   三十   いくつ   年   放っておく-PTCP.PFV-1SG
      「それから、さらに三十数年放っておいた、」

(204) gunən.   "məəmbi   ə-səə   gʊlɪ-r,"   gunən.
      と   自分.ACC   NEG-PTCP.PFV   関心を払う-PTCP.IPFV   と
      と。「自分（私）のことに関心を払わなかった、」と。

(205) "too-čču   bi-kki,   gʊmdʊʊ-saa,   sitə.
      そうする-CVB.PFV   ある-COND   不満になる-PTCP.PFV   SFP
      「それで不満だったのだ。

(206) gʊmdʊʊ-t-tɪ-wɪ   dʊččɪr-jɪ-r   əntə=gi,   gəə.
      不満になる-PTCP.IPFV-ABL-REFL.SG   怒り狂う-PROG-PTCP.IPFV   違う=Q   さあ
      不満から怒り狂ったのじゃないか、」とさあ。

(207) sunin   dʊččin   samaan   ə-ji-rən   gun=gi.   too-čči,
     珍しい   激しい   シャーマン   NEG-PROG-IND.PRS.3   言う=Q   そうする-CVB.PFV

珍しく激しくシャーマンはそう言った。それから、

(208) gʊmdʊʊ-saa   ǰaarın   əggiiǰi   aggadaa-ǰı-ran,
     不満になる-PTCP.PFV   ため   この側   喜ばせる-PROG-IND.PRS.3

不満だったのだから、そこから喜ばせる、

(209) xokko   sugdu-m   muggu-m   bi-čči
     全員   跪く-CVB.IPFV   祈る-CVB.IPFV   ある-CVB.PFV

皆が跪いて祈っていて、

(210) gələə-ǰi-r   ǰax-sı   aggadaa-ǰı-ran   əntə=gi.
     求める-PROG-PTCP.IPFV   もの-PROP   喜ばせる-PROG-IND.PRS.3   違う=Q

求めているので、喜ばせるんじゃないか。

(211) too-ččı=l   haishi=l   əwu-m#buu-səə.
     そうする-CVB.PFV=FOC   さらに=FOC   降りる-CVB.IPFV#あげる-PTCP.PFV

それからさらに降霊させた。

(212) muunii,   uril   utə,   omləə   ǰusəə-səl
     私たち.GEN   子供.PL   子供   孫   子-PL

私たちの子供たち、孫たち、

(213) ə-jigəə-mun   oo-r=gıı   gəə,   əddug#daatta-nıı,
     NEG-PTCP.FUT-1PL   なる-PTCP.IPFV=Q   さあ   ウッドゥグダーットゥ-GEN

そのような者である、さあ、ウッドゥグダーットゥの、

(214) baraan,   xokko   baraan,   balčaa-sal-nın   omolee-sal-nın
     たくさんの   全員   たくさんの   親戚-PL-3   孫-PL-3

たくさんの、全員、たくさんの親戚たち、孫たちは、

(215) əntə=gii   gəə.   əwu-m#buu-səə.   too-ččı,
     違う=Q   さあ   降ろす-CVB.IPFV#あげる-PTCP.PFV   そうする-CVB.PFV

そうじゃないか。降霊させた。それから、

(216) owoo-wol   bi-kki,   goı-ǰı   taxı-saa-mʊn.
     オヲー-REFL.PL   ある-COND   美しい-INS   礼拝する-PTCP.PFV-1PL

自分らのオヲーをよく私たちは礼拝した。

(217) gələə-d-di-wi   sugdu-m   bi-čči   gələə-səə-mun.
     求める-PTCP.IPFV-DAT-REFL.SG 跪く-CVB.IPFV   ある-CVB.PFV   求める-PTCP.PFV-1PL

願い求める時に、跪いて私たちはお願いした。

(218) samaan   niŋaana-m   bi-čči,   gələə-dlii=nə,
     シャーマン   霊が憑く-CVB.IPFV   ある-CVB.PFV   求める-CVB.ANT=FOC

シャーマンは霊が憑いて話していて、願い求めるので、

(219) saag   ılʋʋ-m   oo-čči   ʋxʋn   oo-soo-ttıxı-n   amasıxı,
     時間   立てる-CVB.IPFV   なる-CVB.PFV   何   なる-PTCP.PFV-ABL-3   後

一時間ほどもして、ああなってからそれから、

(220) səwə-nin   əm-səə   əntu=gii   gəə.   səwə-nii   əmə-dlii-wi,
     魂-3   来る-PTCP.PFV   違う=Q   さあ   魂-GEN   来る-CVB.ANT-REFL.SG

その魂が来たんじゃないか。魂がやって来たので、

(221) oondı   jag   sində-nii-wi   tadʋ   tixi-čči   nəə-səə.
     どんな   ちょうど   シャーマン-GEN-REFL.SG   それ.DAT   拝む-CVB.PFV   置く-PTCP.PFV

どんなにかちょうどシャーマンのオヲーの、そこで拝んでいた。

(222) tixi-čči   oondıı   taamʋʋldıı-ǰı-ran   sinǰə.
     拝む-CVB.PFV   どんな   倒れて震える-PROG-IND.PRS.3   SFP

拝んで、どんなにか地面に倒れて震えたのだ（カムラーニエを終える時に）。

(223) xəəsən   sagalıı-m   bi-čči=l,   too-čči=l   amaarı   amaarı
     涎   垂れる-CVB.IPFV   ある-CVB.PFV=FOC   そうする-CVB.PFV=FOC   速い   速い

口から泡を吹いていて、それから速く速く、

(224) tar   tunči-nin   nənə-m   bi-čči=l   aggadaa-ran
     そうして   追従者-3   行く-CVB.IPFV   ある-CVB.PFV=FOC   喜ぶ-IND.PRS.3

そうして追従者たちが行って、喜ぶ、

(225) muggu-ǰi-rən,   "ǰaa   ǰaa   buu   bi-kki-wi   ʋrın
     祈る-PROG-IND.PRS.3   そうだ   そうだ   私たち   ある-COND-REFL.SG   二十

祈っている、「そうだそうだ、私たちは二十年

(226) gʋtin   anıı   sunəw,   ə-səə-mun   gʋlı-r=o,
     三十   年   あなたたち.ACC NEG-PTCP.PFV-1PL   関心を払う-PTCP.IPFV=SFP

三十年とあなた方に関心を払わなかった、

(227) munii boroo, buu naan nasʊn nušxun,
私たち.GEN 過ち 私たち また 齢 小さい

私たちの過ちだ、私たちはやはり年が若い、

(228) buu naan tannagam-ba ə-si-mun saa-ra, buu=ki əsi,
私たち また そのような-ACC NEG-PTCP.IPFV-1PL 知る-PTCP.IPFV 私たち=FOC 今

私たちはやはりそういうことを知らない、私たちは今、

(229) əsi saa-saa-monɪ, suu sanaa amar bi-xul-dun=ə.
今 知る-PTCP.PFV-1PL あなたたち 心 安心だ ある-IMP-2PL=SFP

今わかった、あなた方は安心して下さい。

(230) buu law, sunəw ə-si-mun gʊmdʊʊ-xaan-a.
私たち きっと あなたたち.ACC NEG-PTCP.IPFV-1PL 不満になる-CAUS-PTCP.IPFV

私たちはきっと、あなた方を不満にさせない。

(231) ui#jalgam bi-čči=l law sunəw,
任務を受け継ぐ者 ある-CVB.PFV=FOC きっと あなたたち.ACC

任務を受け継ぐ者が、必ずあなた方を、

(232) taxɪ-mʊn=ə, xunduttuxuu-mun=ə,
崇拝する-IND.PRS.1PL=SFP 信じる-IND.PRS.1PL=SFP

崇拝すると私たちは信じる、

(233) dattan əmə-m ʊxʊn oo-mʊn=əə, gada-r jəəmə bi-kki
いつも 来る-CVB.IPFV 何 作る-IND.PRS.1PL=SFP 取る-PTCP.IPFV 物 ある-COND

いつも来て、要る物があれば

(234) jɪnjɪ-xa, buu buu-mun=ə, lawtəə
話す-IMP 私たち あげる-IND.PRS.1PL=SFP きっと

言って下さい、私たちは差し上げる、確実に

(235) buu-m ətə-m," guŋkən tattʊʊ gəlǝǝ-sǝǝ.
あげる-CVB.IPFV できる-IND.PRS.1SG と そのように 求める-PTCP.PFV

捧げることができる、」とそんな風に願った。

(236) tarɪ jos-jɪ-n daraa anɪɪ ə-jigəə,
それ 道理-INS-3 次の 年 NEG-PTCP.FUT

その習わしで次の年そんな風に、

ソロン語 155

(237) tarı   janjı-n   ə-jigəə   ʊxʊn   oo-r=gii   gəə.
     それ   様子-3   NEG-PTCP.FUT   何   なる-PTCP.IPFV=Q   さあ

その様子でそんな風にどうなるか、さあ。

(238) ʊxʊn   əmun,   morın   gunən.   jəərtə   xarjın   morın   jəm=gu,
     何   一   馬   と   茶色っぽい   額が白い   馬   もの=Q

何だ、一頭の馬だという。茶色っぽくて額の白い馬だか、

(239) ʊxʊn   jəm=gu.   əmgəəl   xadal-ı   morın   gada-m   gun-čəə.
     何   もの=Q   鞍   轡-PROP   馬   取る-IND.PRS.1SG   言う-PTCP.PFV

何だかだ。鞍と轡をつけた馬をもらおうと言った。

(240) too-kkı   gəə,   daraa   anıı-nıı   nadan   bee   tʊŋ-nıı   inig.
     そうする-COND   さあ   次の   年-GEN   七   月   五-GEN   日

それでさあ、次の年（2010年）の7月5日に、

(241) jag   tarı   inig,   tar-wa-n   oŋgoloo-m   buu-rən.
     ちょうど   それ   日   それ-ACC-3   生贄にする-CVB.IPFV   あげる-IND.PRS.3

ちょうどその日に、生贄にして差し上げる。

(242) nadan   bee   tʊŋ-nıı   inig   oŋgoloo-d-dı-wı
     七   月   五-GEN   日   生贄にする-PTCP.IPFV-DAT-REFL.SG

七月五日に生贄に捧げる時に、

(243) gol   samaan   əm-rən   gunən.
     主たる   シャーマン 来る-IND.PRS.3   と

主である（先生の方の）シャーマンが来るという。

(244) tajjaa   samaan   bas   əmə-čči   oŋgoloo-m#buu-rən.
     それ   シャーマン   また   来る-CVB.PFV   生贄にする-CVB.IPFV#あげる-IND.PRS.3

あのシャーマンもやって来て、生贄にして差し上げる。

(245) sii   doron-jı-wı   məəŋkən   tii-m   ə-si-n   oo-do.
     あなた   心中-INS-REFL.SG   自分で   放す-CVB.IPFV   NEG-PTCP.IPFV-3   なる-PTCP.IPFV

おまえは勝手に好きな様に自分で放してはならない。

(246) samaan   əmu-m   tarı   ʊxʊn,
     シャーマン   持って来る-CVB.IPFV その   何

シャーマンは持って来て、あれを、

(247) untun saŋ-bɪ əmu-m
タイコ 打楽器-REFL.SG 持って来る-CVB.IPFV

タイコと打楽器（直径25cmくらいで鉄製のシンバルのような楽器）を持って来て、

(248) mandaa-m bas oŋgo-wɪ ɪttoo-m,
叩く-CVB.IPFV また 生贄-REFL.SG どうする-CVB.IPFV

叩いて、また自分の生贄をどうやって、

(249) ə-jigəə saa-xan=gii gəə.
NEG-PTCP.FUT 知る-CAUS=Q さあ

知らせるのだろうか、

(250) ənnəgən ənnəgən morɪn sindu buu-ǰi-m.
このような このような 馬 あなた.DAT あげる-PROG-IND.PRS.1SG

こんな風なこんな風な馬をあなたに私は差し上げる、と。

(251) too-ččɪ ottoo-ǰɪ-m guŋkən
そうする-CVB.PFV 差し上げる-PROG-IND.PRS.1SG と

そうして私は差し上げるという、

(252) ə-jigəə ʊxʊn oo-r=gi. gada-r jəəmə-nin bi-kki
NEG-PTCP.FUT 何 なる-PTCP.IPFV=Q 取る-PTCP.IPFV もの-3 ある-COND

何であろうとも。（シャーマンが）取るものを、

(253) tarɪ, tar inigi-wi taxɪl-wɪ bas taxɪ-ran,
それ そうして 日-REFL.SG 礼拝-REFL.SG また 礼拝する-IND.PRS.3

それは、その日に礼拝するのもまた礼拝する、

(254) taxɪ-b-bʊr ə-jigəə taxɪ-r=gɪɪ.
礼拝する-PTCP.IPFV-REFL.PL NEG-PTCP.FUT 礼拝する-PTCP.IPFV=Q

礼拝することはこんな風に礼拝する。

(255) anɪɪ taŋɪn taxɪ-ran, tarɪ inigi-di-wi.
年 ごとに 礼拝する-IND.PRS.3 それ 日-DAT-REFL.SG

年毎に礼拝する、その日に。

コラム　モンゴルの影響を強く受けた遊牧の文化

　言語的にはツングース諸語の一つであるソロン語ではあるが、その生活や文化はモンゴルの影響を強く受けた遊牧民のそれである。五畜（ウマ、ウシ、ヤギ、ヒツジ、ラクダ）を飼い、四季を通じ、それぞれの季節の暮らしにもっとも適した場所へと、次々移動しながら暮らしている。それぞれの場所は夏営地、冬営地、など呼ばれている。

　2009年の夏、筆者も草原の遊牧テントに泊めていただいた。8月だというのに、乾燥しているためか昼夜の寒暖の差は激しく、夜は寒いくらいだった。ぐるりと地平線が感じられる草原のただ中に彼らは暮らしていた。近くの小高い丘には宗教的な対象である「オヲー」が建てられている（写真1）。筆者が着いた日に、一匹の真っ白な仔ヤギが生まれた（写真2）。そんな伝統的な暮らしなのだが、遊牧テントには風力発電の設備もあって、夜は家族みんなでテレビも見ていた。

　到着した次の日には、筆者を歓待するしるしにと、ヒツジを一頭つぶしてくださった。ヒツジを屠るやり方も全くモンゴル式である。一家のお父さんが足を縛った羊の胸に手を入れ、心臓の血管を切って絶命させる。それからこぶしで皮を剥いで行く。その後の肉の処理は女性の仕事である。腸も裏返してよく洗い、血を詰めて煮てソーセージを作る。食べきれなかった肉は干し肉にするなど、一つとして無駄にすることはなかった。牛乳を濾して干し、チーズを作ったり、攪拌して分離させバターを作ったり、乳製品もさまざまなものを作っている。

　私の立ち去る前日には、もう冬営地への移動が始まった。私の寝泊まりしていたテントはあっという間に解体されてしまった。男たちがまず先に行って草刈りを始める。現地でのテントの組み立てもまた早業であった。あれからもう何年もの月日が過ぎ去ったけれど、あの強い草原の風が今も忘れられない。厳しい自然の中、家族みなで助け合いながら暮らしていた彼らは今、どうしているだろうか。

写真1. オヲー

写真2. 筆者が草原についた日に生まれた子ヤギ

写真3. 夏の終わりに冬営地に行き草を刈り始める。

参考文献

朝克（1991）『エウンキ語基礎語彙集』（言語文化接触に関する研究 第 3 号, SLCC 単刊シリーズ 2）東京：東京外国語大学アジア・アフリカ言語文化研究所.

―――（1995）『鄂温克語研究』北京：民族出版社.

―――（2003）『エウェンキ語形態音韻論および名詞形態論』東京：東京外国語大学アジア・アフリカ言語文化研究所.

朝克・敖嫩・耐登・莫日根布和（1988）『鄂温克民間故事』海拉尔：内蒙古文化出版社.

朝克・津曲敏郎・風間伸次郎（共編）（1991）『ソロン語基本例文集』札幌：北海道大学文学部.

杜・道尓基（1998）『鄂漢詞典』海拉尓：内蒙古文化出版社.

胡増益・朝克（編著）（1986）『鄂温克語簡志』（中国少数民族語言簡志叢書）北京：民族出版社.

風間伸次郎（2005）「ソロン語口語コーパスとその分析」風間伸次郎・川口裕司（編）『言語情報学研究報告 8 フィールド調査による口語資料の収集及びその分析』（21 世紀 COE プログラム「言語運用を基盤とする言語情報学拠点」）11-43．東京：東京外国語大学．

―――（2010）「ソロン語におけるモンゴル語の影響――言語接触の一事例として」．寺村政男・福盛貴弘（編）『言語の研究 II――ユーラシア言語からの視座』（語学教育フォーラム 24）163-183．東京：大東文化大学語学教育研究所．

―――（2013）「《データ：「補遺」》ソロン語」『語学研究所論集』18: 409-425.

―――（2014）「《データ：「他動性」》ソロン語」『語学研究所論集』19: 331-340.

―――（2015）「《データ：「（連用修飾的）複文」》ソロン語」『語学研究所論集』20: 215-224.

―――（2016）「《データ：「情報構造と名詞述語文」》ソロン語」『語学研究所論集』21: 321-332.

風間伸次郎・トヤー（共著）（2007）『ソロンの民話と伝説 1』（ツングース言語文化論集 37）札幌：北海道大学.

―――（共著）（2008）『ソロンの民話と伝説 2』（ツングース言語文化論集 41）東京：東京外国語大学アジア・アフリカ言語文化研究所.

―――（共編著）（2011）『ソロン語基礎語彙』（ツングース言語文化論集 52）東京：東京外国語大学アジア・アフリカ言語文化研究所.

上牧瀬三郎（1940）『ソロン族の社会』東京：生活社.

Poppe, N. N. (1931) *Materialy po solonskomu jazyku*, Leningrad: AN SSSR.

孫竹（1987）『蒙古語族語言詞典』西寧：青海人民出版社.

Tsintsius, V. I. (1977) *Sravnitel'nyi sovar' Tunguso-man'chjurskix jazykov: Materialy k etimologicheskomu slovarju*. Tom II. Leningrad: AN SSSR.

津曲敏郎（1989）「ソロン語」，『言語学大辞典 世界言語編 第 2 巻』東京：三省堂.

―――（編）（1993）『朝克著「エウンキ語基礎語彙集」索引』（ツングース言語文化論集 3）小樽：小樽商科大学言語センター．

―――（1996）「中国・ロシアのツングース諸語」『言語研究』110: 177-90.

ダグール語

山田洋平

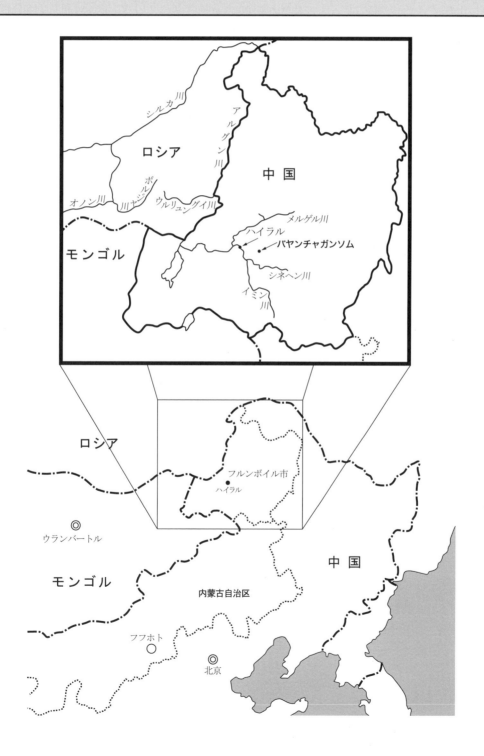

概説

　ダグール語（ダウル、ダウール、ダフールなどとも）はモンゴル語族に属する言語で、現在その主たる話者は中華人民共和国の内モンゴル自治区（内蒙古自治区）フルンボイル市（呼伦贝尔市）モリダワ・ダグール族自治旗（莫力达瓦达斡尔族自治旗）、ハイラル区（海拉尔区）や黒龍江省チチハル市（齐齐哈尔市）、また新疆ウイグル自治区（新疆维吾尔自治区）のタルバガタイ市（塔城市）に分布する。ダグール語の母体となるダグール族の人口は 2014 年の統計で 13 万 1992 人[1]だが、ethnologue によればダグール語の話者人口は 9 万 6100 人と推計されている。4 つの方言に区分され、内モンゴルに分布するものはハイラル方言（約 1 万 5500 人）とブトハ方言（黒龍江省の黒河も含む。約 3 万 5000 人）、黒龍江省チチハル市に分布するチチハル方言（約 3 万 5000 人）、新疆で使用される新疆方言（約 4500 人）がある（それぞれの人口はいずれも ethnologue による）。

　17 世紀中葉ごろにはアムール川北岸に沿うように暮らしていたダグールの人々だが、18 世紀中葉までに現在の黒河、モリダワ周辺、チチハル市、ハイラルへと移住、1763 年にはダグール族の士官 500 名が新疆へ派遣され、おおよそ現在のダグール族の分布が形成された（恩和巴图（編）1988: 13-14）。

　ブトハ方言の使用される内モンゴル自治区フルンボイル盟（当時）モリダワ地区がダグールの人々の中心的な位置づけであったことから、1950 年代に盛んだったダグール語正書法制定に際してはブトハ方言を標準方言と位置付けることが決定された（恩和巴图（編）1988: 21）。ただし、本稿で扱う言語はハイラル方言に属する。ハイラル方言は周囲のモンゴル語族の言語からの影響を被り、他の方言に比べて「モンゴル語に似た」特徴を多く有する。

　ダグール語は数詞や代名詞のほか多くの基礎語彙をモンゴル語と共有しており、文法的な接辞や統語法においてもモンゴル語とよく似た特徴を有している。モンゴル語との違いとして、現代モンゴル語には見られない古い時代のモンゴル語に見られる特徴が保持されている点がよく注目される。中でも 3 人称代名詞に in, aan が使用されるのは現存する他のモンゴル語族の言語には見られない特徴である。しかし本稿で扱うハイラル方言ではこうした「古い特徴」はことごとく失われている。

　ダグール語は無文字であると言われる。これはダグール語を著す書き言葉の習慣があまり定着してこなかったという事実を述べたものである。だが過去にはダグール語を書き著そうとする文人もいたし、ダグール語正書法を制定しようという動きもあった。ダグールの人々は清の時代には満洲語を書き言葉として用い、現在では漢語を書き言葉として用いる。

　清の時代には満洲文字を用いてダグール語を書き著そうとする試みが行われた。19 世紀には詩人アルブタン（alebten）らがダグール語の詩を書き残している。こうしたダグール語の書き言葉はダフール文（达呼尔文）と呼ばれる。

　1950 年代からダグール語正書法を制定しようという機運が高まり、初期にはロシア文字を援用したものが考案されたり、1980 年代にはラテン文字によるピンイン式の正書法が決議、発表されたりしている。公開された資料から窺い知れる正書法制定の裏には議論の紛糾があり、書き言葉の必要性が十分に検討されることはなかったという。結局ピンイン式のダグール語正書法も出版物等に見ることはほとんどない。現在、満洲文字によるダグール語表記に回帰しようというダグールの知識人もいる。

　書き言葉に対する渇望はダグールの人々に語り継がれている次のような民間故事にも残されてい

る。「唐の時代、僧侶が天竺からお経を持ち帰る途中、乗せてもらっていた亀の怒りを買いお経ごと海に沈んでしまった。一部のお経は海岸に流れ着いたので一部の民族は文字を得ることができたが、ダグールの人々はお経を得ることができず文字が得られなかった」。

ダグール語の音素目録

母音音素

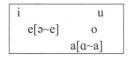

子音音素

		両唇音	歯茎音	後部歯茎音	硬口蓋音	軟口蓋・口蓋垂音
閉鎖音	無声音	p	t			k[k~q]
	有声音	b	d			
摩擦音	無声音	(f)	s	š[ɕ]		x[x~χ]
	有声音					g[ɣ~ʁ~w]
破擦音	無声音			č[tɕ]		
	有声音			j[dʑ]		
流音			l			
			r			
鼻音		m	n[n~ŋ~ɴ]			ŋ
わたり音		w			y	

＊fは借用語にのみあらわれる。

主要接尾辞一覧

（形態素中の大文字アルファベットは、母音調和による異形態があることを示す）

表1　名詞の格接辞

属対格「〜の」「〜を」	-ii
与位格「〜に、で」	-d
具格「〜で」	-AAr
奪格「〜から」	-AAs
共同格「〜と」	-tii
方向格「〜の方へ」	-dAA

表2　動詞の屈折接辞

文末で用いられる	1人称意志「〜しよう」	-yaa
	2人称単数命令「〜せよ」	-ø
	2人称複数命令「〜せよ」	-tuu
	3人称許可「〜してもよい、〜するといいな」	-tgai
	未来意志「後で〜しよう、〜せよ、〜させよ」	-gAAn
	2人称単数未来命令「〜せよ」	-gAAnie
	2人称複数未来命令「〜せよ」	-gAAntie
	非過去「〜する」	-wei
	非過去（否定文で）「〜しない」	-n
	過去「〜した」	-lii 〜 -laa
	完了「〜した」	-sen
	未来「〜する」	-gu
文中で用いられる	並列「〜して」「〜しながら」「〜しに」	-ǰ, -ǰii, -ǰie
	先行「〜してから」	-AAr 〜 -AA
	連結「〜し」	-n
	目的「〜するために」	-gAAnie
	「〜するやいなや」	-guer
	条件「〜するなら」「〜すると」	-AAs
	譲歩「〜しても」	-tgaič
		-yieš
	即時「〜するやいなや」	-mklii
	限界「〜するまで」	-tel
	進行「〜するうちに」「〜しながら」	-rsAAr

表3　述語人称

	単数	複数
1人称	=bi 〜 =bie	=baa
2人称	=š 〜 =ši	=taa
3人称		(=sul)

表4　所属接辞

	単数	複数
1人称	-mini 〜 -min	-maani 〜 -maan
2人称	-šini 〜 -šin	-taani 〜 -taan
3人称	-ini 〜 -in	
再帰	-AA / -mul（強調）	

略号一覧

-: suffix boundary 接辞境界
=: clitic boundary 接語境界
+: word boundary for compound 複合語内の語境界
1, 2, 3: 1st, 2nd, 3rd person 人称
ABL: ablative 奪格
ACC: accusative 対格
ANT: anterior 先行
ASS: associative 連結
CAUS: causative 使役
COM: comitative 共同格
COP: copula コピュラ
COND: conditional 条件
DIR: directional 方向格
D/L: dative-locative 与位格
EMP: emphasis 強調
FUT: future 未来
G/A: genitive-accusative 属対格
GEN: genitive 属格
IMD: immediative 即時
IMP: imperative 命令
INS: instrumental 具格
INTJ: interjection 間投詞
MOM: momentaneous 瞬間
NEG: negative 否定
NOM: nominative 主格
NPST: non-past 非過去
PASS: passive 受身
PERF: perfect 完了
PFV: perfective 完結
PL: plural 複数
POSS: possessive 所属
PROG: progressive 進行
PROH: prohibitive 禁止
PROP: proprietive 所有
PTCL: particle 小詞
Q: interrogative marker 疑問
RDP: reduplication 重複
REFL: reflexive 再帰
SG: singular 単数
SIM: simultaneous 同時
TERM: terminative 限界
VOL: volitional 意志

本文テキスト中、言い淀み、言い差しや言い誤りなどはスラッシュ（/）で囲んで表す。

注
1 Science Portal China『中国統計年鑑 2014 年版』「第二十五章　都市、農村と区域発展 25-19 少数民族分布の主な地区及び人口」
（http://www.spc.jst.go.jp/statistcs/stats2014/index）による。

テキスト 1．大根三姉妹の民話

【語り手】オドンゴワ氏（奥登挂，odengua，漢語名：雪鷹）
1925 年、今のフルンボイル市バヤンチャガン村モホルト（莫和日図）生まれ。社会科学院に勤め、ダグールの民話の蒐集や文字制定の議論にも関わってきた経緯がある。
【収録日】2015 年 7 月 22 日
【収録場所】内モンゴル自治区フフホト市、語り手宅
【解説】大根の姉妹が化け物から命からがら逃れるという内容の民話で、ダグールの他の地域でも広く見られるものである。オドンゴワ氏の口述は物語終盤などにおいて細かな描写が加えられていて、聞き手を飽きさせない工夫がされている。とくに化け物に食べられてしまった母親と妹が虹色の雲に乗って現れ、東の空（神の国、天国があると考えられる）の方へ飛んでいく件はオドンゴワ氏の創作である。

(1) tikeesee   nek   haočin   erin-ii   urgil   tali-ǰ   uk-yaa.   bol-wei=yee?
     それじゃあ   －   古い   時代-G/A   物語   置く-SIM あげる-VOL なる-NPST=Q

  それじゃあ昔の話をしてあげよう。いいかい？

(2) haočiin   haočin   erin-d-ee   nek   daaloob   hooloob   suiloob   gel-sen
     古い   古い   時代-D/L-REFL －   大根   人参   二十日大根 言う-PERF

     guarben   ugin   eg-tii-yee   durbeel-ee   nek   aol-ii   doter   amidaa-ǰ+aa-sen.
     三   娘   母-COM-REFL   四人で-REFL   －   山-G/A   中   暮らす-SIM+COP-PERF

  昔々、大根、人参、二十日大根の三姉妹が母親と四人で山奥に暮らしていたそうな。

(3) tikee   nek   udur   eg-ini   guarben   ugin-d-ee   gel-ǰ+aa-wei.
     そして   －   日   母-3SG.POSS 三   娘-D/L-REFL 言う-SIM+COP-NPST

  ある日、母親が三人の娘に言った。

(4) ene   udur   bii   naaǰil   taitii-šini   nek   uǰ+iš-yaa.
     この   日   1SG.NOM 実家   祖母-2SG.POSS －   見る+行く-VOL

  「今日はお母さん、実家のおばあちゃんに会いに行くから。

(5) minii   yaw-sen   ǰereg-d-mini   taa   guarbuul-aa   haa=č   buu
     1SG.GEN   行く-PERF 間-D/L-1SG.POSS   2PL.NOM   三人で-REFL   どこ=も   PROH
     yaw-tuu.
     行く-IMP.PL

  お母さんがいない間、みんな外に出てはいけないよ。

(6) ul   tani-gu   kuu   ir-ees-ini   eud-ee   buu   nee-ǰ
    NEG   知る-FUT   人   来る-COND-3SG.POSS   戸-REFL   PROH   開ける-SIM

    uk-tu   gel-sen.
    あげる-IMP.PL   言う-PERF

    知らない人が来ても戸を開けないこと」と。

(7) guarben   ugin-ini   hoo   med-sen=baa   gel-ǰ   duat-sen=sul.
    三   娘-3SG.POSS   全部   分かる-PERF=1PL   言う-SIM   残る-PERF=PL

    三人娘はみんな「分かった！」といって留守番した。

(8) tikeer   eg-ini   yaw-sen.
    そして   母-3SG.POSS   行く-PERF

    そして母親は出かけて行った。

(9) yaw-gu-er-ini   ene   guarbuul-aa   eud-ee   geuli-jie=l   ger-ii
    行く-FUT-INS-3SG.POSS   この   三人で-REFL   戸-REFL   鍵する-SIM=EMP   家-G/A

    doter-ini   naade-ǰ+aa-sen.
    中-3SG.POSS   遊ぶ-SIM+COP-PERF

    母が出ていくとすぐに三人は戸に鍵をして、家の中で遊んでいた。

(10) tikeer   keeli-i   uns-ees-ini   eg-ini   ulkee-ǰ   uk-sen   budaa
     そして   お腹-G/A   飢える-COND-3SG.POSS   母-3SG.POSS   残す-SIM   あげる-PERF   ご飯

     utum   čie-yini   ide-ǰ   oo-goor   aa-ǰ+aa-sen.
     ウトゥム 茶-3SG.POSS   食べる-SIM   飲む-ANT   COP-SIM+COP-PERF

     そしてお腹が空いたら母親が用意してくれたご飯やウトゥム（お焼き）を食べたりお茶を飲んだりして過ごした。

(11) tikii   ter   guaid-sen   uwei   nar   ud-ii   dond   bol-sen.
     そして   その   時間がかかる-PERF   NEG   日   昼-G/A   中   なる-PERF

     間もなく昼になり、

(12) tikii   dagii   kiur   aas-aa   nar   wanegtun   bey-d   bol-sen.
     そして   次   暫時   COND-REFL   日   落ちる方   身-D/L   なる-PERF

     すぐに日が暮れ始めた（西になった）。

(13) tikii-geer   aa-ǰ+aa-tel   harengui   bol-ǰ+aa-wei.
     そうする-ANT   COP-SIM+COP-TERM   暗い   なる-SIM+COP-NPST

     そうこうしているうちに暗くなり、

(14) tikeer   ene   guarbuul-aa   gaig-wei.
    それで   この   三人で-REFL   驚く-NPST

三人はおかしいと思った。

(15) meemee-maan   edee   geri   haǰir-gu   uwei   gel-ǰ.
    お母さん-1PL.POSS   今   家   帰る-FUT   NEG   言う-SIM

「お母さんまだ帰ってこないのかな」と。

(16) tikeer   kurčee-ø   kurčee-ø   nar   šinge-sen,   tenger   harengui   bol-sen,
    そして   待つ-SIM   待つ-SIM   日   沈む-PERF   空   暗い   なる-PERF

    od   hoo   gačir-sen.
    星   全部   出てくる-PERF

待ち続けているうちに、日は沈み空は暗くなり、星もすっかり出てしまった。

(17) meemee-yini   haǰir-gu=l   dur   uwei.
    お母さん-3SG.POSS 帰る-FUT=EMP   様子   NEG

お母さんは帰ってくる様子もない。

(18) tikeer   arga   uwei   bol-oor   guarbuul-aa   want-yaa   gel-ǰ   eud-ee   geuli-ǰie
    そして   方法   NEG   なる-ANT   三人で-REFL   寝る-VOL   言う-SIM   戸-REFL   鍵する-SIM

    want-sen=sul.
    寝る-PERF=PL

仕方ないので、「みんなで寝よう」と言って戸締りを確認して寝ることにした。

(19) tikeer   sun-ii   dond   bol-ǰ+aa-gu-d   hol-oos   nek   niš   niš   niš   gel-gu
    そして   夜-G/A   中   なる-SIM+COP-FUT-D/L   遠く-ABL   一   のし   のし   のし   言う-FUT

    alhe-gu   kuli-i   doo   sonse-tte-ǰ+aa-wei.
    歩く-FUT   足-G/A   音   聞く-PASS-SIM+COP-NPST

夜が更けると、遠くから何やらのしのし歩く足音が聞こえてきた。

(20) tikeer   ene   guarbuul-aa   ai-ǰ+aa-wei   yamer   kuu   ir-ǰ+aa-wei
    そして   この   三人で-REFL   恐れる-SIM+COP-NPST   どんな   人   来る-SIM+COP-NPST

    tii   gel-ǰ.
    そう   言う-SIM

三人はおっかなくなってきた。どんな人がやって来るのだろうかと。

(21) tikii   ter   guaid-sen   uwei   ter   kuli-i-yini   horden-ini   eud-ii
    そして   その   時間がかかる-PERF   NEG   その   足-G/A-3SG.POSS   速い-3SG.POSS   戸-G/A

168

eml-ini   kučir-sen.
前-3SG.POSS   着く-PERF

ほどなくその足は戸の前に達した。

(22) tikii-geer   nek   buduun   doo-tii   kuu   ger-ii   beed-ees-ini   ednii
     そうする-ANT   一   大きい   音-PROP   人   家-G/A   外-ABL-3SG.POSS   3PL.G/A

     gel-ǰ+aa-wei.
     言う-SIM+COP-NPST

大きな声でそいつが家の外から言うことには、

(23) daaloob=oo   daaloob=oo   eud-ee   nee-ø.
     大根=よ   大根=よ   戸-REFL   開ける-IMP

「大根や、大根、戸を開けておくれ」

(24) daaloob   sonse-ǰ   bar-aar   šii   minii   meemee-mini   bišin=šie,   bii
     大根   聞く-SIM   終わる-ANT   2SG.NOM   1SG.GEN   お母さん-1SG.POSS   NEG=2SG   1SG.NOM

     šamd   eud-ee   ul   nee-ǰ   uke-n=bie   gel-w.
     2SG.D/L   ドア-REFL   NEG   開ける-SIM   あげる-NPST=1SG   言う-NPST

大根はそれを聞いて「あんたはうちのお母さんじゃない、開けてなんかやらないよ」と言った。

(25) tikeer   ter   kuu   dagii   hooloob=oo   hooloob=oo   eud-ee   nee-ø   gel-w.
     そして   その   人   次   人参=よ   人参=よ   戸-REFL   開ける-IMP   言う-NPST

そこでそいつは次に「人参や、人参、戸を開けておくれ」と言った。

(26) šii   minii   meemee-mini   bišin=šie   bii   šamd   eud-ee   ul
     2SG.NOM   1SG.GEN   お母さん-1SG.POSS   NEG=2SG   1SG.NOM   2SG.D/L   ドア-REFL   NEG

     nee-ǰ   uke-n=bie.
     開ける-SIM   あげる-NPST=1SG

「あんたはうちのお母さんじゃない、開けてなんかやらないよ」（と人参も言った）

(27) kiur   guaidaan   ter   kuu   dagii   gel-ǰ+aa-wei.
     暫時   遅い   その   人   次   言う-SIM+COP-NPST

ちょっと待ってから、そいつは続けて言った。

(28) suiloob=oo   suiloob=oo   eud-ee   nee-ø.
     二十日大根=よ   二十日大根=よ   戸-REFL   開ける-IMP

「二十日大根や、二十日大根、戸を開けておくれ」

(29) suiloob　　　učiiken　bol-gu-er-oo　　　ul　　mede-n.
　　　二十日大根　小さい　　なる-FUT-INS-REFL　NEG　知る-NPST

　　　二十日大根はまだ小さいので何も知らずに、

(30) meemee　　haǰir-sen.　meemee　　haǰir-sen.
　　　お母さん　帰る-PERF　お母さん　帰る-PERF

　　　「お母さんが帰ってきた、お母さんが帰ってきた！

(31) bii　　　　horden　eud-ee　　nee-ǰ　　　uk-yaa.
　　　1SG.NOM　速い　　戸-REFL　開ける-SIM　あげる-VOL

　　　すぐ開けてあげるね。

(32) hol-aas-aa　　　　gui-ǰ　　　boo-wei　　　　gel-ǰ+aa-wei.
　　　遠く-ABL-REFL　走る-SIM　降りる-NPST　言う-SIM+COP-NPST

　　　今急いで行くから」と言った。

(33) tikeer　　ene　hoir　egš-ini　　　　gel-ǰ+aa-wei.
　　　そして　この　二　姉-3SG.POSS　言う-SIM+COP-NPST

　　　二人の姉が言った。

(34) suiloob　　　ul　　bole-n.　　　ene　maanii　　meemee-maan　　　 bišen.
　　　二十日大根　NEG　なる-NPST　これ　1PL.G/A　お母さん-1PL.POSS　NEG

　　　「二十日大根ダメだよ！　それはうちのお母さんじゃないよ！」

(35) tii　　gel-ǰ　　　aa-tl-aa　　　　　deu-yee　　baič-ǰ　　　ǰabde-sen　　　uwei.
　　　そう　言う-SIM　COP-TERM-REFL　妹-REFL　止める-SIM　間に合う-PERF　NEG

　　　そう言ったが、妹を止めることができなかった。

(36) suiloob-ini　　　　　　　hol-aas　　harie-ǰ　　　boo-gu-er　　　　meemee　　haǰir-sen
　　　二十日大根-3SG.POSS　遠く-ABL　跳ねる-SIM　降りる-FUT-INS　お母さん　帰る-PERF

　　　meemee　　haǰir-sen　　gel-ǰ　　　bar-aa　　　eud-ee　　nee-geer　　　uk-sen.
　　　お母さん　帰る-PERF　言う-SIM　終わる-ANT　戸-REFL　開ける-ANT　あげる-PERF

　　　二十日大根は跳び下りて、「お母さんが帰ってきた」と言って戸を開けてしまった。

(37) tikii　　ter　　ir-sen　　　kuu　eud-ii　　teep　tate-ǰ　　bar-aar　　　 waǰir-sen.
　　　そして　その　来る-PERF　人　戸-G/A　グッと　引く-SIM　終わる-ANT　入ってくる-PERF

　　　するとそのやって来た何者かが戸をグッと引いて入って来た。

(38) waǰir-sen   needee   uǰi-ǰ+aa-wei=l.
      入ってくる-PERF   しばらく 見る-SIM+COP-NPST=EMP

入ってきて、しばらく見まわしているようだった。

(39) nek har buduun loutiisee seuder-tii nek kuu waǰir-sen.
      一   黒   大きい 聳え立つ   影-PROP   一   人   入ってくる-PERF

黒くて大きく聳え立つような人影が入ってきたのだ。

(40) tikii-geer   ene daaloob hooloob hoir-ini   ai-ǰ   čikee
      そうする-ANT   この 大根   人参   二-3SG.POSS   恐れる-SIM 静かに

      kerte-ǰ+aa-wei   nembes-ii duatr-aa   suiloob   bas nembes duater-t
      横になる-SIM+COP-NPST   布団-G/A   中-REFL   二十日大根 また 布団   中-D/L

      kert-sen.
      横になる-PERF

そんなもんだから大根と人参は怖くて静かに寝たふりをしていた、布団をかぶって。二十日大根も布団の中に入った。

(41) tikii-geer   guarbuul-aa   aa-ǰ+aa-gu-d-ini   ene   daaloob
      そうする-ANT   三人で-REFL   COP-SIM+COP-FUT-D/L-3SG.POSS   この 大根

      hooloob-ini   uǰ-sn=ee,
      人参-3SG.POSS   見る-PERF=PTCL

そして三人でいたのだが、大根と人参は見た。

(42) erie waǰir-sen   kuu=č=kun   us-ini   ortoo us-tii   /usun-sul/ kii-sen
      INTJ 入ってくる-PERF 人=も=EMP   髪-3SG.POSS   長い   髪-PROP 髪-PL   する-PERF

      buduun biy-tii   pat   har seuder-tii nerii-geer   kučir-sen.   /nerii leutii/
      大きな 体-PROP   EMP   黒   影-PROP   至る-ANT   着く-PERF

あれまあ、入ってきたやつは長ぁい髪をして大きな体に真っ黒な影で、近付いて来た。

(43) tiki-ǰ   bar-aar   huain-ii   keč-d-ini   hitee   keč-d-ini   ir-ǰ
      そうする-SIM   終わる-ANT   北-G/A   側-D/L-3SG.POSS   オンドル 傍-D/L-3SG.POSS   来る-SIM

      bar-aar   nek   uy-ees-ini   daaloob-ii   temiilee-ǰ   uǰ-sen.
      終わる-ANT   一   時-ABL-3SG.POSS 大根-G/A   探す-SIM   見る-PERF

そして北に、寝床のそばに来て大根を探し始めたのだ。

(44) tikee   daaloob=oo   anier uwei baič-sen.
      そこで 大根=EMP   音   無い よく見る-PERF

大根がこっそり様子を見ると、

ダグール語 171

(45) temiilee-ǰ+aa-gu   gar-ini   bas   šii   nariin   gari   buduun   saguur   adil
     探す-SIM+COP-FUT   手-3SG.POSS   また   細い   細い   手   大きい   犂   同じ

     buduun   gari   deer-ini   bas   us-tie.
     大きい   手   上-3SG.POSS   また   毛-PROP

     探している手がまた太くて犂（牛が引く鍬）のように大きくて、上に毛も生えている。

(46) daaloob   ai-ǰ   bar-aar   nembs-eer-ee   utii=kun   butee-geer   kert-sen.
     大根   怖がる-SIM   終わる-ANT   布団-INS-REFL   まさに=EMP   被る-ANT   横になる-PERF

     大根は怖くなって布団をしっかり被って寝たふりをしていた

(47) tikii-geer   dagii   hooloob   tend-ini   ič-ier   bas   temiilee-ǰ+aa-wei.
     そうする-ANT   次   人参   そこ-3SG.POSS   行く-ANT   また   探す-SIM+COP-NPST

     すると今度は人参のところにいってまた探し始めた。

(48) hooloob   bas   ter   buduun   gar-ini   baič-ǰ   uǰ-sen.
     人参   また   その   大きい   手-3SG.POSS   よく見る-SIM   見る-PERF

     人参もその太い手をよく見てみた。

(49) tii-ǰ   bar-aa   nid-ee   čakuur-aar   uǰ-sen-eer-ee   ter
     そうする-SIM   終わる-ANT   目-REFL   はっきりさせる-ANT   見る-PERF-INS-REFL   その

     waǰir-sen   kuu   niǰ-ini   hualgat-tie.
     入ってくる-PERF   人   目-3SG.POSS   疑い-PROP

     そして目を見開いて見たところ、その入ってきたやつの目はギラギラしている。

(50) am-i-ini   uǰ-gu-d   tee   čosen   ulaan   am-tie   pat   har
     口-G/A-3SG.POSS   見る-FUT-D/L   とても   血の   赤   口-PROP   EMP   黒

     gari-d-ini   bas   hoo   us-tie.
     手-D/L-3SG.POSS   また   全て   毛-PROP

     口を見ると血のように赤い口をしていて、真っ黒な手は毛だらけだった。

(51) hooloob   ai-ǰ   bar-aar   nembes-eer   utii=kun   butee-geer   kert-sen.
     人参   怖がる-SIM   終わる-ANT   布団-INS   まさに=EMP   被る-ANT   横になる-PERF

     人参もおっかなくて布団を被って寝たふりをしていた。

(52) tikeer   suiloob-d-ini   ič-ier   temiilee-ǰ   uǰ-sen.
     そして   二十日大根-D/L-3SG.POSS   行く-ANT   探す-SIM   見る-PERF

     最後に二十日大根のところへ行って探して始めた。

(53) suiloob   yoo=č   mede-gu   uwei,   meemee=yee   gel-ǰ   san-ǰ+aa-wei.
    二十日大根   何=も   知る-FUT   NEG   お母さん=Q   言う-SIM   思う-SIM+COP-NPST

    二十日大根は何も知らずに、お母さんかなと思っていた。

(54) tikii-gaar   kiur   guaid-sen   wajir-sen   kuu   dotor-ii   end
     そうする-ANT 暫時   時間がかかる-PERF 入ってくる-PERF   人   中-G/A   ここ

     tok   tok   tok   yaw-ǰ+aa-wei.
     どすん どすん どすん 行く-SIM+COP-NPST

     入って来たやつはしばらく部屋の中をどしどし歩いていた。

(55) tikii-geer   hualki-d-ini   ič-ǰ   bar-aar   ednii   ee-gu   uwei-geer
     そうする-ANT 竈-D/L-3SG.POSS   行く-SIM   終わる-ANT   3PL.G/A   捨てる-FUT NEG-INS

     ulkee-sen   id-gu   jah-ini   aw-čik-ee   tiar   tier   poor   paar
     残す-PERF   食べる-FUT   もの-3SG.POSS   とる-PFV-ANT   むしゃ   むしゃ   ぱく   ぱく

     ide-ǰ+aa-wei=l.
     食べる-SIM+COP-NPST=EMP

     そうして竈のところに行き、三姉妹が残した食べ物をとってむしゃむしゃ食べた。

(56) čad-tl-aa   id-sen.
     満腹する-TERM-REFL   食べる-PERF

     腹いっぱい食べた。

(57) ide-ǰ   bar-aar   ednii   hitee   keč-d-ini   ir-ǰ   bar-aar
     食べる-SIM   終わる-ANT   3PL.G/A   オンドル 傍-D/L-3SG.POSS   来る-SIM   終わる-ANT

     gel-ǰ+aa-wei.
     言う-SIM+COP-NPST

     食べ終わると三姉妹の寝床のそばに来て言った。

(58) yee   keeli   čad-sen,   edee   want-yaa.
     INTJ   お腹   満腹する-PERF   今   寝る-VOL

     「さあお腹いっぱいになったし寝ようかな」

(59) tii-ǰ   bar-aar   gel-ǰ+aa-wei.
     そうする-SIM   終わる-ANT   言う-SIM+COP-NPST

     それから言った。

(60) daaloob=oo   daaloob=oo   namtii   want+ir-ø   gel-w.
     大根=よ   大根=よ   1SG.COM   寝る+来る-IMP   言う-NPST

     「大根や、大根。私と寝においで」と。

(61) šii   minii   meemee-mini   bišen=šie   bii   šamtii   ul
     2SG.NOM   1SG.GEN   お母さん-1SG.POSS   NEG=2SG   1SG.NOM   2SG.COM   NEG

     wante-n=bie.
     寝る-NPST=1SG

     「あんたはうちのお母さんじゃない、私はあんたと寝ないよ」（と大根は言った）

(62) hooloob=oo   hooloob=oo   namtii   want+ir-ø=ee   gel-w.
     人参=よ   人参=よ   1SG.COM   寝る+来る-IMP=EMP   言う-NPST

     「人参や、人参。私と寝においで」

(63) šii   meemee-mini   bišen=šie   bii   šamtii   ul   wante-n=bie.
     2SG.NOM   お母さん-1SG.POSS NEG=2SG   1SG.NOM   2SG.COM   NEG   寝る-NPST=1SG

     「あんたはうちのお母さんじゃない、私はあんたと寝ないよ」（と人参も言った）

(64) suiloob=oo   suiloob=oo   namtii   want+ir-ø=ee   gel-sen.
     二十日大根=よ   二十日大根=よ   1SG.COM   寝る+来る-IMP=EMP   言う-PERF

     「二十日大根や、二十日大根。私と寝においで」と言った。

(65) suiloob-ini   bii   meemee-tii-yee   want-wei   meemee-tii-yee
     二十日大根-3SG.POSS   1SG.NOM   お母さん-COM-REFL   寝る-NPST   お母さん-COM-REFL

     want-wei   gel-wei.
     寝る-NPST   言う-NPST

     二十日大根は「私、お母さんと寝る！　お母さんと寝る！」と言った。

(66) tikii-ǰ   bar-aar   mangie   ir-ø   eud-tee   war-aar   kert-sen.
     そうする-SIM   終わる-ANT   化け物   来る-SIM   戸-DIR   入る-ANT   横になる-PERF

     そうすると化け物が来て部屋に入ると寝転んだ。

(67) tiki-ǰ   bar-aar   mangie   doogor-gu   uwei.
     そうする-SIM   終わる-ANT   化け物   音を出す-FUT   NEG

     そうして化け物は静かになった。

(68) ene   suiloob   bas   ene   meemee=yee   gel-ǰ   san-ǰ+aa-w.
     この   二十日大根   また   これ   お母さん=Q   言う-SIM   思う-SIM+COP-NPST

     二十日大根はやっぱりお母さんかなと思っていた。

(69) unen-d-ee   ene-šini   mangie.
     本当-D/L-REFL   これ-2SG.POSS   化け物

     本当のところこれは化け物だった。

(70) ene   nek   med-sen-šini   ene   meemee-yini   haǰir-gu   tergel-d   mood-ii
    この   一   知る-PERF-2SG.POSS   この   お母さん-3SG.POSS 帰る-FUT   道-D/L   森-G/A

    dond-oor   gačir-gu   ger-t-ee   haǰir-yaa   gel-ǰ   gačir-ǰ+aa-gu-d-ini
    中-INS   出てくる-FUT 家-D/L-REFL   帰る-VOL   言う-SIM   出てくる-SIM+COP-FUT-D/L-3SG.POSS

    šigee   mood-ii   dond-aas   nek   mangie   gačir-aar   ene   eg-i-ini
    森   木-G/A   中-ABL   一   化け物   出てくる-ANT   この   母-G/A-3SG.POSS

    ide-čik-sen.
    食べる-PFV-PERF

実は、母親は帰る道すがら、森を出て家へ帰ろうとすると森から化け物が出てきて食べられてしまったのだ。

(71) teer   ene   edee   meemee-taani=bie   gel-ǰ   ondloo-ǰ   ir-ǰ+aa-wei.
    あれ   これ   今   お母さん-2PL.POSS=1SG   言う-SIM   騙す-SIM   来る-SIM+COP-NPST

そしてこいつは今、母親だと騙ってやってきたのだ。

(72) daaloob   hooloob   hoir   mede-ǰ+aa-wei.
    大根   人参   二   知る-SIM+COP-NPST

大根と人参は気付いていた。

(73) ene   edee   maanii   meemee-maan   bišen.
    これ   今   1PL.G/A   お母さん-1PL.POSS   NEG

これは私たちのお母さんじゃない。

(74) meemee-maani   ene-d   ide-tte-sen   gel-ǰ   ter   edee   med-sen=sul.
    お母さん-1PL.POSS   これ-D/L   食べる-PASS-PERF   言う-SIM   あれ   今   知る-PERF=PL

お母さんはこいつに食べられたんだ、と気付いた。

(75) daaloob   hooloob-d-oo   gel-ǰ+aa-wei.
    大根   人参-D/L-REFL   言う-SIM+COP-NPST

大根は人参に言った。

(76) ene-šini   meemee-maan   bišen   mangie   gel-sen-šini   en-ii
    これ-2SG.POSS   お母さん-1PL.POSS   NEG   化け物   言う-PERF-2SG.POSS   これ-G/A

    gel-ǰ+aa-wei.
    言う-SIM+COP-NPST

「これはお母さんじゃないよ、化け物だ」と言うと、（人参も）こう言った。

(77) ene   edee   mangie=baa.
    これ   今   化け物=PTCL

「これはやっぱり化け物かなぁ…」

(78) tikeer   ene   suiloob   ul=č   mede-n   meemee=yee   gel-ǰ   mangie-tii
     そして   この   二十日大根   NEG=も 知る-NPST お母さん=Q   言う-SIM 化け物-COM

     want-sen.
     寝る-PERF

     そうとはつゆ知らず、二十日大根はお母さんかなと（思って）化け物と寝てしまった。

(79) tee   kiur   guaidaan   mangie   tikeer   hoor   hoor   hoškir-ǰ   aw-aar
     そして   暫時   経過   化け物   そして   ぐう   ぐう   鼾する-SIM 取る-ANT

     wante-ǰ+aa-wei.
     寝る-SIM+COP-NPST

     そしてしばらくの間、化け物もぐうぐうと鼾をかきながら眠っていた。

(80) daaloob   hooloob   hoir   ai-gaa   čikee   kert-ǰ+aa-wei.
     大根   人参   二   恐れる-ANT 静か   横になる-SIM+COP-NPST

     大根と人参は怖くて声も出せずに横になったまま、

(81) kudul-gu-e   hoo   ee-ǰ+aa-wei=sul.
     動く-FUT-REFL   すべて やめる-SIM+COP-NPST=PL

     動かずにじっとしていた。

(82) suiloob   mede-gu=č   uwei   meemee=yee   gel-ǰ   san-aar   eur-ii   doter
     二十日大根   知る-FUT=も   NEG   お母さん=Q   言う-SIM 思う-ANT 胸-G/A   中

     wante-ǰ+aa-w.
     寝る-SIM+COP-NPST

     二十日大根は知りもせず、お母さんかなと思いつつ（化け物の）胸の中で寝ていた。

(83) tii   genetken   tikeer   suni   bol-gu-d   mangie   seš-sen   imee   ter.
     すると 突然   そうして   夜   なる-FUT-D/L 化け物   起きる-PERF のだ   それ

     すると突然、夜遅くなると化け物が目を覚ましたのだ、そいつが。

(84) tikeer   en   daaloob   hooloob   edee   yoo   kii-wei=dee   gel-ǰ   kurčee-ǰ
     そして   この   大根   人参   今   何   する-NPST=PTCL 言う-SIM 待つ-SIM

     aa-tel   harii   kapuur   kapuur   kapuur   kapuur   yekii   ǰeǰir-gu   doo
     COP-TERM   しかし   がぶり   がぶり   がぶり   がぶり   もの   噛む-FUT   音

     sonso-tte-ǰ+aa-wei.
     聞く-PASS-SIM+COP-NPST

     そして大根と人参は、（化け物が）何を始めるのかじっと待っていた。するとなんと、がぶり

むしゃむしゃと何か嚙んでいる音が聞こえてきた。

(85) tikeer　　daaloob　　hooloob-d　　gel-ǰ+aa-wei.
　　 そして　　大根　　　人参-D/L　　　言う-SIM+COP-NPST

そこで大根は人参に言った。

(86) ene　mangie　yoo　ide-ǰ+aa-wei　　　　 gel-ø　　asoo-ǰ　　uǰ-yaa.
　　 この　化け物　　何　　食べる-SIM+COP-NPST　言う-SIM　尋ねる-SIM　見る-VOL

「化け物が何を食べているのか聞いてみよう」

(87) tee　　hoyool　asoo-ǰ+aa-w.
　　 そして　二人で　尋ねる-SIM+COP-NPST

そして二人で聞いてみた。

(88) meemee　　meemee　　šii　　　yoo　ide-ǰ+aa-w=šie.
　　 お母さん　　お母さん　　2SG.NOM　何　　食べる-SIM+COP-NPST=2SG

「お母さん、お母さん、何を食べているの？」

(89) teeseer　mangie　gel-ǰ+aa-wei.
　　 すると　　化け物　　言う-SIM+COP-NPST

すると化け物は答えた。

(90) naaǰil-aas-aa　　ačir-sen　　　　nariin　loob　beeǰin-ees　ačis-sen　　　　buduun　loob.
　　 実家-ABL-REFL　持ってくる-PERF　細い　　大根　　北京-ABL　　持ってくる-PERF　太い　　　大根

「実家から持ってきた細い大根、北京から持ってきた太い大根」

(91) tikeer　　daaloob　　hooloob-d　　gel-ǰ+aa-wei.
　　 そして　　大根　　　人参-D/L　　　言う-SIM+COP-NPST

大根は人参に言った。

(92) ene　yamer　loob　aa-wei　　　yoo...
　　 これ　どんな　大根　　COP-NPST　何...

「どんな大根だというんだろう。」

(93) baa　　　nek　aw-ǰ　　　uč-yaa.
　　 1PL.NOM　一　　取る-SIM　見る-VOL

一つ見せてもらおう。

ダグール語　177

(94) yamer   loob-iiye   iimer   kepur   kepur   ide-ǰ+aa-wei.
    どんな 大根-G/A   こんな がぶり がぶり 食べる-SIM+COP-NPST

    どんな大根をがぶりがぶり食べているっていうんだろう」

(95) tee   meemee   meemee   ter   ide-ǰ+aa-gu   loob-oo   maand   nek
    そこで お母さん お母さん その 食べる-SIM+COP-FUT 大根-REFL 1PL.D/L 一

    uk-ø=ee.
    あげる-IMP=EMP

    そこで「お母さんお母さん、その食べている大根を私たちにもちょうだい」と（言った）。

(96) taa   bas   id-tuu.
    2PL   また 食べる-IMP.PL

    「お前たちも食べなさいな、

(97) ene   beeǰin-ees   ačir-sen   buduun   loob   naaǰir-aas-aa   ačir-sen
    この 北京-ABL   持ってくる-PERF 太い   大根   実家-ABL-REFL   持ってくる-PERF

    nariin   loob-ini   unen   antii=šie.
    細い   大根-3SG.POSS 本当に おいしい=2SG

    この北京から持ってきた太い大根、実家から持ってきた細い大根、ほんとにおいしいから」

(98) tii-ǰ   bar-aar   ter   loob-oos-oo   loob-oo-mul   tes   kii-tel
    そうする-SIM 終わる-ANT それ 大根-ABL-REFL 大根-REFL-REFL ぼきっ する-TERM

    čahloo-gaar   ene   hoir-t   bari-lgaa-sen.
    折る-ANT   これ 二-D/L 取る-CAUS-PERF

    そしてその大根をボキッと折って二人に取らせた。

(99) edee   ene   hoir   bari-er   uǰi-sen-šini   suiloob-ii   horoo-yini   gar-ii
    今   この 二   取る-ANT   見る-PERF-2SG.POSS 二十日大根-G/A 指-3SG.POSS 手-G/A

    horoo-yini.
    指-3SG.POSS

    二人が取ってみると、それは二十日大根の手の指であった。

(100) tikii-geer   daaloob   anier   uš   hooloob-d-oo   gel-ǰ+aa-wei.
     そうする-ANT 大根   音   小さい 人参-D/L-REFL   言う-SIM+COP-NPST

     そこで大根は小声で人参に言った。

(101) ene   mangie   deu-yii-gaa   suiloob-ii   ide-ǰ+aa-wei.
     この 化け物 妹-G/A-REFL   二十日大根-G/A 食べる-SIM+COP-NPST

     「こいつ、妹の二十日大根を食べているんだ。

(102) al-ǰ   bar-aar   edee   ene   horoo-yini   loob   gel-ǰ   maanii
      殺す-SIM   終わる-ANT   今   この   指-3SG.POSS 大根   言う-SIM 1PL.G/A

   ontloo-ǰ+aa-wei.
   騙す-SIM+COP-NPST

   殺して、指を大根だって言って私たちを騙そうとしているんだ。

(103) ker   kii-w=baa.
      どう   する-NPST=1PL

   どうしよう！？

(104) ee   hoyool-oo   gargaa-ǰ...   orge-ǰ   yaw-yaa   gel-ǰ
      INTJ   二人で-REFL   出す-SIM   逃げる-SIM   行く-VOL   言う-SIM

   よし、二人で逃げよう！」と。

(105) tikeer   mangie   ter   suiloob-ii   yas   horoo   yekii   kepur   kepur   kepur   kepur
      そして   化け物   その 二十日大根-G/A   骨   指   もの   がぶり   がぶり   がぶり   がぶり

   id-seer   keeli-ni   hoo   čad-sen.
   食べる-PROG   お腹-3SG.POSS   全て   満腹する-PERF

   化け物はその二十日大根の骨や指をむしゃりむしゃり食べてお腹いっぱいになると、

(106) tikii   bar-aar   want-sen.
      そして 終わる-ANT   寝る-PERF

   寝てしまった。

(107) hoor   hoor   haškir-ǰ+aa-tel   want-ǰ+aa-wei.
      ぐう   ぐう   鼾をかく-SIM+COP-TERM   寝る-SIM+COP-NPST

   ぐうぐう鼾をかいて寝てしまった。

(108) tikeer   daaloob   gel-ǰ+aa-wei.
      そして   大根   言う-SIM+COM-NPST

   そこで大根は言った。

(109) tikeer   mangie   want-sen   ǰereg-d   yag   hoyool-oo   edee   org-ǰ   yaw-yaa.
      そして   化け物   寝る-PERF   間-D/L   ちょうど 二人で-REFL   今   逃げる-SIM   行く-VOL

   「化け物が寝ている今のうちに、二人でさあ逃げよう」

(110) teer   hooloob=č   gel-sen.
      その   人参=も   言う-PERF

そこで人参も言った。

(111) yoo   ači-ǰ   yaw-wei=baa.
      何   持つ-SIM   行く-NPST=1PL

「私たち、何を持っていったらいい？

(112) hoosen   gari-er-aa   ker   yaw-wei=baa.
      空の   手-INS-REFL   どう   行く-NPST=1PL

何も持たずになんか行けないよ」

(113) tee   daaloob   gel-ǰ+aa-wei.
      そこで   大根   言う-SIM+COP-NPST

大根は答えた。

(114) maanii   meemee-yii-maan   ulkee-sen   bulk-ii   neem-ini   bei=bitee.
      1PL.GEN   お母さん-G/A-1PL   残す-PERF   鏡-G/A   箱-3SG.POSS   ある=PTCL

「私たちのお母さんの残した化粧台があるでしょ。

(115) yoo   meemee   bulk-ii   neem-ees   bišin   ǰah   uwei.
      何   お母さん   鏡-G/A   箱-ABL   他   もの   NEG

お母さんは残してくれたものは化粧台以外に無い。

(116) yoo=č   uwei   aa-sen.
      何=も   NEG   COP-PERF

何も無かった。

(117) bulk-ii   neem-i-ini   aw-aar   yaw-yaa   gel-wei.
      鏡-G/A   箱-G/A-3SG.POSS   取る-ANT   行く-VOL   言う-NPST

だから化粧台を持っていこう」と言った。

(118) tii-ǰ   bar-aar   hoyool-oo   anier   uwei   bos-oor   horg-ii   deer-ee
      そうする-SIM   終わる-ANT   二人で-REFL   音   NEG   起きる-ANT   箪笥-G/A   上-REFL

      tali-ǰ+aa-sen   meemee-yii   bulk-ii   neem-ini   aw-aar   anier   uwei
      置く-SIM+COP-PERF   お母さん-G/A   鏡-G/A   箱-3SG.POSS   取る-ANT   音   NEG

      čumuurken   hoyool-oo   eud-ee   nee-geer   gar-aar   yaw-sen.
      軽快に   二人で-REFL   戸-REFL   開ける-ANT   出る-ANT   行く-PERF

そうしてから、そーっと箪笥の上にあるお母さんの化粧台をもって、そろりそろりと素早く戸を開けて家を抜け出したのだった。

(119) gač-č   yaw-aar   /hobile-n.../   nar   garkuutun   bey-d   tee   gui-ǰ+aa-wei.
      出る-SIM   行く-ANT   日   出る   方-D/L   そう   走る-SIM+COP-NPST

      ǰiu   meemee-dee-yee.
      つまり   お母さん-DIR-REFL

出ていって東のほうへ走った。お母さんの方へ、

(120) aan   utkaa   gui-sen   gui-sen=ee.
      3PL   それで   走る-PERF   走る-PERF=PTCP

二人はうんと走った走った。

(121) mangie   ene   hoir-ii   yaw-sen-ini   med-sen.
      化け物   この 二-G/A   行く-PERF-3SG.POSS   知る-PERF

化け物はこの二人に逃げられたことに気付いて、

(122) mangie   bos-ǰ   bar-aar   ene   hoir-ii   huain-aas-ini   negldee-ǰ
      化け物   起きる-SIM   終わる-ANT   この   二-G/A   後ろ-ABL-3SG.POSS   追い駆ける-SIM

      ǰar-ǰ   ir-ǰ+aa-wei.
      追う-SIM   来る-SIM+COP-NPST

起き上がるとこの二人を後ろから追っ駆けて来て、

(123) teer   mangie   gašiki-ǰ+aa-wei.
      その   化け物は   怒鳴る-SIM+COP-NPST

何やら叫んでいる。

(124) daaloob=oo   hooloob=oo   haana   ič-ǰ+aa-wei=taa.
      大根=よ   人参=よ   どこ   行く-SIM+COP-NPST=2PL

「大根、人参よーい！ お前たちどこに行くんだ！

(125) namii   kurčee-tuu.
      1SG.ACC   待つ-IMP.PL

私を待っておくれよ！

(126) buu   gui-tuu.
      PROH   走る-IMP.PL

走らないでおくれよ！

(127) bii   taanii   huain-aas-taani   ir-ǰ+aa-w=bie.
      1SG.NOM   2PL.G/A   後ろ-ABL-2PL.POSS   来る-SIM+COP-NPST=1SG

お母さん、あんたたちの後ろにいるからね。

(128) meemee-yee　　kurčee-tuu　　gel-ǰ+aa-wei.
　　　お母さん-REFL　待つ-IMP.PL　　言う-SIM+COP-NPST

お母さんを待っておくれ」と言っている。

(129) daaloob　　gel-ǰ+aa-w.　　　　ul　　bole-n.
　　　大根　　　言う-SIM+COP-NPST　NEG　なる-NPST

大根は言う。「ダメだよ、

(130) kurčee-ǰ　　ul　　bole-n.
　　　待つ-SIM　NEG　なる-NPST

止まっちゃダメ。

(131) maanii　　negend　　ǰol-oos-oo　　　　edee　bari-ǰ　　id-wei.
　　　1PL.G/A　一緒に　　剥く-COND-REFL　今　　掴む-SIM　食べる-NPST

あいつは私たちを一緒に剥いて食べてしまう気だ。

(132) horden　gui-yaa.
　　　速い　　走る-VOL

もっとはやく走らないと！」

(133) tikeer　　hoyool-oo　　　gui-ǰ=l+aa-wei　　　　　　gui-ǰ=l+aa-w.
　　　そして　二人で-REFL　走る-SIM=EMP+COP-NPST　走る-SIM=EMP+COP-NPST

そして二人は走った走った。

(134) mangie　　biy-ini　　　　bas　undur　bas　kuč-tie.
　　　化け物　　体-3SG.POSS　また　高い　また　力-PROP

化け物は背丈も大きく力強く、

(135) alhe-gu-ini　　　　　　bas　alhe-gu　　　kuč=l　　bas　ig.
　　　歩く-FUT-3SG.POSS　また　歩く-FUT　力=EMP　また　大きい

歩くのも歩く力も大きくて、

(136) ee　　horden　kuli-ni　　　　bas　horden.
　　　INTJ　速い　　足-3SG.POSS　また　速い

速い、足も速い。

(137) ene　hoir-ii-šin　　　　　negend　edee　/duai.../　wairhen　bol-ǰ=l+aa-wei.
　　　この　二-G/A-2SG.POSS　一緒　　今　　　　　　　　近い　　なる-SIM=EMP+COP-NPST

もう二人のすぐそばまで来ている。

(138) bari-n　　　muč　　bari-n　　　muč　　kii-ǰ+aa-wei.
　　　捕まえる-ASS　危うく　捕まえる-ASS　危うく　する-SIM+COP-NPST

　　　何度も寸でのところで捕まりそうになった。

(139) gel　　gel　　baič-č+aa-wei　　ene　　edii　　horm-aas-ini.
　　　危うく　危うく　止める-SIM+COP-NPST　この　3PL.G/A　裾-ABL-3SG.POSS

　　　あわや掴まれるところだった、服の裾が。

(140) tii-ǰ　　　　bar-aar　　daaloob　　bend-sen.
　　　そうする-SIM　終わる-ANT　大根　　　慌てる-PERF

　　　そんなものだから大根は慌てて、

(141) meemee-yee　　bulku-i　　neem-i-ni　　　　daib-ini　　　tate-ǰ　　aw-ǰ　　　bar-aar
　　　お母さん-G/A　鏡-G/A　　箱-G/A-3SG.POSS　蓋-3SG.POSS　引く-SIM　取る-SIM　終わる-ANT

　　　san-ini　　　　gargaa-sen.
　　　櫛-3SG.POSS　　出す-PERF

　　　母さんの化粧台の蓋を開けて櫛を出した。

(142) san-nini　　　　gargaa-ǰ　　bar-aar　　　ene　　meemee-yii-maani　　　　baitel-sen
　　　櫛-3SG.POSS　　出す-SIM　　終わる-ANT　この　お母さん-G/A-1PL.POSS　　使う-PERF

　　　san-ii-nee　　　　　hobil-n　　　nek　šigee　mood　bol-ǰ　　　uk-ø=ee.
　　　櫛-G/A-3SG.POSS　　変わる-ASS　一　　森　　　木　　なる-SIM　あげる-IMP=EMP

　　　櫛を取り出して、「お母さんの使っていた櫛よ、変身して森になってちょうだい」

(143) tii　　gel-ǰ　　　bar-aar　　　ter　　san-nii　　eki-i　　　deeguer　　bari-ar　　　huain-daa-yaa
　　　そう　言う-SIM　終わる-ANT　その　櫛-G/A　　頭-G/A　　上から　　　掴む-ANT　　後ろ-DIR-REFL

　　　nek=l　　　ošk-sen.
　　　一=EMP　　投げる-PERF

　　　そう言うと、櫛を頭の上から掴んで後ろに投げた。

(144) tikeer　　　san-nini　　　　gaǰir　tes-meklii　　maašan　　　nek　mood　šigee　bol-sen.
　　　そうすると　櫛-3SG.POSS　　地面　　刺さる-IMD　すぐに　　　一　　木　　森　　なる-PERF

　　　櫛は地面に落ちるやいなや、森になった。

(145) mood　šigee　bol-sen-d　　　mangie　gel-ǰ+aa-wei.
　　　木　　森　　なる-PERF-D/L　化け物　言う-SIM+COP-NPST

　　　森が現れたのを見て化け物は言った。

(146) oo   haan-aas   iimer   mood   šigee   gačir-sen.
　　　INTJ   どこ-ABL   こんな   木   森   出てくる-PERF

「なんだ、どこからこんな森が出てきたんだ」

(147) edee   ene   daaloob   hooloob-ini   negent   edee   org-gu-o   ee-ǰ+aa-wei.
　　　今   この   大根   人参-3SG.POSS   すでに   今   逃げる-FUT-REFL   やめる-SIM+COP-NPST

そこで大根と人参はすでに逃げる足を止めてみた。

(148) tikii-geer   mangie   ter   šigee... mood   šigee   duater-ini   war-ǰ   bar-aar
　　　そうする-ANT   化け物   その   森   木   森   中-3SG.POSS   入る-SIM   終わる-ANT

　　　yaw-ǰ...   mangie   aidug   kuč-tii   buduun   tii   bol-gu-or   nariin   mood-ini
　　　行く-SIM   化け物   とても   力-PROP   大きい   そう   なる-FUT-INS   細い   木-3SG.POSS

　　　čak   čak   čakloo-ǰ+aa-wei.
　　　ぼき   ぼき   折る-SIM+COP-NPST

化け物はその森に入ったが、化け物はすごく強い。細い木はぼきぼき折っている。

(149) oǰoor-oor-ini   tat-ǰ+aa-wei.
　　　根-INS-3SG.POSS   引く-SIM+COP-NPST

根っこから引き抜いている。

(150) buduun   mood-ini   kerč-ǰ   wanegaa-ǰ+aa-wei.
　　　太い   木-3SG.POSS   切る-SIM   倒す-SIM+COP-NPST

太い木は切り倒している。

(151) tikeer   amisgaa-ǰ+aa-wei.
　　　そうして   呼吸する-SIM+COP-NPST

そして息を荒らげている。

(152) oordoo-ǰ+aa-wei.
　　　怒る-SIM+COP-NPST

怒っているようだ。

(153) tii   aa-tel   mangie   kuč-tie.
　　　そう   COP-TERM   化け物   力-PROP

それぐらい化け物は強かったんだ。

(154) ene   mood   šigee   horden   gačir-ǰ   bar-aar   metur=wul   daaloob
　　　この   木   森   速い   出てくる-SIM   終わる-ANT   まさに=EMP   大根

```
        hooloob     hoir-ii    negeldee-ǰ+aa-wei.
        人参        二-G/A     追う-SIM+COP-NPST
```
森を抜けるとすぐに大根と人参を追い始めた。

(155)   tee   mutur   edee   daaloob=oo   hooloob=oo   edee=kunee   mood   šigee-d
        それで   まさに   今   大根=よ   人参=よ   今=EMP   木   森-D/L

        saat-sen=bie.
        邪魔になる-PERF=1SG

そして、「大根よーい、人参よーい。たった今、森に邪魔されちまって、

(156)   edee   taanii   horden   horden   aišil-ǰ   ir-ǰ+aa-wei.
        今   2PL.G/A   速い   速い   助ける-SIM   来る-SIM+COP-NPST

今あんたたちを急いで助けに行くからね。

(157)   namii   kurčee-tu   gel-ǰ+aa-w.
        1SG.ACC   待つ-IMP.PL 言う-SIM+COP-NPST

待っておくれよ」と言ったんだと。

(158)   edee   daaloob   gel-ǰ+aa-wei.
        今   大根   言う-SIM+COP-NPST

また大根が言う。

(159)   ul   bole-n   kurčee-ǰ   ul   bole-n.
        NEG   なる-NPST   待つ-SIM   NEG   なる-NPST

「ダメだよ、待ってはいけない。

(160)   horden   gui-yaa.
        速い   走る-VOL

はやく走るよ」

(161)   teer   hoyool-oo   gui-ǰ=l+aa-wei=sul.
        そして   二人で-REFL 走る-SIM=EMP+COP-NPST=PL

そして二人は走り続けた。

(162)   gui-ǰ+aa-sen=ee   mangie   kuli-ni   horden.
        走る-SIM+COP-PERF=EMP   化け物   足-3SG.POSS   速い

走っているが、化け物の足も速い。

(163) ene   hoir-ii   hoin-aas-ini   negeldee-ø   wairt-see.[1]
     この   二-G/A   後ろ-ABL-3SG.POSS   追う-SIM   近付く-PERF

二人の後ろから追って近づいてくるではないか。

(164) tiki-ǰ   bar-aar   bari-n   muč   bari-n   muč   kii-ǰ+aa-wei.
     そうする-SIM   終わる-ANT   捕まえる-ASS   危うく   捕まえる-ASS   危うく   する-SIM+COP-NPST

そうしてやはり何度もあと少しのところで捕まりそうになった。

(165) tii-ǰ   bar-aar   hooloob-ini   bulku-i   neem-ini   nee-ǰ
     そうする-SIM   終わる-ANT   人参-3SG.POSS   鏡-G/A   箱-3SG.POSS   開ける-SIM

     bar-aar   meemee-yee   sunku-ni   gargaa-sen.
     終わる-ANT   お母さん-REFL   櫛-3SG.POSS   出す-PERF

そこで今度は人参が化粧台を開けて、お母さんの櫛[2]を取り出した。

(166) sunku-ni   gargaa-ǰ   bar-aar   gel-ǰ+aa-wei.
     櫛-3SG.POSS   出す-SIM   終わる-ANT   言う-SIM+COP-NPST

櫛を出して言うことには、

(167) sunk=ee   sunk=ee   en-šin   meemee-mini   baitel-sen   sunk-ine.
     櫛=よ   櫛=よ   これ-2SG.POSS   お母さん-1SG.POSS   使う-PERF   櫛-3SG.POSS

「櫛よ櫛。これはお母さんの使っていた櫛。

(168) aa   urkun   mood   šigee   bol-ǰ   uk-ø.
     INTJ   密生した   木   森   なる-SIM   あげる-IMP

深い森になってちょうだい！

(169) edee   mangie   maanii   bari-ǰ   id-wei   gel-ǰ+aa-wei.
     今   化け物   1PL.G/A   つかむ-SIM   食べる-NPST   言う-SIM+COP-NPST

もう化け物につかまって食べられてしまいそうなの」

(170) gel-ǰ   bar-aar   ter   sunk-ee   bari-er   eki-d   deegeer   huai-daa-yaa
     言う-SIM   終わる-ANT   その   櫛-REFL   つかむ-ANT   頭-D/L   上から   後ろ-DIR-REFL

     nek=l   ošikii-sen.
     一=EMP   投げる-PERF

そう言うと、櫛を頭の上から後ろに投げた。

(171) tee   ter   sunku-ni   gaǰir-d   tes-meklii   nek   uškuun   mood   šigee
     そして   その   櫛-3SG.POSS   地面-D/L   刺さる-IMD   一   密生した   木   森

bol-sen.
なる-PERF

櫛が地面に刺さると深い森になった。

(172) tikeer   mangie   gel-ǰ+aa-wei.
    そして   化け物   言う-SIM+COP-NPST

化け物は言った。

(173) oo   haan-aas   aidug   uškun=l   mood   šigee   gačir-sen   yumoo.
    INTJ   どこ-ABL   とても   密生した=EMP   木   森   出てくる-PERF   のだ

「なんだどこからこんなジャングルが出てきたんだ。

(174) bii   edee   daaloob   hooloob   keǰee   guičee-ǰ   šade-w=bie.
    1SG.NOM   今   大根   人参   いつ   追いつく-SIM   できる-NPST=1SG

俺はもういつになったら大根と人参に追いつけるんだ」

(175) tiki-ǰ   bar-aa   ter   ušken   mood   šigee   doter-ini   war-ǰ
    そうする-SIM   終わる-ANT   それ   密生した   木   森   中-3SG.POSS   入る-SIM
    bar-aar   mutur   nariin   mood-ii   čak   čak   čakloo-ǰ+aa-wei.
    終わる-ANT   まさに   細い   木-G/A   ぼき   ぼき   折る-SIM+COP-NPST

そうして深い森に入るとやはり細い木をぼきぼき折って、

(176) goigu-or-ini   malt-ǰ+aa-wei.
    低木-INS-3SG.POSS   掘る-SIM+COP-NPST

低木は掘り返して、

(177) oǰoor-oor-ini   tat-ǰ+aa-wei.
    根-INS-3SG.POSS   引く-SIM+COP-NPST

根っこから引き抜いて、

(178) buduun   mood-ini   tulki-ǰ   wanagaa-ǰ+aa-wei.
    太い   木-3SG.POSS   押す-SIM   倒す-SIM+COP-NPST

太い木は押して倒して、

(179) ee   hee   gel-ǰ   amisgaa-ǰ+aa-gaar   negelde-ǰ+aa-wei.
    はあ   はあ   言う-SIM   呼吸する-SIM+COP-ANT   追う-SIM+COP-NPST

はあはあ息を切らしながら追ってきている。

(180) kiur   tee   ter   ušken   šigee   doter-aas   gar-aar   ir-sen.
     暫時   そして   その   密生した   森   中-ABL   出る-ANT   来る-PERF

そしてすぐに深い森からも出て来てしまった。

(181) tigeer   edee   gui-ǰ+aa-wei.
     そして   今   走る-SIM+COP-NPST

もう走り始めていて、

(182) daaloob   hooloob   bend-ǰ+aa-wei.
     大根   人参   焦る-SIM+COP-NPST

大根と人参は慌てた。

(183) edee   ker   kii-w=baa.
     今   どう   する-NPST=1PL

「もう、どうしたらいいの？」

(184) tee   uǰ-sen-šini   harie   tenger   gui-ǰ+aa-wei.
     そして   見る-PERF-2SG.POSS   しかし   空   走る-SIM+COP-NPST

見るとなんと空を走っているではないか。

(185) ert   bas   hoo   ilaan-ini   moo   bol-ǰ+aa-wei.
     朝   また   全て   光-3SG.POSS   悪い   なる-SIM+COP-NPST

朝の光も悪くなっている。

(186) tikee   daaloob   gel-ǰ+aa-wei.
     そして   大根   言う-SIM+COP-NPST

大根は言った。

(187) edee   tenger   gui-ǰ+aa-wei.
     今   空   走る-SIM+COP-NPST

「あいつ、空まで走っているよ。

(188) mangie   edee   maanii=kee   gešken   uji-ǰ   šad-wei.
     化け物   今   1PL.G/A=EMP   はっきり   見る-SIM   できる-NPST

私たちのことも見られてしまうよ。

(189) ker   kii-w=baa.
     どう   する-NPST=1PL

どうしよう！」

(190) tii　　　aas-aa　　　　horden　gui-yaa.
　　　そう　　COND-REFL　　速い　　走る-VOL

「それじゃあ、はやく走るしかないよ」

(191) hoyool-oo　　horden　horden　gui-ǰ=l+aa-wei　　　　gui-ǰ=l+aa-wei.
　　　二人-REFL　　速い　　速い　　走る-SIM=EMP+COP-NPST　走る-SIM=EMP+COP-NPST

二人して急いで急いで走りに走った。

(192) tikii-tel-ini　　　　　　tenger　antken　gegeeken　bol-ǰ+aa-wei.
　　　そうする-TERM-3SG.POSS　空　　　突然　　明るい　　なる-SIM+COP-NPST

すると、空が突然明るくなった。

(193) arie　huain-daa　ergi-ǰ　　uji-sen-šini　　　　mangie　čikee　/tes sui-sen/　ort
　　　INTJ　後ろ-DIR　　返る-SIM　見る-PERF-2SG.POSS　化け物　とても　　　　　　　　長い

us-ee　　šor-sen.
髪-REFL　引く-PERF

後ろを向いてみると、ああ、化け物が長い髪を引いたんだ。

(194) am-ini　　　　čikee　čosen　ulaan　am-tii.
　　　口-3SG.POSS　とても　血の　　赤　　　口-PROP

口は何とも血のような赤い口をしている。

(195) hoir　nid-ini　　　　uǰ-sen-šini　　　　　huangaataas　hoo　ig.
　　　二　　目-3SG.POSS　見る-PERF-2SG.POSS　疑い　　　　　全て　大きい

二つの目は見るとギラギラ大きい。

(196) bey-inee　　　čikee　buduun　us　bey-d-ini　　　　hoo　har　us-tii.
　　　体-3SG.POSS　とても　大きい　毛　体-D/L-3SG.POSS　全て　黒　毛-PROP

体はなんとも大きくて、毛は、体中に黒い毛が生えている。

(197) kuli-ni　　　　kulduur　adil　gari-ni　　　　saguur　adil.
　　　足-3SG.POSS　鍬　　　　同じ　手-3SG.POSS　犂　　　同じ

足は鍬のようで、手は犂みたいだ。

(198) ene　hoir-ii-šini　　　　negeldee-ǰ　ir-ǰ+aa-w.
　　　この　二-G/A-2SG.POSS　追う-SIM　　来る-SIM+COP-NPST

二人を追ってきている。

(199) edee   ene   hoyor-ini   mangie   ter   getken   uǰi-ǰ   ol-ǰ   ug-gu   imaa
     今   この   二-3SG.POSS 化け物   それ   はっきり 見る-SIM 得る-SIM 死ぬ-FUT のだ

   ai-ǰ+aa-wei.
   怖がる-SIM+COP-NPST

   この二人の姿が化け物の目に完全に捕らえられ、殺される（と言って）恐怖を覚えた。

(200) tee   gui-ǰ   aw-aar   ter   uy-d   hooloob   gel-ǰ+aa-w.
     そして   走る-SIM   取る-ANT   その   とき-D/L   人参   言う-SIM+COP-NPST

   走って走って、人参が言った。

(201) daaloob   tii   gel-ǰ+aa-wei.
     大根   そう   言う-SIM+COP-NPST

   大根はこう言った。

(202) edee   bulku-i   neem-ini   doter   nek=l   bulku   meemee-yii   bulku-i   ul-sen.
     今   鏡-G/A   箱-3SG.POSS 中   一=EMP   鏡   お母さん-G/A 鏡-G/A   残す-PERF

   「もう化粧台の中には鏡しか、お母さんの鏡しか残っていない。

(203) edee   ene   bulk   maanii   aiš   bol-tgai.
     今   この   鏡   1PL.G/A   助け   なる-IMP.3

   この鏡に、助けてもらおう」

(204) tii-ǰ   bar-aar   hoyool-oo   ter   bulku-ini   bari-ar   gel-ǰ+aa-wei.
     そうする-SIM 終わる-ANT   二人で-REFL   その   鏡-3SG.POSS   つかむ-ANT 言う-SIM+COP-NPST

   そして二人で鏡を持って言った。

(205) meemee-yii-maan   baitl-ǰ+aa-sen   mun   bulku-inee   mangie   maanii
     お母さん-G/A-1PL.POSS   使う-SIM+COP-PERF   まさに   鏡-3SG.POSS   化け物   1PL.G/A

   bari-ǰ   id-wei   gel-ǰ+aa-wei.
   つかむ-SIM   食べる-NPST   言う-SIM+COP-NPST

   「お母さんが使っていた鏡よ、化け物が私たちを捕まえて食べようとしているの。

(206) šii   horden   nek   dalee   naor   bol-oor   mangie-yii   nek
     2SG.NOM   速い   一   海   湖   なる-ANT   化け物-G/A   一

   saataa-gaar   maanii   buu   negeldee-ǰ   guiǰ-tgai   gel-wei.
   邪魔する-ANT   1PL.G/A   PROH   追う-SIM   追いつく-IMP.3   言う-NPST

   大きな湖になって化け物を邪魔して、私たちが捕まらないようにして」と言った。

(207) tii-ǰ   bar-aar   bulku-i   bari-ar   nuh-eer   oškii-sen.
     そうする-SIM   終わる-ANT   鏡-G/A   つかむ-ANT   穴-INS   投げる-PERF

     そして鏡をもって穴に投げ込んだ。

(208) aa   ter   bulku-ini   gaǰir   tes-meklii   unen   nek   ig=ee   nek   dalii   naor
     INTJ   その   鏡-3SG.POSS   地面   刺さる-IMD   本当に   一   大きい=EMP   一   海   湖

     bol-sen.
     なる-PERF

     その鏡が地面に落ちると、本当に大きな湖になった。

(209) tikee   ei   kii-ǰ+aa-gu   ǰereg-d-ini   ter   biy-d-ini   edee   tenger
     そして   そう   する-SIM+COP-FUT   間-D/L-3SG.POSS   その   身-D/L-3SG.POSS   今   空

     gegeeken   bol-sen.
     明るい   なる-PERF

     そしてそうしているうちに、向こうの空が明るくなり、

(210) nar   gar-gu   waird-ǰ+aa-wei.
     太陽   出る-FUT   近付く-SIM+COP-NPST

     日が昇る頃合いになった。

(211) ene   hoir   edee   ene   os-ii   dalie   os-ii   ter   bey   ergii   deer-ini
     この   二   今   この   水-G/A   海   水-G/A   その   身   岸   上-3SG.POSS

     aa-ǰ+aa-wei.
     COP-SIM+COP-NPST

     この二人はこの湖の向こう岸にいて、

(212) mangie   ene   huain   bey-d-ini   duat-sen.
     化け物   この   後ろ   身-D/L-3SG.POSS   残る-PERF

     化け物は後ろのほうの岸に取り残された。

(213) tikeer   mangie   gel-ǰ+aa-wei.
     そして   化け物   言う-SIM+COP-NPST

     化け物が言う。

(214) daaloob=oo   hooloob   taa   hoir   ene   os-ii   ker   dalii   os-ii   ker
     大根=よ   人参   2PL.NOM   二   この   水-G/A   どう   海   水-G/A   どう

     gaš-ǰ   yaw-sen=taa.
     渡る-SIM   行く-PERF=2PL

     「大根や、人参や、お前たちはどうやって湖をどうやって渡ったんだ？」

(215) tee		daaloob	gel-ǰ+aa-wei.
     そして	大根		言う-SIM+COP-NPST

大根が答えた。

(216) baa		ter	bey-ees-ini		dees	oški-ǰ		bar-aar		dees-ii		bari-ar
     1PL.NOM	その	身-ABL-3SG.POSS	縄	投げる-SIM	終わる-ANT	縄-G/A		つかむ-INS

     umpaa-gaar	gačir-sen=baa.
     泳ぐ-ANT	出る-PERF=1PL

「私たちはそっちから縄を投げてそれをつたって泳いで渡ったんだよ」

(217) teer		mangie	gel-ǰ+aa-wei		dees-šini	haane	bei.
     そして	化け物	言う-SIM+COP-NPST	縄-2SG.POSS	どこ	ある

化け物は「縄はどこにあるんだ」と言った。

(218) tee	daaloob	hooloob	gel-ǰ+aa-wei		dees-maan	ter	os-ii	doter
     その	大根	人参	言う-SIM+COP-NPST	縄-1PL.POSS	その	水-G/A	中

     wan-sen.
     落ちる-PERF

そこで大根と人参は「私たちの縄は湖に沈んじゃったよ」と言い返した。

(219) šii		os-ii	dalie	os-ii	doter-šini	dees-ii	eri-ø=ee		gel-wei.
     2SG.NOM	水-G/A	海	水-G/A	中-2SG.POSS	縄-G/A	探す-IMP=EMP	言う-NPST

「湖の中にある縄を探しなさいよ」と言ってやった。

(220) tee		mangie	uǰ-sen-d	dees-ii	uǰi-ǰ		ul	ole-n.
     そして	化け物	見る-PERF-D/L	縄-G/A	見る-SIM	NEG	得る-NPST

化け物の見たところ、縄は見つからない。

(221) tii-ǰ		bar-aa		ter	os-ii	dalie	os	ergi-er-ini		gui-ǰ		dees
     そうする-SIM	終わる-ANT	その	水-G/A	海	水	岸-INS-3SG.POSS	走る-SIM	縄

     eri-ǰ+aa-wei.
     探す-SIM+COP-NPST

そこで岸辺を走り回って縄を探してみたが、

(222) eri-ǰ		ul	ole-n		tig-eer		mangie	bašiki-ǰ+aa-wei.
     探す-SIM	NEG	得る-NPST	そうする-ANT	化け物	怒鳴る-SIM+COP-NPST

やっぱり見つからなくて化け物は怒鳴っている。

(223) daaloob=oo   hooloob   bii   dees   ul   ole-n   ker   gar-gu   deer=ee.
     大根=よ   人参   1SG.NOM   縄   NEG   得る-NPST   どう 出る-FUT   上=EMP

「大根や、人参や、縄が見つからないんだが、どうやって渡ったらいい？」

(224) tii-ǰ   bar-aa   daaloob   gel-ǰ+aa-wei.
     そうする-SIM   終わる-ANT   大根   言う-SIM+COP-NPST

そこで大根はこう答えた。

(225) šii   weer-ii   keeli-i   hag   tate-ǰ   bar-aar   gedes-ee   garga-laa-ǰ
     2SG.NOM   自分-G/A   腹-G/A   ズバッと   引く-SIM   終わる-ANT   腸-REFL   出す-MOM-SIM

     gedes-šini   dees   bol-ǰ   ul   šade-n=yee.
     腸-2SG.POSS   縄   なる-SIM   NEG   できる-NPST=Q

「自分のお腹を切り裂いて腸を出して、腸を縄にすることができないの？

(226) gedes-eer-ee   dees   kii-ø   gel-sen.
     腸-INS-REFL   縄   作る-IMP   言う-PERF

腸を縄にしなよ」と言った。

(227) tik-eer   mangie   oo   ǰugu-wei.   ǰugu-wei.
     そうする-ANT   化け物   INTJ   正しい-NPST   正しい-NPST

そうすると化け物は「そうだそうだ、

(228) minii   gedes-ee   bas   dees   bol-ǰ   šad-wei.
     1SG.GEN   腸-REFL   また   縄   なる-SIM   できる-NPST

俺の腸は縄にできるんだった」

(229) tikii-ǰ   bar-aar   ort=oo   kimč-eer   weer-ii   keeli-e-mul   hag
     そうする-SIM   終わる-ANT   長い=EMP   爪-INS   自分-G/A   腹-REFL-REFL   ズバッと

     tat-sen.
     引く-PERF

そう言うと、長い爪で自分の腹を切り裂いて、

(230) hag   tat-sen-ee   unen   gedes-ini   čosen   ulaan   gedes-ini
     ズバッと   引く-PERF-REFL   本当に   腸-3SG.POSS   血の   赤   腸-3SG.POSS

     gačir-sen.
     出てくる-PERF

切り裂くと本当に血で真っ赤の腸が出て来た。

(231) tikeer   mangie ter   gedes   tat-ǰ=l+aa-wei.
      そして   化け物 その   腸   引く-SIM=EMP+COP-NPST

   そして化け物は腸を引っ張り出したのだが、

(232) gedes-ini   čikee   ig   ort.
      腸-3SG.POSS   とても 大きい 長い

   腸はほんとうに長くて、

(233) tii-ǰ   bar-aar   iimer   ort   gedes   edee   dees   bol-ǰ   šad-sen.
      そうする-SIM 終わる-ANT   こんな 長い   腸   今   縄   なる-SIM   できる-PERF

   そんなに長い腸を縄にすることができた。

(234) ene   dees-ii   bii   ker   ter   bey   ergi-d   oški-ǰ   garga-ǰ
      この   縄-G/A   1SG.NOM   どう   その   身   岸-D/L   投げる-SIM   出る-SIM

      šad-w=bie.
      できる-NPST=1SG

   「この縄をどうしたらそっち岸まで投げることができるんだ？」

(235) tee   edee   daaloob   hooloob   gel-ǰ+aa-w.
      そして   今   大根   人参   言う-SIM+COP-NPST

   そこで大根と人参は言ってやった。

(236) antkaa   arg-ii   ul   ole-n=š=ie.
      適した   方法-G/A   NEG   得る-NPST=2SG=Q

   「いい方法、分からないの？

(237) dees-ii   uǰuu-d-ini   čoloo   huyaa-ǰ   bar-aar   ii-dee   aškee-ø   gel-sen.
      縄-G/A   先-D/L-3SG.POSS   石   結ぶ-SIM   終わる-ANT   ここ-DIR 投げる-IMP   言う-PERF

   縄の先に石を結わえてこっちに投げればいいじゃない」と。

(238) tikeer   mangie   gel-ǰ+aa-w.
      そして   化け物   言う-SIM+COP-NPST

   そして化け物は言った。

(239) oo   ǰugu-wei   ǰugu-wei.
      INTJ   正しい-NPST   正しい-NPST

   「そうだそうだ」

(240) tii-ǰ   bar-aar   ter   ergi-i   keč-ier uš-sen-d nek buduun čoloo
     そうする-SIM   終わる-ANT   その   岸-G/A   傍-INS 見る-PERF-D/L 一 大きい 石

     aa-ǰ+aa-wei.
     COP-SIM+COP-NPST

     岸辺を見ると大きな石があったので、

(241) aa   mangie ter   čoloo-yii tonkoo-ǰ   ači-ǰ   bar-aar   gedes-ii-yee   nek
     INTJ   化け物 その 石-G/A   転がす-SIM 持ってくる-SIM 終わる-ANT   腸-G/A-REFL   一

     uǰuur-eer-ini   aa   ter   yoon-ii... čoloo-yoo   orie   ǰorie-gaar huyaa-sen.
     先-INS-3SG.POSS   INTJ その 何-G/A   石-REFL   ぐるり RDP-INS   結ぶ-PERF

     化け物はその石を転がして持ってきて、腸の先に、石をぐるぐると結わえた。

(242) tiki-ǰ   bar-aar   mangie kuč=l   aidug ig.
     そうする-SIM 終わる-ANT   化け物 力=EMP とても 大きい

     それで化け物は力もすごく強いから、

(243) ter čoloo-yii bari-ǰ   bar-aar   ene   aa   dalie naor-ii deegeen
     それ 石-G/A   つかむ-SIM 終わる-ANT   この INTJ 海   湖-G/A   上

     oški-sen.
     投げる-PERF

     その石を持ち上げて湖の上に投げると、

(244) uneen   ter   yuun-ine   čoloo-yini   nek=kul   idoo   esr-ǰ
     本当に その 何-3SG.POSS   石-3SG.POSS   一=EMP   連なって 跳ぶ-SIM

     gačir-gu-d-aa   ene   bey   ergi-d   tel-ǰik-sen.
     出てくる-FUT-D/L-REFL   この 身   岸-D/L   伸びる-PFV-PERF

     本当にその石に繋がって飛んでいくと、こっち岸まで届いてしまった。

(245) tikii-sen   ter   mangie gedes-ini   unen   ene   yoon-ii deer... dalii os-ii
     そうする-PERF その 化け物 腸-3SG.POSS   本当に この 何-G/A   上   海   水-G/A

     deer-ini   mutur   yoo adil bol-w   kuerk   adil nariihen dees kuerk
     上-3SG.POSS   まさに   何   同じ なる-NPST 投げ縄   同じ 細い   縄   投げ縄

     bol-sen.
     なる-PERF

     化け物の腸は湖の上で、本当に細い投げ縄のようになったのだ。

(246) tiki-ǰ   bar-aar   mangie   gel-ǰ+aa-wei.
     そうする-SIM 終わる-ANT   化け物   言う-SIM+COP-NPST

     そこで化け物は言った。

(247) bii   ker   gar-w=bie   gel-ǰ+aa-wei.
     1SG.NOM   どう   出る-NPST=1SG   言う-SIM+COP-NPST

「俺はこれでどうやって渡るんだ」と。

(248) tee   daaloob   hooloob   ene   gedes-šini   dees   bol-sen.
     そして   大根   人参   この   腸-2SG.POSS   縄   なる-PERF

大根と人参は、「この腸が縄になったんだから、

(249) ene   dees-ii   pešk-eer...   ene   dees-ii   bari-er   ul   gačire-n=š=ie   gel-sen.
     この   縄-G/A   蹴る-ANT   この   縄-G/A   つかむ-ANT   NEG   出てくる-NPST=2SG=Q   言う-PERF

この縄をつかんで渡れないの」と答えてやった。

(250) edee   mangie   gel-wei   ǰugu-wei   ǰugu-wei.
     今   化け物   言う-NPST   正しい-NPST   正しい-NPST

そして化け物は、「そうだそうだ」と言って、

(251) tikii-ǰ   bar-aar   weer-ii   gedes-ii   deegeer   yoo   kii-ǰ   bii
     そうする-SIM   終わる-ANT   自分-G/A   腸-G/A   上から   何   する-SIM   1SG.NOM

     yaw-gaan   edee   ii-dee-yee   gaši-w   gel-ǰ+aa-wei.
     行く-IMP.FUT.1SG   今   こちら-DIR-REFL   渡る-NPST   言う-SIM+COP-NPST

「自分の腸の上をどうやって行こうか」と、こっちに渡ろうとしている。

(252) gedes-ii   deer   alhe-ǰ   yaw-ǰ+aa-wei.
     腸-G/A   上   歩く-SIM   行く-SIM+COP-NPST

腸の上を歩き始めると、

(253) tikii-geer   ene   erin-d-ini   ene   nar   garegtun   biy-d   nar   gačir-sen.
     そうする-ANT   この   時間-D/L-3SG.POSS   この   太陽   出る方   身-D/L   太陽   出てくる-PERF

このとき、東から日が昇ってきた。

(254) nar   gačir-sen   tenger   hoo   gegeeken   bol-sen.
     太陽   出てくる-PERF   空   全て   明るい   なる-PERF

日が昇ると、空はすっかり明るくなって、

(255) ene   aol-ii   doter-ii   degii   šowoo   hoo   seš-sen.
     この   山-G/A   中-G/A   鳥   猛禽   全て   起きる-PERF

山に住んでいる鳥たちもみんな目を覚ました。

(256) hoo   bos-ǰ   bar-aar   uǰ-sen-d   erie   ene   gaǰir   deer-ini   nek   iimer
      全て   起きる-SIM   終わる-ANT   見る-PERF-D/L   INTJ   この   地面   上-3SG.POSS   ―   こんな

   dalii   os   gačir-aar   aa-ǰ+aa-wei.
   海   水   出てくる-ANT   COP-SIM+COP-NPST

   みんなが起きて見てみると、地面にこんな湖ができているではないか。

(257) ene   hoir   ugin   dalie   eneetun   bey-d-ini   hoir   ugin   bai-ǰ+aa-wei.
      この   二   娘   海   こちら   身-D/L-3SG.POSS   二   娘   立つ-SIM+COP-NPST

   湖のこちら側には女の子が二人立っていて、

(258) uǰ-sen-ini   nek   mangie   gedes-eer   dees   kii-geer   milk-ǰ   ene   hoir   ugin
      見る-PERF-3SG.POSS   ―   化け物   腸-INS   縄   作る-ANT   這う-SIM   この   二   娘

   ǰug-d   gaši-ǰ+aa-wei.
   方向-D/L   渡る-SIM+COP-NPST

   見ると化け物が腸で縄を作り、これをつたって二人に向かって渡っているではないか。

(259) teer   baraan   degii   ene   dalii   os-ii   deegeer-ini   tenger-ii   deeteer-ini
      その   たくさん   鳥   この   海   水-G/A   上から-3SG.POSS   空-G/A   上から-3SG.POSS

   uǰi-ǰ+aa-wei.
   見る-SIM+COP-NPST

   たくさんの鳥が湖の上から様子を見ていた。

(260) tikeer   nek   degii-ni   gel-ǰ+aa-wei.
      そして   ―   鳥-3SG.POSS   言う-SIM+COP-NPST

   そして一羽が言った。

(261) ene   moo   mangie   ene   hoir   iimer   nandaahen   kuurkii=ken   hoir   ugin-ii
      この   悪い   化け物   この   二   こんな   美しい   かわいい=EMP   二   娘-G/A

   id-wei   gel-ǰ+aa-wei.
   食べる-NPST 言う-SIM+COP-NPST

   「この悪い化け物がこうもかわいらしい娘さんを食べてしまおうとしているんだ」

(262) baašaad-aas-aa   nek   aišil-yaa   degii   weer-ii   daund-aa
      方法を考える-COND-REFL   ―   手伝う-VOL   鳥   自分-G/A   中-REFL

   gel-ǰ=l+aa-wei.
   言う-SIM=EMP+COP-NPST

   「何とか助けてやろう」と鳥たちは互いに話し合った。

(263) tikii-ǰ   aa-tl-ini   nek   gaag-ii... eki-ni...   gaag... gaag-ini
      そうする-SIM COP-TERM-3SG.POSS ―   鴉-G/A   頭-3SG.POSS   鴉   鴉-3SG.POSS

      eki-d-ini   gel-ǰ+aa-wei.
      頭-D/L-3SG.POSS   言う-SIM+COP-NPST

      すると鴉が言い出した。

(264) tii   aas-aa   bii   ene   gedes-ini   čak   čak   kii-ǰ   čak-eer
      そう COND-REFL   1SG.NOM   この   腸-3SG.POSS ちょき ちょき する-SIM ちょき-INS

      čakloo-ǰ   uk-yaa   gel-wei.
      切る-SIM   あげる-VOL   言う-NPST

      「それじゃあ私があの腸をちょきちょき刻んでやろう」と。

(265) tikii-ǰ   bar-aar   ene   baraan   degii-sul hoo   teng-ii   deer   derde-ǰ
      そうする-SIM 終わる-ANT この   たくさん   鳥-PL   全て   空-G/A   上   跳ぶ-SIM

      uǰi-ǰ+aa-wei.
      見る-SIM+COP-NPST

      そして鳥が大勢で上空を飛んでいて、

(266) tikii-sul   ene   ee   yoon-ii   gaag-ui   edee   duar-d-ini   teng-ii
      そうする-PL この INTJ   何-G/A   鴉-G/A   今   下-D/L-3SG.POSS 空-G/A

      deer-ees   dagii   dagii   haiči-ǰ   boo-ǰ+ir-sen.
      上-ABL   次   次   切る-SIM   降りる-SIM+来る-PERF

      このカラスが湖の上から下に向かって次々切りに降りていった。

(267) haiči-ǰ   booǰi-ǰ   bar-aar   en-ii   ene   mangie getes-ini   nek=l
      切る-SIM   降りる-SIM 終わる-ANT これ-G/A この   化け物 腸-3SG.POSS   ―=EMP

      čakle-sen-d   getes-ini   čak   yaw-sen.
      切る-PERF-D/L 腸-3SG.POSS   ちょき   行く-PERF

      切りに降りてくると、化け物の腸を切っていき、

(268) tikii-geer   ene   mangie   os-ii   doter   wan-ǰ   bar-aar   duar-daa
      そうする-ANT この   化け物   水-G/A 中   落ちる-SIM   終わる-ANT 下-DIR

      tiimd-eer   was-sen.
      沈む-ANT   入る-PERF

      化け物は水の中に落ちて底へ沈んでしまった。

(269) tiimd-ǰ   bar-aa   mangie   teer   arbun   sarbun   tii-seer   gačir-ǰ
      沈む-SIM   終わる-ANT 化け物   その   様子   RDP   そうする-PROG 出てくる-SIM

```
šad-sen      uwei.
できる-PERF   NEG
```
沈んでしまうと化け物はどうにもこうにも浮かび上がることができず、

(270)
```
ter   dalii    doter-ini     wan-aar     ugu-ǰ      tali-sen.
その  海       中-3SG.POSS   落ちる-ANT  死ぬ-SIM   置く-PERF
```
湖に沈んだまま死んでしまった。

(271)
```
ei     kii-geer    edee   ene    hoir   ugin    bais-ǰ+aa-wei.
こう   する-ANT    今     この   二     娘      喜ぶ-SIM+COP-NPST
```
そうして二人の娘は喜んで、

(272)
```
dalii   ug-sen...    oo     mangie    ug-sen.
海      死ぬ-PERF    INTJ   化け物    死ぬ-PERF
```
「化け物をやっつけた！

(273)
```
ene    edee   meemee-yii-maani       bulku-ini      dalie      bol-oor    maanie    aištoo-sen
これ   今     お母さん-G/A-1PL.POSS  鏡-3SG.POSS    海         なる-ANT   1PL.G/A   助ける-PERF

gel-w.
言う-NPST
```
お母さんの鏡が湖になって私たちを助けてくれたんだ」と言った。

(274)
```
hoyool-oo      bais-ǰie     ene     bey-d-ini           ineed-ǰ+aa-wei.
二人で-REFL    喜ぶ-SIM     この    身-D/L-3SG.POSS     笑う-SIM+COP-NPST
```
二人で喜んで笑いながら、

(275)
```
/hania...aa/    hariegaa-ǰ+aa-wei.
                跳ねる-SIM+COP-NPST
```
飛び跳ねて、

(276)
```
bais-ǰ      ul    bare-n.
喜ぶ-SIM    NEG   終わる-NPST
```
いつまでも喜んでいた。

(277)
```
degii-sul    aol-ii     doter-ii    učiiken    gurees    taolie    herem    yekee    hoo      gačir-ǰ
鳥-PL        山-G/A     中-G/A      小さい     獣        兎        栗鼠     何か     全て     出てくる-SIM

bar-jii       haoyaar-aa       hoo      bais-ǰ+aa-wei           imaa.
終わる-SIM    みんなで-REFL    全て     喜ぶ-SIM+COP-NPST       のだ
```
鳥や、山の中の小さい獣、兎やリスたちもみんな出てきて、みんなで喜びあった。

(278) ene   mangie   ordoon   maanii   bas   aidu   gaišie-ǰ+aa-sen.
     この   化け物   以前   1PL.G/A   また とても 害がある-SIM+COP-NPST

「この化け物には前から私たちも困っていたんだ。

(279) ei   kii-geer   edee   hoir   ugin-ii   meemee-yii-ini   bulku-er-ini   bol-sen
     こう する-ANT   今   二   娘-G/A   お母さん-G/A-3SG.POSS 鏡-INS-3SG.POSS   なる-PERF

     dalie   os-d   tiimd-eer   ug-sen.
     海   水-D/L   沈む-ANT   死ぬ-PERF

こうしてお二人のお母さんの鏡からできた湖に沈んでくれて、

(280) en-ees   huainaa   maand   bas   sain   bol-sen   gel-ǰ.
     これ-ABL 後ろ   1PL.D/L また 良い   なる-PERF 言う-SIM

これで私たちも安心だ」と言って、

(281) aol-ii   gurees   degii   yekee-s   haoyaar-aa   hoo   bais-ǰ+aa-wei.
     山-G/A   獣   鳥   もの-PL   みんなで-REFL   全て 喜ぶ-SIM+COP-NPST

山の獣や鳥たちもみんなで喜んだ。

(282) ene   erin-d   nar   deed   derd-sen   teng-ii   deer-ii   čigaan   eulen   hoo   ǰus-tii
     この とき-D/L 太陽   上   飛ぶ-PERF   空-G/A   上-G/A   白   雲   全て 色-PROP

     eulen   bol-sen.
     雲   なる-PERF

このとき日の昇った空の上で、白い雲が虹色に変わった。

(283) tiki-ǰ   bar-aa   ene   hoir   edee   mangie   al-sen=baa   gel-ǰ+aa-wei.
     そうする-SIM 終わる-ANT   この 二   今   化け物   殺す-PERF=1PL   言う-SIM+COP-NPST

そして二人は「化け物をやっつけた！」と言って、

(284) daaloob   hooloob   tee   teng-ii   derd-gu   uǰ-sn-ii   harii   meemee-yini
     大根   人参   そして 空-G/A   飛ぶ-FUT   見る-PERF-G/A   しかし   お母さん-3SG.POSS

     bolood   suiloob   hoir=oo   ter   ǰus-tii   eulen   deer   bai-ǰ+aa-wei.
     と   二十大根   二-EMP   その 色-PROP   雲   上   立つ-SIM+COP-NPST

大根と人参が空の飛んでいるのを見ると、なんとお母さんと二十日大根の二人が虹の雲の上にいるではないか。

(285) ineed-ǰie   bai-ǰ+aa-wei.
     笑う-SIM   立つ-SIM+COP-NPST

笑いながら立っている。

(286) tikeer   daaloob   hooloob-d   gel-ǰ+aa-wei.
      そして   大根   人参-D/L   言う-SIM+COP-NPST

そこで大根は人参に言った。

(287) horden   uǰ-ø=ee.   horden   uǰ-ø=ee.
      速い   見る-IMP=EMP 速い   見る-IMP=EMP

「ねえ、はやく見て！　はやく見て！

(288) meemee   boloo   suiloob   hoir   teng-ii   deer-ees   ter   ǰus-tii   eulen-ii
      お母さん と   二十日大根   二   空-G/A   上-ABL   あの   色-PROP   雲-G/A

      deer-ini   bai-gaar   maanii   ineed-ǰ   uǰi-ǰ+aa-wei.
      上-3SG.POSS   立つ-ANT   1PL.G/A   笑う-SIM   見る-SIM+COP-NPST

お母さんと二十日大根が空の上の虹の雲の上にいるよ！　私たちのことを見ながら笑っているよ！」

(289) tii-ǰ   bar-ǰ   hoyool-oo   dee   ten   harie-gaaǰin   meemee   bolood
      そうする-SIM   終わる-SIM   二人で-REFL   ぴょん   ぴょん 跳ねる-ながら   お母さん   と

      suiloob-d-oo   ǰaa-ǰ+aa-wei.
      二十日大根-D/L-REFL   教える-SIM+COP-NPST

そして二人はぴょんぴょん跳ねながらお母さんと二十日大根に伝えた。

(290) baa   mangie-yaa   al-ǰ   šad-ten=baa.
      1PL.NOM   化け物-REFL   殺す-SIM   できる-PERF=1PL

「私たち、化け物をやっつけることができたよ！

(291) sanaa   buu   ǰow-tuu.
      気持ち   PROH   悩む-IMP.PL

心配いらないよ。

(292) baa   un-ees   huain-d-aa   egš   deu   hoyool-oo   saihen   amidaa-w=baa.
      1PL.NOM   これ-ABL   後ろ-D/L-REFL   姉   妹   二人で-REFL   素晴らしい   暮らす-NPST=1PL

私たちは姉妹二人でちゃんとやっていけるから」

(293) tiki-ǰ   bar-aar   meemee-yini   suiloob   hoir   ineed-eer   ter-ii
      そうする-SIM   終わる-ANT   お母さん-3SG.POSS 二十日大根   二   笑う-ANT   それ-G/A

      eulen-d   gari-er   laši-ǰ   ineed-ǰ   bai-saar   ǰus-tii   eulen   soo-goor   baruun
      雲-D/L   手-INS   振る-SIM   笑う-SIM   立つ-PROG   色-PROP   雲   座る-ANT   東

      bey-dee   baruun   tenger   ǰug-t   yaw-sen.
      身-DIR   東   空   方-D/L   行く-PERF

するとお母さんは二十日大根と一緒に笑顔で、雲の上で手を振りながら微笑んでいた。虹の雲に座ると東の空の方へ行ってしまった。

(294) tikeer   kuu   gel-ǰ+aa-wei   daaloob   hooloob-d-oo   gel-ǰ+aa-wei.
      そして   人   言う-SIM+COP-NPST   大根   人参-D/L-REFL   言う-SIM+COP-NPST

そして誰かが言った、大根が人参に言った。

(295) maanii   meemee-maan   bolood   suiloob   edee   barhen-ii   gaǰir   yaw-sen.
      1PL.G/A   お母さん-1PL.POSS   と   二十日大根   今   神-G/A   地面   行く-PERF

「私たちのお母さんと二十日大根は神様のところへ行ってしまった。

(296) baa   hoyool-oo   saihen   amidaa-yaa.
      1PL.NOM   二人で-REFL   素晴らしい   暮らす-VOL

私たちは二人で頑張って暮らそうね」

(297) ei   kii-ǰ   bar-aa   haočin   aa-sen   ger-t-ee   hari-er   hoyool-oo
      こう   する-SIM   終わる-ANT   古い   COP-PERF   家-D/L-REFL   帰る-ANT   二人で-REFL

      učiek   meemee-tii   aa-sen   adil   bas   kerčee   tarilgaa   tari-er   hoyool-oo
      小さい   お母さん-PROP   COP-PERF   同じ   また   どうにか   農地   耕す-ANT   二人で-REFL

      saihen   amidaa-ǰ   argel-ǰ   amidaa-sen=sul.
      素晴らしい   暮らす-SIM   頑張る-SIM   暮らす-PERF=PL

こう言うと、もとのうちに帰っていった。そして二人で、お母さんがいたときと同じようにどうにかこうにか畑を耕して二人で頑張って暮らしていったとさ。

(298) bar-sen.
      終わる-PERF

おしまい。

注
1 文末位置に現われる n 音は稀に脱落する。
2 乌云高娃（主編）（2011）によれば、(141) ～ (144) に見られる san（sanne, sand）は中国語で梳子、(165) ～ (171) に見られる sunku は中国語で篦子と訳され、後者は櫛でも目の粗いブラシのようなものを指しているらしい。

コラム　ダグールの食文化

　ダグール族の食べ物といえばクンビル（kumbel：ブトハ、ハイラル方言）またはクムル（kumel：チチハル方言）という野草が挙げられる（漢語：柳蒿（芽/菜），モンゴル語：udalig siralji, 学名：Artemisia integrifolia）。キク科ヨモギ属の多年草で沼地、河辺に群生する。煮込んでスープにして食す。地域や家庭により鶏や魚を入れ塩味で整えたりもするが、苦みが強いのが特徴である。マントウとともに食べたり、ごはんにかけて食べることもある。初めて口にすると苦くて食べにくく感じるが、食べているうちに独特の香りに惹き込まれる。

　チチハル地域のダグール族は伝統的な食べ物として水団をダグールバダー（daguur badaa.（lit. ダグールご飯）dal badaa（ソバ）の転じたものか）と呼ぶ。モリダワ地域ではソバのほか牛乳で煮た麺が食べられている。ハイラル地域ではミルクティや各種乳製品、シュウマイ、お焼き（utem）など当地のモンゴル族とよく似た食生活を送っている。しかしクンビルはこうした地域を越えて広くダグール族の愛する食物、料理として食べられている。クンビルの採集される5〜6月にはクンビル祭りが行われる地域もある。クンビルのもつ独特の苦みは、社会が貧しく苦しいときもこれを食べて乗り越えてきた民族としての記憶を後世に残すものであると考えるダグール族の人々もいる。

写真1．庭で栽培しているクンビル

写真2．バヤンチャガン村モホルトの景色

参考文献

Engkebatu (2001) *Čing ulus-un üy_e-dü daγur kele-ber bičigdegsen ǰokiyal-ud-un sudulul*. Kökeqota: Öbür mongγul-un yeke surγaγuli-yin keblel-ün qoriy_a.

萨音塔娜（1987）『达斡尔民间故事选』呼和浩特：内蒙古人民出版社.

乌云高娃（主编）（2011）『达斡尔语图解词典』呼伦贝尔：内蒙古文化出版社.

写真3. ハイラル・ダグールの人々が愛飲する馬乳酒

シネヘン・ブリヤート語

山越康裕

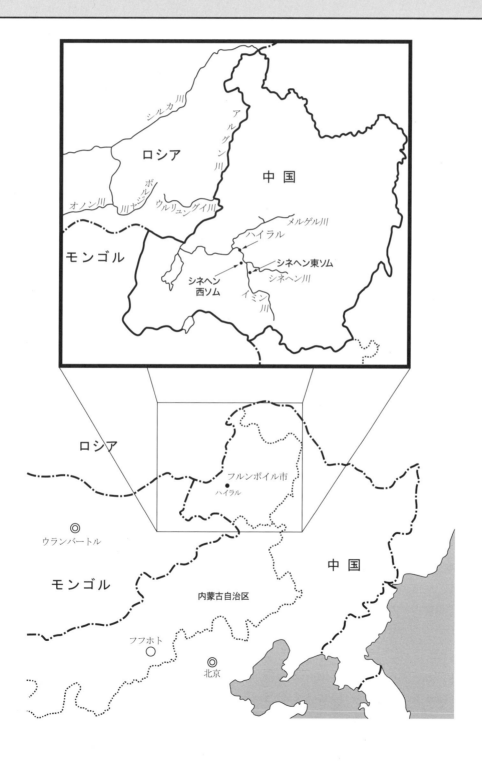

概説

シネヘン・ブリヤート語[1]はモンゴル語族の言語のひとつ、ブリヤート語の下位方言にあたる。話者は6000〜8000名と推測されている。ブリヤート語はロシア連邦ブリヤート共和国、ザバイカリエ地方、イルクーツク州およびモンゴル国北部に暮らすモンゴル系の民族集団、ブリヤート（と、ザバイカリエ地方に暮らすツングース系の民族集団、ハムニガン・エウェンキの一部）がおもに使用する言語である。中国の少数民族識別工作上、ブリヤートは「モンゴル（蒙古）族」、ハムニガン・エウェンキは「エウェンク（鄂温克）族」の一部とされるため、正確な民族人口は不明である。

シネヘン・ブリヤート語の話し手は、20世紀前半にザバイカリエ地方から亡命・移住したブリヤートの子孫にあたる。1917年に起こったロシア・十月革命を契機とするロシア内戦において赤軍に抵抗したブリヤートの一部が亡命し、1921年にハイラル南方を流れるシネヘン川流域に居住を認められた。現在の内モンゴル自治区フルンボイル市エウェンク族自治旗（内蒙古自治区呼伦贝儿市鄂温克自治旗）のシネヘン西ソム（锡尼河西苏木）、シネヘン東ソム（锡尼河东苏木）にあたる[2]。

亡命・移住した彼らの子孫が現在のシネヘン・ブリヤート語の話者である。「満洲国」建国によって国境が画定された1932年までの間、3000名ほどのブリヤートおよびハムニガン・エウェンキが中国側に移住したという。亡命・移住から3世代以上が経過した現在、彼らの使用するシネヘン・ブリヤート語には漢語やモンゴル語ホルチン方言などとの接触による借用・翻訳借用・文法構造の変化等が見られるようになりつつある。また、移住前に借用されたロシア語語彙が用いられている点は、周囲のモンゴル語諸方言との顕著な違いといえる。

シネヘン・ブリヤート語の母語保持率は、ロシア・モンゴルのブリヤート語と比較するとかなり高い。ロシア領内では若い世代でロシア語を母語とするブリヤートが増加傾向にある。その一方、シネヘン川流域に暮らすブリヤートは、若い世代でも母語としてシネヘン・ブリヤート語を使用する。移住先で母語が保持されている状況は、本書に収録されているシベ語の状況と共通している。シネヘン川流域ではシネヘン・ブリヤート語話者が多数派であること、またブリヤート語話者以外の人々（モンゴル語ホルチン方言、ウールド方言；バルガ・ブリヤート語；ダグール語；ソロン語；漢語話者等）もシネヘン・ブリヤート語を理解することから、ほぼすべての日常生活において、シネヘン・ブリヤート語が用いられている。ただし学校教育の場面では内モンゴルで使用されるモンゴル語標準方言が用いられ、ブリヤートの教員も授業ではモンゴル語標準方言を使用する。また、書き言葉としてはモンゴル語が用いられ、表記には伝統的な縦書きのモンゴル文字が用いられる。モンゴル文字による表記は実際のモンゴル語発音から乖離しているが、このことがモンゴル国に比べてむしろ内モンゴルにおいてシネヘン・ブリヤート語をはじめとするモンゴル語諸方言の特徴がよく残されている理由となっているとも考えられる。

シネヘン・ブリヤート語話者は、上述したシネヘン西・東ソム以外にフルンボイル市の中心地であるハイラル区、同市エウェンク族自治旗の中心地、南屯（行政上の地名は巴彦托海鎮）、同市マンジョール市（満洲里市）などにも一定数生活している[3]。ブリヤートとともに亡命・移住したハムニガン・エウェンキは、大部分が同市の陳バルガ族自治旗（陈巴儿虎族自治旗）に暮らすが、少数はブリヤートとともにシネヘン西・東ソムに暮らしており、シネヘン西・東ソムに暮らすハムニガン・エウェンキはシネヘン・ブリヤート語を使用する[4]。

シネヘン西・東ソムに暮らすブリヤートおよびハムニガン・エウェンキの大部分はウシ・ヒツジを

中心とした牧畜を生業としている。役所・教育機関・医療・飲食業等に従事する人々もいるが、そういった専門職に就く人々も家畜を飼養している。ハイラル区や南屯といった都市部に暮らすブリヤートも家畜を保有し、シネヘン西・東ソムで委託放牧しているケースが多い。ウシ・ヒツジ以外にはウマ・ヤギ・ラクダが飼養される。モンゴル系の民族は、ゲルと呼ばれる容易に移設可能なテント型住居に暮らし、良い草地を求めて季節ごとに家畜とともに生活拠点を移す移動型牧畜で知られるが、シネヘン・ブリヤートの人々は定住型の牧畜を営む。冬季のために草を備蓄する習慣のあるブリヤートはロシア領内でも木造家屋に暮らす定住型牧畜を営む生活形態だが、必ずしもこの生活形態を引き継いだものではない。シネヘン・ブリヤートは移住当初はゲルを拠点とする移動型牧畜を営んでいたが、定住化が進められた結果、現在ではゲルを生活拠点とする家庭は見当たらない。ただし定住型牧畜はシネヘン・ブリヤートに限ったことではなく、内モンゴル全体にあてはまる。マンジョール市に暮らすブリヤートは商店や飲食店経営、貿易業、ロシア語通訳等で生計を立てる者も多い。

シネヘン・ブリヤート語の音素目録

母音音素

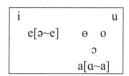

子音音素

		両唇音		歯茎音	後部歯茎音	硬口蓋音	軟口蓋・口蓋垂音	声門音
閉鎖音	有気音	p[pʰ]	pʲ[pʲʰ]	t[tʰ]	tʲ[tʲʰ]	(kʲ[cʰ])	(k[kʰ~qʰ])	
	無気音	b	bʲ	d	dʲ			
摩擦音	無声音			s	sʲ[ʃ]	xʲ[ç]	x[x~χ]	h
	有声音			z	zʲ[ʒ]	gʲ[j]	g[ɣ~ʁ]	
破擦音	有気音			(c[tsʰ])	(cʲ[tʃʰ])			
流音				l	lʲ			
				r	rʲ			
鼻音		m	mʲ	n	nʲ		ŋ[ŋ~ɴ]	
わたり音		w				j		

＊( ) で囲んだ音素は借用語にのみあらわれる。

主要接尾辞一覧[5]

表1　名詞の格接辞

主格「〜が」	（主格語幹）-ø
属格「〜の」	（主格語幹）-n 〜 -iin 〜 -Ai
対格「〜を」	（対格語幹）-ii 〜 -iiji
不定対格「〜を」	（対格語幹）-ø
与位格「〜に」	（主格語幹）-dA 〜 -tA
奪格「〜から」	（主格語幹）-AhAA
具格「〜で、〜を通って」	（対格語幹）-AAr
共同格「〜と」	（対格語幹）-tAi 〜 -tee

表2　動詞の屈折接辞（テキスト内で用いられていないものも含む）

定動詞直説法	現在「〜する」	-nA=PERS
	過去「〜した」	-b(A)=PERS
	伝聞過去「〜した」	-zʲee
定動詞希求命令法	1人称「〜しよう」	-jAA 〜 ji / -hOO=PERS
	2人称単数「〜しろ」	-ø / -ii
	2人称複数/2人称単数敬称「〜してください」	-(A)gtii
	2人称単数未来命令「あとで〜しろ」	-AArAi
	2人称複数未来命令「あとで〜してください」	-AArAgtii
	3人称「〜させておけ」	-(A)g
	近未来「〜なれ」	-OOzʲA
	願望「〜なってほしい」	-hAi
分詞（＝形動詞）	未来「する（こと）」	-xA{=POSS/=PERS}
	不完了「〜した／する（こと）」	-AA{=POSS/=PERS}
	完了「〜した（こと）」	-hAn{=POSS/=PERS}
	習慣「（日常的に）〜する（こと）」	-dAg{=POSS/=PERS}
	動作者「〜する人」	-AAsʲA{=POSS/=PERS}
副動詞	不完了「〜して」	-zʲA
	完了「〜しおえて」	-AAd
	連結「〜し」	-An
	条件「〜したら」	-bAl
	譲歩「〜したけれど」	-bsʲA
	限界「〜するまで」	-tAr{=POSS/-REFL}
	継続「〜し続けて」	-AhAAr{=POSS/-REFL}

表3　述語人称接語

1人称単数	=bʲ〜=bi〜=j	2人称単数	=sʲ(A)
1人称複数	=bdʲA〜=dʲA〜=mdʲA	2人称複数/2人称単数敬称	=t(A)

表4　所有者人称接語

1人称単数	=m(ni)	2人称単数敬称	=tni
1人称複数	=mnAi	2人称複数	=tnAi
2人称単数	=sʲ(ni)	3人称	=in(i)

表5　名詞語幹に接続するおもな派生接辞

複数	-d, -OOd, -nAr	指小性	-xAn
所有「〜持ちの」	-tAi〜-tee, -tA	否定「〜のない」	-gui
存在（〜にある）	-GEN-xʲA	動詞派生	-dA-, -lA-, etc.

表6　動詞語幹に接続するおもな派生接辞

ヴォイス	使役態「〜させ（る）」	-OOl-〜-lgA-〜gA-
	相互態「〜しあ（う）」	-(A)lsA-, -(A)ldA-
	受動態「〜られ（る）」	-(A)gdA-
アスペクト	進行相「〜してい（る）」	-zʲAi-
	完了相「〜してしま（う）」	-sʲxʲɔ-

略号一覧

-: suffix boundary 接辞境界
=: clitic boundary 接語境界
1, 2, 3: 1st, 2nd, 3rd person 人称
ABL: ablative 奪格
ACC: accusative 対格
AGT: agentive 行為者
CAUS: causative 使役
COM: comitative 共同格
CONC: concessive 譲歩
COND: conditional 条件
CVB: converb 副動詞
D/L: dative-locative 与位格
DMN: diminutive 指小性
DUR: durative 継続
E: epenthesis 挿入音
EMP: emphasis 強調
EXST: existence 存在
FIL: filler いいよどみのフィラー
FOC: focus 焦点化
FREQ: frequentative 反復
FUT: future 未来
GEN: genitive 属格
HBT: habitual 習慣
HON: honorific 敬称
IMP: imperative 命令

IND: indicative 直説法
INDF: indefinite accusative 不定対格
INS: instrumental 具格
INTJ: interjection 間投詞
IPFV: imperfective 非完了
NEG: negative 否定
NOM: nominative 主格
PASS: passive 受身
PERS: personal predicative clitic 述語人称接語
PFV: perfective 完了
PL: plural 複数
PN: proper noun 固有名詞
POSS: personal possessive clitic 所有者人称接語
PROG: progressive 進行
PROP: proprietive 所有
PRS: present 現在
PST: past 過去
PTCP: participle 分詞（＝形動詞）
Q: interrogative marker 疑問
RCP: reciprocal 相互
REFL: reflexive 再帰
SFP: sentence final particle 文末小詞
SG: singular 単数
TERM: terminative 限界
VBLZ: verbalizer 動詞化

注

* ここで紹介するテキストは、すでに山越(2002)にて公刊済みの資料の一部に文法情報（グロス）を付し、日本語訳を改めたものである。なお本稿は JSPS 科研費 JP26770146 の助成による成果の一部である。
1 シネヘン・ブリヤート語の文法概略については山越(2006), Yamakoshi(2011) がある。
2 ソム（苏木）は内モンゴルにおける牧畜業を主たる産業とする地域の行政区名であり、中国国内他地域の「郷（乡）」に相当する。
3 フルンボイル市は中国の行政区分上「地級市」と呼ばれる行政地域であり、いくつかの「県級市」や「旗」から構成される。マンジョール市は県級市に相当する。
4 残りのハムニガン・エウェンキは陳バルガ旗エウェンクソム（鄂温克苏木）に集住しており、その多くがモンゴル語族のハムニガン・モンゴル語やツングース語族のハムニガン・エウェンキ語を母語とする。ハムニガン・モンゴル語に関しては Janhunen(2005)、山越(2007)、ハムニガン・エウェンキ語に関しては Janhunen(1991) に文法概略が示されている。
5 「母音調和の法則」による異形態をもつ形態素の母音を大文字で示す。シネヘン・ブリヤート語にはブリヤート語、モンゴル語同様、同一語内の母音の順行同化現象（＝「母音調和の法則」）が観察される。この現象のため、母音を有する接辞や一部の接語は接続元の語(幹)の母音に応じて音価が変わる。各大文字はそれぞれ以下 { } 内の母音のいずれかで実現する。A:{a 〜 e 〜 ɔ}, AA:{ aa 〜 ee 〜 ɔɔ 〜 θθ}, OO:{oo 〜 uu}; e.g. 定動詞直説法現在 -nA: jab-na（行く -IND.PRS）〜 xel-ne（言う -IND.PRS）〜 ɔsʲ-nɔ（着く -IND.PRS）

テキスト1. 白鳥の羽衣

【語り手】 ドガルマー氏

【収録日】 2000年8月28日

【収録場所】 内モンゴル自治区フルンボイル盟（現・フルンボイル市）エウェンク族自治旗シネヘン西ソム・ご本人宅

【解説】これはシネヘン・ブリヤートが属する民族集団、ホリ・ブリヤートの起源に関する伝承である。日本各地に伝わる羽衣伝説をはじめ、世界各地に見られる白鳥処女説話（Swan Maiden）と称される異類婚姻譚のひとつであり、羽衣伝説とあらすじが非常によく似ている。ホリ・ブリヤートには11の氏族があるが、これら氏族の祖が、異類婚姻によって生まれた11人の子供たちであると言い伝えられている。この11人の兄弟が今の氏族間の序列を表しており、いまも婚礼など儀礼の際にはこの序列順に着席する慣わしが継承されている。

(1) tere,   ert-ei   burʲ   ixe   erte   orʲda   sag-ta   sʲetee.
    それ   早い-GEN ずっと 大きい 早い   以前   時-D/L   SFP

その、昔のそのまたずっと昔のときにだよ。

(2) tere   baigal   dalai   bai-na   sʲetee.
    それ   PN   海.NOM   ある-IND.PRS   SFP

あのバイカル湖があるでしょ。

(3) borʲaad-ai   xɔinɔ.
    PN-GEN   北に

ブリヤートの北にある。

(4) tereen-ei   xubɵɵ-de   nege   nege   ansʲan   xubuun   bai-g-aa
    それ-GEN   岸-D/L   一   一   狩人   男の子.NOM いる-E-PTCP.IPFV

ge-n-ee.
という-IND.PRS-EMP

その岸にある一人の若い狩人がいたそうな。

(5) hamga=sʲe   ugui.
    妻=FOC   ない

妻もいない。

(6) juu=sʲe ugui.
    何=FOC   ない

    何もない。

(7) tʲeed   nege   uder   an-da   gar-aad   jab-zʲa
    そして   ある   日   狩り-D/L   出る-CVB.PFV   行く-CVB.IPFV

    bai-xa-da   tere   nʲoor-ta,   dɔlɔɔn   basga-d-ood
    いる-PTCP.FUT-D/L   それ   湖-D/L   七   娘-PL-PL.NOM

    ohan-da   ɔr-zʲai-g-aa   ge-ne.
    水-D/L   入る-PROG-E-PTCP.IPFV   という-IND.PRS

    そしてある日狩りに出かけたところ、その湖で七人の娘たちが水浴びをしていたそうな。

(8) ohan-da   omba-zʲa.
    水-D/L   泳ぐ-CVB.IPFV

    水で泳いで。

(9) xar-aad=le   bai-g-aa,   ene=sʲni.
    見る-CVB.PFV=FOC   いる-E-PTCP.IPFV   これ=2SG.POSS

    じっと見ていた。そいつ（男）は

(10) tʲeed   xar-ahaar   bai-tar=in,
     そして   見る-CVB.DUR   いる-CVB.TERM=3.POSS

     そして見続けていると、

(11) aa,   tere=sʲ   jaa-g-aa   ge-ne,
     INTJ   それ=2SG.POSS   どうする-E-PTCP.IPFV   という-IND.PRS

     ああ、そいつはああしたそうな。

(12) dɔlɔɔn   basgan-ai   bai-xa-da   hemee-xen   ɔsʲ-ood
     七   娘-GEN   いる-PTCP.FUT-D/L   静かな-DMN   着く-CVB.PFV

     negen-ei=n   xobsah-iiji=n   ab-aad   nʲoo-sʲxʲ-ɔɔ
     一-GEN=3.POSS   衣服-ACC=3.POSS   取る-CVB.PFV   隠す-PFV-PTCP.IPFV

     ge-ne.
     という-IND.PRS

     七人の娘がいるところにそっと近づいて、その一人の衣を取って隠してしまったそうな。

(13) xada   sɔɔ.
     岩   下に

     岩の下に。

(14) zaa,　　　ii-g-eer　　　　xar-zʲa　　　　　bai-xa-da=n
　　　INTJ　　こういう-E-INS　見る-CVB.IPFV　いる-PTCP.FUT-D/L=3.POSS

　　　tede=sʲ　　　　　　ohan-ahaa　　gar-aad=le　　　　　zorgaan=in
　　　3PL.NOM=2SG.POSS　水-ABL　　　 出る-CVB.PFV=FOC　六=3.POSS

　　　xobsal-aad=le　　　　　xonʲ　　sʲoboon　bɔl-sʲ-ɔɔ　　　　　　　ge-ne.
　　　服を着る-CVB.PFV=FOC　白鳥　　鳥.NOM　なる-PFV-PTCP.IPFV　という-IND.PRS

　　　で、こうして見ていると彼女たちは水から上がって、そのうちの6人が衣を身につけると白鳥になったそうな。

(15) tii-xe-de=n　　　　　　　　　tere　negen=in　　xun　　sʲeg-tee
　　　そうする-PTCP.FUT-D/L=3.POSS　それ　一=3.POSS　人.NOM　のような-PROP

　　　uld-sʲ-ɔɔ　　　　　　　ge-ne.
　　　残る-PFV-PTCP.IPFV　という-IND.PRS

　　　するとその一人は人の姿のままだったそうな。

(16) zorgaan　xonʲ=in　　　　niid-eed　　　jab-sʲ-ɔɔ.
　　　六　　　白鳥.NOM=3.POSS　飛ぶ-CVB.PFV　行く-PFV-PTCP.IPFV

　　　六羽の白鳥は飛び去ってしまった。

(17) tʲeed　　gans-aar-aa　　　　　tere　xun　　uld-xe-de=n
　　　そして　一つだけ-INS-REFL　それ　人.NOM　残る-PTCP.FUT-D/L=3.POSS

　　　ene　ansʲan　　ɔsʲ-zʲɔ,　　　　 ɔsʲ-ɔɔd,
　　　これ　狩人.NOM　着く-CVB.IPFV　着く-CVB.PFV

　　　そして一人で取り残されているところにこの狩人は行って、

(18) taandood　jamar　zɔn　　jum=b.
　　　2PL.NOM　どんな　人々.NOM　もの=Q

　　　（男）「あなたたちは何者なのか？」

(19) bii　　　teŋgerʲ-iin　dajini　sʲetee　ge-zʲe,
　　　1SG.NOM　天-GEN　　　女神　　SFP　　という-CVB.IPFV

　　　（娘）「私は天女ですよ」と、

(20) minii　　xobsaha=mni　　　　ugui　bɔl-ɔɔ.
　　　1SG.GEN　衣服.NOM=1SG.POSS　ない　なる-PTCP.IPFV

　　　（娘）「私の衣が無くなってしまいました」

(21) bii   xonʲ   sʲoboon-da   bɔl-zʲɔ   sʲad-x-aa
     1SG.NOM   白鳥   鳥-D/L   なる-CVB.IPFV   できる-PTCP.FUT-REFL

   bɔlʲi-ɔɔ=bʲ.
   止まる-PTCP.IPFV=1SG

   （娘）「私は白鳥になれなくなってしまいました」

(22) ɔdɔɔ   ger-t-ee   ɔsʲ-zʲɔ   sʲad-x-aa   bɔlʲ-ɔɔ=bʲ,   ɔdɔɔ.
     今   家-D/L-REFL   着く-CVB.IPFV   できる-PTCP.FUT-REFL   止まる-PTCP.IPFV=1SG   今

   （娘）「もう自分の家に帰れなくなってしまいました」

(23) tii-xe-de=n   tii-g-ee=haa   nam-tai   amʲdar,
     そうする-PTCP.FUT-D/L=3.POSS   そうする-E-PTCP.IPFV=COND   1SG-COM   暮らす(2SG.IMP)

   すると（狩人は）「それならば私と暮らせ」

(24) dax-ool-aad   ger-t-ee   ir-eed   teree-g-eer   ɔdɔɔ
     従う-CAUS-CVB.PFV   家-D/L-REFL   来る-CVB.PFV   それ-E-INS   今

   hamga   xe-zʲe   ii-g-eed   xɔjool-aa   amʲdar-aa.
   妻.INDF   する-CVB.IPFV   こうする-E-CVB.PFV   二人で-REFL   暮らす-PTCP.IPFV

   （娘を）連れて（狩人の）家に来て、妻にめとってこうして二人で暮らした。

(25) baha   xedii   xubuu-tee   bɔl-ɔɔ.
     また   いくつ   男の子-PROP   なる-PTCP.IPFV

   また、何人かの男の子が生まれた。

(26) ɔdɔɔ   taba   zorgaan   xubuu   gar-ga-zʲai-na,   xonʲ   sʲoboon
     今   五   六   男の子.INDF 出る-CAUS-PROG-IND.PRS   白鳥   鳥

   hamgan.
   妻.NOM

   もう男の子を五、六人生んでいた。白鳥である妻は。

(27) odaan   amʲdar-aa   jum   buddee=ba.
     しばらく   暮らす-PTCP.IPFV   SFP   SFP=Q

   長いこと暮らしたものでしょ？

(28) tʲe-g-eed   jaa-dag   bilee,   tere=sʲni.
     そうする-E-CVB.PFV   どうする-PTCP.HBT   SFP   それ.NOM=2SG.POSS

   そうしてどうするのだっけ、それは。

(29) aa,   tere   xuuged=sʲini   baha   tomn-ood   bol-oo   buddee.
     INTJ それ   子供=2SG.POSS また   大きい-PL   なる-PTCP.IPFV SFP

ああ、その子供たちはまた成長して大きくなったよ。

(30) ixe=n   iim-nuud=sʲe   bol-oo   jum   buddee.
     大きい=3.POSS このような-PL.NOM=FOC なる-PTCP.IPFV   SFP   SFP

こんなに大きくなったんだよ。

(31) tʲeed   nege   uder, teden-ei   ger-te   nege   ajansʲan   xun
     そして   一   日   3PL-GEN   家-D/L   一   旅人   人.NOM

     irʲ-ee   ge-ne,   zosʲon.
     来る-PTCP.IPFV   という-IND.PRS   客.NOM

そしてある日、彼らの家に一人の旅人がやってきたそうな。お客さんが。

(32) zosʲon   irʲ-xe-de=n   aba=n   tere   xun-tee
     客.NOM   来る-PTCP.FUT-D/L=3.POSS   父.NOM=3.POSS それ   人-PROP

     jarʲ-alda-xa-d-aa,   ene   manai   hamgan=bol   aŋxan
     話す-RCP-PTCP.FUT-D/L-REFL   これ   1PL.GEN   妻.NOM=COND   最初

     ii-g-eed   ii-g-eed   nʲoor-ai   xubөөn-ehөө
     こうする-E-CVB.PFV   こうする-E-CVB.PFV   湖-GEN   岸-ABL

     ol-zʲo   ab-aa=ham=bi.
     得る-CVB.IPFV   取る-PTCP.IPFV=PFV=1SG

お客さんが来ると（狩人である）その父はその人と話している。「この私の妻というのは最初はこうしてこうして私がある湖の岸辺で見つけて連れてきたんだ」

(33) xobsaha-gui   bol-ood   xonʲ   sʲoboon   bol-zʲo
     衣服.INDF-NEG   なる-CVB.PFV   白鳥   鳥.NOM   なる-CVB.IPFV

     sʲad-x-aa   bolʲ-hon   ge-zʲe   jarʲ-zʲai-xa-da
     できる-PTCP.FUT-REFL   止まる-PTCP.PFV   という-CVB.IPFV   話す-PROG-PTCP.FUT-D/L

     xuuged=sʲni   dool-sʲxʲo-bo   ge-ne.
     子供.NOM=2SG.POSS   聞く-PFV-IND.PST   という-IND.PRS

「服がなくなって白鳥になれなくなった」と話していると、その子供たちが聞いてしまったそうな。

(34) ii-g-eed   xuuged-uud=sʲni   ezʲii-d-ee   irʲ-eed   xel-ee
     こうする-E-CVB.PFV   子供-PL=2SG.POSS   母-D/L-REFL   来る-CVB.PFV   言う-PTCP.IPFV

     buddee.
     SFP

こうして子供たちは母親のところに来て言ったよ。

(35) taa=m   xonʲ   sʲoboon   bɔl-ɔɔd   man-da
    2SG.HON.NOM=1PL.POSS 白鳥   鳥.NOM   なる-CVB.PFV   1PL-D/L

    xar-ool-agtii   daa.
    見る-CAUS-2PL.IMP   SFP

    (子供たち)「お母さん、白鳥になってみせておくれよ」

(36) aba   tii-zʲe   xel-zʲai-na=bsʲa.
    父.NOM   そうする-CVB.IPFV   言う-PROG-IND.PRS=CONC

    (子供たち)「お父さんがそう言ってるんだけど」

(37) tʲeed   bii   xobsah-aa   umd-ee   baha   xonʲ   sʲoboon
    そして   1SG.NOM   衣服-REFL   着る-PTCP.IPFV   また   白鳥   鳥.NOM

    bɔl-zʲɔ   sʲad-xa-gui=bʲ   g-ee   jum   buddee,   ezʲii.
    なる-CVB.IPFV   できる-PTCP.FUT-NEG=1SG   という-PTCP.IPFV   SFP   SFP   母.NOM

    すると「私は衣を着て白鳥になることはできないんだよ」と言ったんだ。母親は。

(38) nam-da   buu   xel-egtii.
    1SG-D/L   PROH   言う-2PL.IMP

    (母)「私にそんなことを言うな」

(39) aba=tnai   med-xe.
    父.NOM=2PL.POSS   知る-PTCP.FUT

    (母)「お父さんが気づいてしまう」

(40) aba=tnai   xobsah-ii=mni   nʲoo-g-aad   gar-ga-zʲa
    父.NOM=2PL.POSS   衣服-ACC=1SG.POSS   隠す-E-CVB.PFV   出る-CAUS-CVB.IPFV

    ug-xe-gui.
    与える-PTCP.FUT-NEG

    (母)「お父さんが衣を隠していて出してくれない」

(41) bii   sʲad-xa-gui=bʲ.
    1SG.NOM   できる-PTCP.FUT-NEG=1SG

    (母)「(だから)私は(白鳥になることが)できない」

(42) zaa,   tii-xe-de=n   xuuged-uud=sʲni   aba-d-aa
    INTJ   そうする-PTCP.FUT-D/L=3.POSS   子供-PL=2SG.POSS   父-D/L-REFL

    ɔsʲ-bɔɔ=le   gɔnʲgʲɔn-ɔɔd   hal-aa-gui   ge-ne.
    着く-CVB.PFV=FOC   せがむ-CVB.PFV   離れる-PTCP.IPFV-NEG   という-IND.PRS

    さあ、すると子供たちは今度は父親のところに行き、せがんで離れなかったそうな。

(43) ezʲii-n   xobsaha   gar-ga-zʲa   ug-tii   daa.
     母-GEN   衣服.INDF   出る-CAUS-CVB.IPFV   与える-2PL.IMP   SFP

（子供たち）「お母さんの衣を出しておくれよ」

(44) bidʲe   xar-na=bdʲa.
     1PL.NOM   見る-IND.PRS=1PL

（子供たち）「ぼくたち見るんだ」

(45) ii-g-eer   hal-xa-gui   ge-ne.
     このような-E-INS   離れる-PTCP.FUT-NEG   という-IND.PRS

こうして離れないそうな。

(46) zaa,   hal-xa-gui-de=n   jad-aad   aba=n
     INTJ 離れる-PTCP.FUT-NEG-D/L=3.POSS   やむをえなくなる-CVB.PFV   父=3.POSS

     xuuged-uud   dax-ool-aad,
     子供-PL.INDF   従う-CAUS-CVB.PFV

さあ、離れないのでやむなく父親は子供たちを連れて行って

(47) tere   xudөө   nʲoo-han   xobsah-ii   ab-aad   nege   uder
     それ   いなか   隠す-PTCP.FUT   衣服-ACC   取る-CVB.PFV   一   日

     irʲ-zʲe,   irʲ-eed,   ɔdɔɔ   hamgan-d-aa   baha   tere
     来る-CVB.IPFV   来る-CVB.PFV   今   妻-D/L-REFL   また   それ

     itgʲe-xe-gui   bai-na.
     信じる-PTCP.FUT-NEG   いる-IND.PRS

その（村の）外れに隠した衣をある日妻に持って来た。でもそれを（妻は）信じない。

(48) sʲii   xobsaha   umd-eed   xonʲ   bɔl-ɔɔd
     2SG.NOM   衣服.INDF   着る-CVB.PFV   白鳥.NOM   なる-CVB.PFV

     jab-zʲa=haa=sʲ   jaa-xa=bi=bdʲe.
     行く-CVB.IPFV=COND=2SG.POSS   どうする-PTCP.FUT=Q=1PL

（夫）「お前が衣を着て白鳥になって行ってしまったら、私たちはどうしたらいいのか」

(49) ugui   buddee,
     ない   SFP

（妻）「行きませんよ」

(50) bii   sʲam-tai   iim   odaan   amʲdar-aad   iim   ɔlɔn
     1SG.NOM   2SG-COM   このような   しばらく   暮らす-CVB.PFV   このような   多い

xuuged-tee   bɔl-ɔɔ=b.
子供-PROP   なる-PTCP.IPFV=1SG

（妻）「私はあなたとこれほど長く暮らしてこれほど多くの子供ができました」

(51) bii   jaa-zʲa   jab-xa=bi=b   dee.
     1SG.NOM   どうする-CVB.IPFV   行く-PTCP.FUT=Q=1SG   SFP

（妻）「私がなぜ行きましょうか」

(52) ɔsʲ-xɔ-gui=bʲ.
     着く-PTCP.FUT-NEG=1SG

（妻）「（天には）行きません」

(53) xamaa   ugui,
     関係   ない

（夫）「いいんだ」

(54) nege   odaa   umd-eed   xuuged-uud-de   xonʲ   sʲoboon
     一   回   着る-CVB.PFV   子供-PL-D/L   白鳥   鳥.NOM

     bɔl-zʲɔ   xar-ool-hoo   daa.
     なる-CVB.IPFV   見る-CAUS-IMP.FUT   SFP

（夫）「一度だけ着て、子供たちに白鳥になって見せてやりなさい」

(55) tii-xe-de=n   ubgen-ii=n   itgʲ-eed
     そうする-PTCP.FUT-D/L=3.POSS   夫-ACC=3.POSS   信じる-CVB.PFV

     xobsah-ii=n   ug-sʲxʲ-ɔɔ.
     衣服-ACC=3.POSS   与える-PFV-PTCP.IPFV

そうして夫のことを信じて、（妻は）衣を（夫から）受け取った。

(56) xobsah-iiji=n   ug-xe-de=n   tere=sʲni=le   dɔlɔɔ   xɔnɔg
     衣服-ACC=3.POSS   与える-PTCP.FUT-D/L=3.POSS   それ=2SG.POSS=FOC   七   晩

     beje   arʲoodx-aad=le   ɔdɔɔ   ixe   bai-zʲa,
     体.INDF   清める-CVB.PFV=FOC   今   大きい   いる-CVB.IPFV

衣を渡すと妻は七日七晩身体を清めて、たいそう清らかになって

(57) zaa,   iige-zʲe   iige-zʲe   nege   uder   xobsah-aa
     INTJ   こうする-CVB.IPFV   こうする-CVB.IPFV   一   日   衣服-REFL

     umde-xe-d-ee   xonʲ   sʲoboon   bɔl-sʲ-ɔɔ.
     着る-PTCP.FUT-D/L-REFL   白鳥   鳥.NOM   なる-PFV-PTCP.IPFV

さあこうしてある日、衣を着るととたんに白鳥に変身した。

(58) xonʲ   sʲoboon   bɔl-ɔɔd=le   ger   deeguur   gorba-jii
     白鳥   鳥.NOM   なる-CVB.PFV=FOC   家   上を通って   三-ACC

    erʲj-eed=le   ɔcɔ   turuusʲ=in   ene   xun-ei   turuusʲ=in
    回る-CVB.PFV=FOC   今   初めの人=3.POSS   これ   人-GEN   初めの人=3.POSS

    sʲaraldai   ge-zʲe,
    PN   という-CVB.IPFV

    白鳥になって家（ゲル）の上を三度回った。ところで、この（狩人である）最初の人はシャラルダイという、

(59) hadan-ahaa=n   baha   taban   xubuun   bai-na.
     親族-ABL=3.POSS   また   五   男の子.NOM   いる-IND.PRS

    この親族には五人の男の子がいる。

(60) galzood,   xowasai,   xugduud,   sʲaraid,   gosʲad.
     PN   PN   PN   PN   PN

    ガルゾード、ホワサイ、フグドゥード、シャライド、ゴシャド。

(61) ene   xonʲ   sʲoboon   nagaawaa   ge-zʲe   ner-tee,
     これ   白鳥   鳥.NOM   PN   という-CVB.IPFV   名前-PROP

    この白鳥はナガーワーという名前だ。

(62) ene   hadan-ahaa   zorgaan   xubuun   bai-na.
     これ   親族-ABL   六   男の子.NOM   いる-IND.PRS

    この親族には六人の男の子がいる。

(63) xaragana,   xodai,   bɔdɔŋgood,   sagaaŋgood,   xalʲban,   batnai.
     PN   PN   PN   PN   PN   PN

    ハラガナ、ホダイ、ボドンゴード、サガーンゴード、ハリバン、バトナイ。

(64) ii-g-eed   orda   xɔit-iin   arban   negen   xubuu-tee
     こうする-E-CVB.PFV   前   後-GEN   十   一   男の子-PROP

    bɔl-ɔɔ   sʲetee,   ene   xun.
    なる-PTCP.IPFV   SFP   これ   人.NOM

    こうして前後十一人の男の子がいた。この男には。

(65) tii-g-eed   ger   deeguur   gorab   niid-eed   arban   negen
     そうする-E-CVB.PFV   家   上を通って   三   飛ぶ-CVB.PFV   十   一

    xubuun   arban   negen   eseg-iin   ɔcɔ   zɔn   bɔl-zʲɔ
    男の子.NOM   十   一   父-GEN   今   人々.NOM   なる-CVB.IPFV

arban	negen	ɔbɔg-ɔi	zɔn	bɔl-zʲɔ	urezʲ-zʲe,	urʲe=le
十	一	氏族-GEN	人々	なる-CVB.IPFV	殖える-CVB.IPFV	子孫=FOC

bɔl-zʲɔ　　　　jab-aarai=t.
なる-CVB.IPFV　行く-2.IMP.FUT=2PL

そして家（ゲル）の上を三度飛んで、「十一人の息子たちよ、十一の始祖となって、十一の氏族となって子孫を増やしなさい」

(66) tiige-zʲe　　　　erʲj-eed　　　tɔɔnɔ　　deer-ee　　hoo-g-aad,
　　　そうする-CVB.IPFV　回る-CVB.PFV　天窓　　上に-REFL　座る-E-CVB.PFV

　　　ɔdɔɔ　jab-xa=haa　　　　deere=n　　ubgen=in　　tɔgɔɔ
　　　今　　行く-PTCP.FUT=COND　上に=3.POSS　夫=3.POSS　鍋.INDF

　　　barʲ-zʲa,　　　　hu-tee　　gar-aar-aa　　harbai-xa-da　　　tere　habar=in
　　　持つ-CVB.IPFV　乳-PROP　手-INS-REFL　伸ばす-PTCP.FUT-D/L　それ　爪.NOM=3.POSS

　　　habard-aad=le　　　ul-sʲ-ɔɔ=xɔ-d-ɔɔ.
　　　ひっかく-CVB.PFV　残る-PFV-PTCP.IPFV=FUT-D/L-REFL

そうして（三度）回って、天窓の上に停まって、飛び立つときに夫が鍋を持って、ミルクの入った鍋を持って手を伸ばしたが、爪が（鍋に）かかったところで、

(67) tere　niid-eed　　　jab-sʲ-b-aa,　　　　teŋgerʲ-tʲ-ee.
　　　それ　飛ぶ-CVB.PFV　行く-PFV-IND.PST-EMP　天-D/L-REFL

天に飛んでいってしまった。

(68) ii-g-eed　　　　　xonʲ　sʲoboon-ai=n　　habar=in　　xar　bai-dag
　　　こうする-E-CVB.PFV　白鳥　鳥-GEN=3.POSS　爪=3.POSS　黒い　いる-PTCP.HBT

　　　ge-deg.
　　　という-PTCP.HBT

こういうわけで（鍋を引っかいたので）白鳥の爪は黒いのだという。

(69) ii-g-eed　　　　　ene　borʲaad　zɔn　　xonʲ　sʲoboo
　　　こうする-E-CVB.PFV　これ　PN　　人々.NOM　白鳥　鳥.INDF

　　　xar-aa=haa　　　　　manai　　deeduul　　ge-zʲe　　　hu
　　　見る-PTCP.IPFV=COND　1PL.GEN　先祖.NOM　という-CVB.IPFV　乳.INDF

　　　targa　　　　urge-deg　　　iim　　　zansʲal-tai　bɔl-ɔɔ　　　jum
　　　ヨーグルト.INDF　捧げる-PTCP.HBT　このような　習慣-PROP　なる-CVB.IPFV　SFP

　　　bai-na.
　　　いる-IND.PRS

こういうわけで、ブリヤートの人々は白鳥を見たら「われわれの先祖だ」とミルクやヨーグルトを捧げる、こういう習慣ができたのだ。

(70) ii-g-eed   xonʲ   sʲoboon   garbal-tai   ge-zʲe   borʲaasʲ-ai
    こうする-E-CVB.PFV 白鳥   鳥.NOM   出自-PROP   という-CVB.IPFV PN-GEN

    xelleg=in   iim=le   dee.
    言い伝え=3.POSS   このような=FOC   SFP

白鳥の祖を持つというブリヤートの言い伝えはこんなだよ。

テキスト2. 豚占い師

【語り手】 ドガルマー氏
【収録日】 2000年8月27日
【収録場所】 内モンゴル自治区フルンボイル盟（現・フルンボイル市）エウェンク族自治旗シネヘン西ソム・ご本人宅
【解説】この民話はブリヤート、もしくはモンゴル固有のものではない。古代インドで生まれたヴェーターラ・パンチャヴィンシャティ（Vetālapañcaviṃśati）という物語集[1]がある。これがチベット高原に伝わり、仏教文化による変容を経て再構成されたと考えられるロドゥン（ro sgrung「死体の物語」の意。星泉氏のご教示による）という説話集がある。これが仏教・チベット文化ともにモンゴル高原に伝わり、シッディ・クール（shidi khüür「不思議な死体」）もしくはシデット・フーリーン・ウリゲル（shidet xüüriin üliger「不思議な死体の物語」）として広まった。魔力を持った死体がさまざまな物語[2]を語るという構成になっており、豚占い師[3]はこのさまざまな物語のうちのひとつにあたる。地域によってはガハイ・バクシ（gaxai bagsh「豚先生」の意）などとも呼ばれる。西脇(2013: 219-224)によれば、この「豚占い師」に類似したモチーフの説話はモンゴル、チベットのほかにダグール、シベ、ウイグル、ミャオ（苗）、朝鮮、満洲、漢民族にも伝わるという。なお、上記古代インドのヴェーターラ・パンチャヴィンシャティには類似の話は収録されていないようである。

(1) gaxai   tulegsʲe   ge-zʲe   ene   ner-tee   xun   bai-g-aa=haa.
    豚   占い師   という-CVB.IPFV   これ   名前-PROP   人.NOM   いる-E-PTCP.IPFV=COND

豚占い師という名前の人がいたんだって。

(2) tere   jaa-g-aad   tiim   bɔl-ɔɔ=b   ge-xe-de,
    それ   どうする-E-CVB.PFV   そのような   なる-PTCP.IPFV=Q   という-PTCP.FUT-D/L

彼はなぜそんなふうになったのかというと、

(3) tere   xun   nege   aŋ   agna-zʲa   jab-aad   nege   nuxen-ei
    それ   人.NOM   一   狩り.INDF   狩る-CVB.IPFV   行く-CVB.PFV   一   穴-GEN

    amhar-ta   xur-eed   tere   nuxen-de=n   malgai-g-aar-aa
    入り口-D/L   着く-CVB.PFV   それ   穴-D/L=3.POSS   帽子-E-INS-REFL

    bugl-eed,   xobsah-aa   xɔɔ   tail-aad,   mɔrin-d-ɔɔ   ganzaga-l-sʲxʲi-ɔɔd,
    覆う-CVB.PFV   衣服-REFL   全て   脱ぐ-CVB.PFV   馬-D/L-REFL   鞍ひも-VBLZ-PFV-CVB.PFV

    zaa,   mɔri-j-ɔɔ   nɔxɔi-ŋ-g-ɔɔ   xuzuun-ehee   ja   iim
    INTJ   馬-ACC-REFL   犬-GEN-E-REFL   首-ABL   INTJ   このような

    xɔlbɔ-sʲxʲi-ɔɔ   nɔxɔi-tɔj-ɔɔ   xulle-hen,   ojaa.
    結ぶ-PFV-PTCP.IPFV   犬-COM-REFL   結ぶ-PTCP.PFV   ロープ

その人は狩りに出かけて、あるほら穴にたどりついて、（そこで泊まろうと思って）穴の入り口を帽子で覆って、服を全部脱いで、自分の馬に結んで、馬を自分の犬と綱で結んだんだ。

(4) ii-g-eed,   hoo-zʲa   hoo-g-aa=xa-da,
     こうする-E-CVB.PFV 座る-CVB.IPFV   座る-E-PTCP.IPFV=FUT-D/L

こうしてそこで泊まったら、

(5) tere   tii-zʲai-tar=in   tere   nuxen-ehee   unegen
     それ   そうする-PROG-CVB.TERM=3.POSS   それ   穴-ABL   狐.NOM

     gar-aad   gui-hen.
     出る-CVB.PFV   走る-PTCP.PFV

そうしていたらその穴の中から狐が走り出てきた。

(6) araa-ta   ge-zʲe   xel-ne   manai-xʲaŋ-g-ood.
     臼歯-PROP.NOM   という-CVB.IPFV   言う-IND.PRS   1PL.GEN-EXST-E-PL.NOM

狐のことを「臼歯持ち」と私たちは言うよ。

(7) araa-ta   gar-aad   gui-xe-de   malgai-jii=n
     臼歯-PROP.NOM   出る-CVB.PFV   走る-PTCP.FUT-D/L   帽子-ACC=3.POSS

     tarʲxʲa-da   abl-aad   gui-g-ee   jum   buddee.
     頭-D/L   覆う-CVB.PFV   走る-E-PTCP.IPFV   SFP   SFP

狐が走り出てきて、帽子が頭にかぶさって、走ったんだよ。

(8) dotaa-b-aa.
     逃げる-IND.PST-EMP

逃げた。

(9) tii-xe-de=n   tereen-ei=le   juu-l-eed   nɔxɔi-n
     そうする-PTCP.FUT-D/L=3.POSS それ-GEN=FOC   何-VBLZ-CVB.PFV   犬-GEN

     gui-xe-de=n   mɔr-iiji=n   baha   nɔxɔi-tɔj-ɔɔ
     走る-PTCP.FUT-D/L=3.POSS   馬-ACC=3.POSS   再び   犬-COM-REFL

     xɔlbɔ-ld-ɔɔd   urg-eed=le,
     結ぶ-RCP-CVB.PFV   持ち上げる-CVB.PFV=FOC

するとそれを追って犬が走って、馬もまた犬と結ばれているので起き上がって、

(10) malgai-ji=n   araa-ta   umd-eed=le,
     帽子-ACC=3.POSS   臼歯-PROP.NOM   着る-CVB.PFV=FOC

帽子が狐にかぶさって、

(11) nɔxɔi=n   mɔr-iiji=n   xutel-eed   mɔrin-dɔ   xobsah-aa   ɔɔ
     犬.NOM=3.POSS   馬-ACC=3.POSS   牽く-CVB.PFV   馬-D/L   衣服-REFL   すべて

ganzaga-la-sʲ-han	tere=sʲ	nusgen	ulde-sʲ-b-aa,	xudee.
鞍ひも-VBLZ-PFV-PTCP.PFV	それ=2SG.POSS	裸で	残る-PFV-IND.PST-EMP	草原

（それを追って）犬は馬を牽っぱって、馬には衣服を結んであったので、男は裸のまま取り残されたんだ。

(12) tʲeg-eed ɔrɔi bɔl-x-cx-dɔ=n daar-aa
そうする-CVB.PFV 晩 なる-PTCP.FUT-D/L-3.POSS 凍える-PTCP.IPFV

tes-xe-gui-d-ee nege ail-ai, ubhen sɔɔ ɔr-ɔɔd
耐える-PTCP.FUT-NEG-D/L-REFL 一 家庭-GEN 草 下に 入る-CVB.PFV

bai-zʲai-na=haa.
いる-PROG-IND.PRS=COND

すると日が暮れて、男は凍えてたまらず、ある家に積んであった草の中に入ったんだ。

(13) xuiten bɔl-hɔn uje jum buddee.
冷たい なる-PTCP.PFV 時期 SFP SFP

寒い季節だったんだよ。

(14) xun gazaa-g-aa ubhe-tee-ji xed ab-aa.
人.NOM 地面-E-REFL 草-PROP-ACC いくつ 取る-PTCP.IPFV

男は（積まれている干し）草を取った。

(15) ail-ai ubhen sɔɔ ɔr-ɔɔd bai-zʲai-na ge-ne.
家庭-GEN 草 中に 入る-CVB.PFV いる-PROG-IND.PRS という-IND.PRS

その家の（干し）草の中に入っているそうだ。

(16) iige-ne.
こうする-IND.PRS

こうする。

(17) ii-g-eed hoo-zʲai-xa=n tere ail-ai,
こうする-E-CVB.PFV 座る-PROG-PTCP.FUT=3.POSS それ 家庭-GEN

こうしていると、その家の

(18) tere=n xaan-ai-xʲa=sʲe bai-g-aa jum=ba?
それ=3.POSS 王-GEN-EXST=FOC いる-E-PTCP.IPFV SFP=Q

その家は王様の家だったっけか。

(19) bajan ail, tere ail-ai basgan, nege ɔlɔn basgad-ood
裕福な 家庭.NOM それ 家庭-GEN 娘.NOM 一 多い 娘-PL.NOM

tende	beje	zah-aad,	ii-g-eed	naad-aa	jum
そこで	体.INDF	直す-CVB.PFV	こうする-E-CVB.PFV	遊ぶ-PTCP.IPFV	SFP

ge	jum	g-ee.
という	SFP	という-PTCP.IPFV

裕福な家で、その家の娘が、娘たちが用を足しに来て、外で遊んでいたんだそうな。

(20)
xar-ahaar	bai-tar=in	altan	bʲeheleg,	gazar-ta
見る-CVB.DUR	いる-CVB.TERM=3.POSS	金	指輪.INDF	地面-D/L

onagaa-sʲxʲ-ɔɔ	ge-ne.
落とす-PFV-PTCP.IPFV	という-IND.PRS

（草の中から）のぞいていると、金の指輪を地面に落としたんだそうな。

(21)
tere	med-ne-gui,
それ	知る-IND.PRS-NEG

娘は気づかない。

(22)
tere	basgad-ood=sʲ	jab-sʲ-xa-da=n	tere	altan
それ	娘-PL.NOM=2SG.POSS	行く-PFV-PTCP.FUT-D/L=3.POSS	それ	金

bʲeheleg	deer=en	uxer	ir-eed	jag	ene	uxer
指輪	上に=3.POSS	牛.NOM	来る-CVB.PFV	ちょうど	これ	牛.NOM

baa-sʲxʲɔ-bɔ	ge-ne.
大便をする-PFV-IND.PST	という-IND.PRS

その娘たちが行ってしまうと、その金の指輪の上に牛が来てね、この牛がちょうど糞をしたそうな。

(23)
tere	xar-zʲai-na.
それ.NOM	見る-PROG-IND.PRS

男は見ている。

(24)
ene	baahan	dɔtɔr	altan	bʲeheleg=en	bai-na.
これ	糞	中に	金	指輪.NOM=3.POSS	ある-IND.PRS

この糞の中に金の指輪がある。

(25)
ii-g-eed=le	tere=sʲni	baiz,	jaa-g-aad
こうする-E-CVB.PFV=FOC	それ=2SG.POSS	待てよ	どうする-E-CVB.PFV

med-deg	bilee	tere	xun-ii=b=sʲni,
知る-PTCP.HBT	SFP	それ	人-ACC=Q=2SG.POSS

こうしてその家は、あれ、どうしてその男を知ったんだっけか……[4]

(26) ɔrɔi   mal-d-aa   ubhe   ug-xe   g-eed   tere=nʲ
    晩   家畜-D/L-REFL   草.INDF   与える-PTCP.FUT   という-CVB.PFV   それ=3.POSS

    ubhen   sɔɔ-hɔɔ   med-ee=ba.
    草   中に-ABL   知る-PTCP.IPFV=Q

    晩に家畜に草をやろうとして草の中にいるのを（人が）知ったんだっけか。

(27) barʲ-agd-aa.
    捕る-PASS-PTCP.IPFV

    （人に）捕まった。

(28) tere   xun=sʲni   ubhen   sɔɔ   nusgen   bai-zʲai-g-aad,
    それ   人=2SG.POSS   草   中に   裸で   いる-PROG-E-CVB.PFV

    tii-g-eed   teren-ei=sʲni
    そうする-E-CVB.PFV   それ-GEN=2SG.POSS

    その男が草の中で裸でいたのを、

(29) jaa-g-aad   bii   ene   basgan,   tii,
    どうする-E-CVB.PFV   1SG.NOM   これ   娘.NOM   INTJ

    なぜ私はこの娘を……そうだ、

(30) asa⁵   xatx-ool-han   hanaa   jum   buddee.
    フォーク.NOM   刺す-CAUS-PTCP.PFV   考え   SFP   SFP

    フォークで刺されたんだよ。（それで見つかったんだ）

(31) tii,   tere-jii=sʲni   ger-t-ee   ɔr-ool-xa-da=n
    INTJ   それ-ACC=2SG.POSS   家-D/L-REFL   入る-CAUS-PTCP.FUT-D/L=3.POSS

    tere=sʲni   jaa-g-aa   jum   bai-na.
    それ.NOM=2SG.POSS   どうする-E-PTCP.IPFV   SFP   いる-IND.PRS

    そう、それで男を家に入れると、男はどうしたっけか。

(32) basgan-ai=tni   altan   bʲeheleg   bii   med-xe=bʲ
    娘-GEN=2SG.HON.POSS   金   指輪.INDF   1SG.NOM   知る-PTCP.FUT=1SG

    ge-zʲe   altan-ee   buddee.
    という-CVB.IPFV   言う-PTCP.IPFV   SFP

    「お宅の娘さんの金の指輪のありかを私は知っている」と言ったんだ。

(33) tere   xar-zʲai-han   jum.
    それ.NOM   見る-PROG-PTCP.PFV   SFP

    男は見ていたんだから。

(34) tii-g-eed　　　　　　aa,　　jaa-zʲa　　　　uz-xe=bʲ=sʲ　　　　ɔdɔɔ.
　　　そうする-E-CVB.PFV　FIL　どうする-CVB.IPFV　見る-PTCP.FUT=Q=2SG　今

　　　すると「お前はどうすればそれがわかるんだ？」

(35) gaxai-n　　　tarʲxʲa　　xereg-tee,
　　　豚-GEN　　　頭.INDF　　必要-PROP

　　　「豚の頭が要る」

(36) ii-g-eed　　　　　　gaxai-ji=n　　al-ool-aad=le　　　　　mʲaxa　　jum-iiji
　　　こうする-E-CVB.PFV　豚-ACC=3.POSS　殺す-CAUS-CVB.PFV=FOC　肉.INDF　物-ACC

　　　sʲan-zʲa　　　　idʲ-eed=le　　　　　ɔdɔɔ　　gedehen=in=sʲe　　ulde-hen
　　　煮る-CVB.IPFV　食べる-CVB.PFV=FOC　今　　　お腹=3.POSS=FOC　　飢える-PTCP.PFV

　　　bai-g-aa　　　　　　jum　　buddee.
　　　いる-E-PTCP.IPFV　　SFP　　SFP

　　　こうして豚を屠殺させて、肉やらなにやら煮て食べて。お腹が空いていたんだよ。

(37) sad-tar-aa　　　　　　　　　gaxai　　mʲaxa　　idʲ-eed=le　　　　　xobsaha
　　　満腹になる-CVB.TERM-REFL　　豚　　　肉.INDF　食べる-CVB.PFV=FOC　衣服.INDF

　　　baha　umde-xe　　　　jum　　buddee.
　　　再び　着る-PTCP.FUT　SFP　　SFP

　　　お腹いっぱい豚肉を食べて、服も着たんだ。

(38) ii-g-eed　　　　　　gaxai-n　　tarʲxʲa　　mɔdɔn-dɔ　　iige-zʲe
　　　こうする-E-CVB.PFV　豚-GEN　　頭.INDF　　木-D/L　　　こうする-CVB.IPFV

　　　sʲɔrl-ɔɔd,
　　　串刺しにする-CVB.PFV

　　　そして豚の頭を木で串刺しにして

(39) ɔdɔɔ　ii-g-eed　　　　　　bii　　　　basgan-ai=tni　　　　altan　bʲeheleg
　　　今　　こうする-E-CVB.PFV　1SG.NOM　娘-GEN=2SG.HON.POSS　金　　指輪.INDF

　　　bidʲer-ne=bʲ.
　　　探す-IND.PRS=1SG

　　　「さあ娘さんの金の指輪を探しますよ」

(40) ii-g-eer　　　gaxai-ŋ-g-aa　　　　tarʲxʲa　　barʲ-aad=le　　　　ii-g-eed=le
　　　これ-E-INS　豚-GEN-E-REFL　　　頭.INDF　　持つ-CVB.PFV=FOC　こうする-E-CVB.PFV=FOC

　　　jab-aa　　　　　jum　　bai-tar,
　　　行く-PTCP.IPFV　SFP　　いる-CVB.TERM

　　　こうして豚の頭を持って、進んでいくと

(41) hahaha,   tii-g-eed   tere=sʲ   xar-xa   jum   dee,
    (笑い)   そうする-E-CVB.PFV   それ=2SG.POSS   見る-PTCP.FUT   SFP   SFP

ははは。彼は見ていたんだものね。

(42) iim-xen   sʲabaa=haa   ɔbɔɔlɔg-tɔi-dɔ,   uxer-ei   baaha,
    このような-DMN   泥=COND   堆積している-PROP-D/L   牛-GEN   糞

    g-ee   ge-ne.
    という-PTCP.IPFV   という-IND.PRS

「こういう泥が積まれているところ…牛の糞…」と言う。

(43) jag   ɔl-ool-xa-da=n   neeree=n   altan   bʲeheleg=en
    ちょうど   得る-CAUS-PTCP.FUT-D/L=3.POSS   本当に=3.POSS   金   指輪.NOM=3.POSS

    bai-zʲai-g-aa   ge-ne   tere=sʲni.
    いる-PROG-E-PTCP.IPFV   という-IND.PRS   それ=2SG.POSS

ちょうどそういう場所に、金の指輪はあったんだそうな。

(44) ii-g-eer   ɔdɔɔ   ixe   gaxai   tulegsʲe   ge-zʲe   ner-tee
    これ-E-INS   今   大きい   豚   占い師.NOM   という-CVB.IPFV   名前-PROP

    bɔl-ɔɔ.
    なる-PTCP.IPFV

こうして今や「偉大な豚占い師」という名前がついた。

(45) ixe   ɔdɔɔ   mergen   tɔɔs-ɔgdɔ-bɔ   ge-ne.
    大きい   今   名人.NOM   数える-PASS-IND.PST   という-IND.PRS

有名人の一人になった。

(46) aa,   tere=sʲ   nege   bajan   ail,   ail-da   xaan-ai-xʲ=sʲe
    INTJ   それ=2SG.POSS   —   裕福な   家庭   家庭-D/L   王-GEN-EXST=2SG.POSS

    besʲ-ee,
    NEG-EMP

ああ、これはある金持ちの家だ。王様の家ではない。

(47) ii-g-eed   tende=sʲ   gaxai   tulegsʲe   mergen
    こうする-E-CVB.PFV   そこに=2SG.POSS   豚   占い師   名人.NOM

    ge-zʲe   soo   gar-aad=le,   nege   xaan-ai-xʲ
    という-CVB.IPFV   名声.NOM   出る-CVB.PFV=FOC   —   王-GEN-EXST.NOM

    zal-ba   ge-ne=le   dee.
    招く-IND.PST   という-IND.PRS=FOC   SFP

こうしてその地で豚占い師という名声を得て、ある王様に招かれたのだそうな。

(48) xaan=in   tɔgtɔ-x-ɔɔ   bɔlʲi-hɔn.
     王.NOM=3.POSS 定める-PTCP.FUT-REFL 止まる-PTCP.PFV

   （次の）王が決まらなかった（国だ）。

(49) xaan=in,   munөө   bai-xa   xaan=in   baha   beje
     王.NOM=3.POSS 今   いる-PTCP.FUT 王.NOM=3.POSS 再び   体.NOM

     moo   ubsʲen-tee.
     悪い   病気-PROP

   王様は、今の王様は病に伏している。

(50) ɔdɔɔ   zal-zʲa   abaasʲ-aa   ge-ne.
     今   招く-CVB.IPFV   取る-PTCP.IPFV   という-IND.PRS

   そこで（男を）招いたんだそうな。

(51) tere=sʲ   ai-zʲai-na.
     それ=2SG.POSS   恐れる-PROG-IND.PRS

   彼（男）は恐れている。

(52) ɔdɔɔ   jaa-dag   bilee.
     今   どうする-PTCP.HBT   SFP

   どうしたものか。

(53) aimsʲag,   ɔdɔɔ   jaa-zʲa   xodal-aar   xel-ne   ge-zʲe
     恐ろしい   今   どうする-CVB.IPFV   嘘-INS   言う-IND.PRS   という-CVB.IPFV

     ai-haar   ɔsʲ-ɔɔ   jum=xe-de,
     恐れる-CVB.DUR   着く-PTCP.IPFV   SFP=FUT-D/L

   恐ろしい。どうやって嘘をつこうかとびくびくして王様のもとへ行ったそうな。

(54) ɔsʲ-ɔɔ=le.
     着く-PTCP.IPFV=FOC

   行ったんだ。

(55) ger-te=n   ɔr-xɔ-dɔ=n   xaan-ai-da   ɔr-xɔ-dɔ=le
     家-D/L=3.POSS   入る-PTCP.FUT-D/L=3.POSS 王-GEN-D/L   入る-PTCP.FUT-D/L=FOC

     oxaaŋ-gu   gɔj   bai-g-aa   jum   buddee,   tere   urөө⁶.
     知恵-NEG   美しい   いる-E-PTCP.IPFV   SFP   SFP   それ   部屋.INDF

   屋敷に入ると、王様の屋敷に入ると、見たこともない美しさであったそうな、その部屋は。

(56) jadoo   xun   zʲeg-tee   gɔj   gaix-aad   tʲeg-eed
     貧しい   人.NOM   奇怪な-PROP   美しい   驚く-CVB.PFV   そうする-CVB.PFV

     melr-eed   uuden-de=n   zɔgs-ɔɔ.
     戸惑う-CVB.PFV   扉-D/L=3.POSS   立つ-PTCP.IPFV

     貧しい男は（部屋が）ものすごくきれいなので驚いて、困惑して扉の前で立ちすくんだ。

(57) tere   xaan-ai   xatan   baha   nege   gɔj   xatan   bai-na,
     それ   王-GEN   妃.NOM   再び   一   美しい   妃.NOM   いる-IND.PRS

     その王様のお妃様もそれは美しい。

(58) teren-iiji=n   xar-aad   ii-g-eed   nege   xeheg
     それ-ACC=3.POSS   見る-CVB.PFV   こうする-E-CVB.PFV   一   部分

     uuden-de=n   bai-g-aa   ge-ne,   melr-eed.
     扉-D/L=3.POSS   いる-E-PTCP.IPFV   という-IND.PRS   戸惑う-CVB.PFV

     しばらくの間彼女に見とれて扉の前に立ちすくんだ。困惑して。

(59) ɔdɔɔ   jaa(-zʲa)=sʲe   xodal-aa   xel-xe   bɔl-ɔɔ=b
     今   どうする(-CVB.IPFV)=FOC   嘘-REFL   言う-PTCP.FUT   なる-PTCP.IPFV=Q

     ge-zʲe   ge-ne.
     という-CVB.IPFV   という-IND.PRS

     「ああ、どうやって嘘をついたらいいだろうか」と。

(60) tii-g-eer=en   xaan-ai-da   idʲeel-zʲe   uhal-aad=le
     そうする-E-INS=3.POSS   王-GEN-D/L   食べる-CVB.IPFV   飲む-CVB.PFV=FOC

     xɔnɔ-xɔ   bɔl-bɔ   jum   buddee.
     泊まる-PTCP.FUT   なる-IND.PST   SFP   SFP

     そうして王様の屋敷でもてなしを受け、泊まることになったんだ。

(61) ɔdɔɔ   bii   uglɵɵder   uz-xe=bʲ   ge-zʲe   xel-zʲai-na
     今   1SG.NOM   翌日   見る-PTCP.FUT=1SG   という-CVB.IPFV   言う-PROG-IND.PRS

     ge-ne.
     という-IND.PRS

     「明日、占います」と言ったそうな。

(62) tii-g-eed   tere=sʲ   hunʲ   bɔl-hɔn   xɔinɔ,   gazaa   beje
     そうする-E-CVB.PFV   それ=2SG.POSS   夜.NOM   なる-PTCP.PFV   後に   地面   体.INDF

     zah-aa=sʲ   bɔl-ɔɔd,   ɔdɔɔ   dotaa-na.
     直す-PTCP.IPFV=2SG.POSS   なる-CVB.PFV   今   逃げる-IND.PRS

     そしてその晩、外に用足しに行って、そのまま逃げた。

(63) teriil-ne.
　　　逃げる-IND.PRS

　　　逃げる。

(64) uxer-ei　　zɔgsɔɔ-g-ɔɔd　　bai-zʲai-na.
　　　牛-GEN　　立つ-E-CVB.PFV　　いる-PROG-IND.PRS

　　　（逃げていく途中で）牛が立っていた。

(65) uxer-ei　　dal　　deeguur　　gar-aad　　gui-zʲe　　jab-ahaar
　　　牛-GEN　　肩　　上を通って　　出る-CVB.PFV　　走る-CVB.IPFV　　行く-CVB.DUR

　　　sumr-eed　　ona-xa-d-aa　　iim　　hɔlzgɔr　　urөөhen
　　　落ちる-CVB.PFV　　落ちる-PTCP.FUT-D/L-REFL　　このような　　もじゃもじゃ　　片方の

　　　eber-tee　　sar　　deer　　ona-sʲ-ba　　ge-ne.
　　　角-PROP　　牡牛　　上に　　落ちる-PFV-IND.PST　　という-IND.PRS

　　　牛の肩越しに飛び越えていこうとしたところ、こんなもじゃもじゃの片角の牡牛の上に落ちてしまったそうな。

(66) zaa,　　tii-g-eer　　tere　　uxer-ei　　dondo　　ɔr-ɔɔd=le
　　　INTJ　　そのような-E-INS　　それ　　牛-GEN　　間に　　入る-CVB.PFV=FOC

　　　ii-g-eed　　ai-g-aad　　bai-zʲai-na　　ge-ne.
　　　こうする-E-CVB.PFV　　恐れる-E-CVB.PFV　　いる-PROG-IND.PRS　　という-IND.PRS

　　　そうして牛の間に入って、びくびくしていたそうな。

(67) ɔdɔɔ　　tere=sʲni　　xodal-aar　　xel-zʲe　　sʲad-xa-gui.
　　　今　　それ=2SG.POSS　　嘘-INS　　言う-CVB.IPFV　　できる-PTCP.FUT-NEG

　　　もう嘘をつくこともできない。

(68) unen　　gaxai　　tuleg-eer　　med-xe-gui.
　　　真実　　豚　　占い-INS　　知る-PTCP.FUT-NEG

　　　本当は豚占いなんて知らない。

(69) tere=sʲ　　tulegsʲe　　baha　　bisʲ-ee.
　　　それ=2SG.POSS　　占い師.NOM　　再び　　NEG-EMP

　　　それに占い師でもない。

(70) xodal-aar　　xel-hen　　jaa-na=bʲ　　ge-zʲe　　bai-na
　　　嘘-INS　　言う-PTCP.PFV　　どうする-IND.PRS=1SG　　という-CVB.IPFV　　いる-IND.PRS

　　　ge-ne.
　　　という-IND.PRS

嘘をついたら俺はどうなるだろうか、と思っている。

(71) tii-zʲai-tar=in　　　　　　　xaan-ai　xatan　　irʲ-eed,　　　tere
　　 そうする-PROG-CVB.TERM=3.POSS　王-GEN　妃.NOM　来る-CVB.PFV　それ

　　 urөөhen　　eber-tee　　uxer-tee　　jarʲ-alda-zʲai-na　　　　ge-ne.
　　 片方の　　 角-PROP　　 牛-COM　　 話す-RCP-PROG-IND.PRS　という-IND.PRS

そうしているとそこにお妃様が来て、片角の牡牛となにやら話しているのがみえた。

(72) ene　xun,　ɔdɔɔ　gai-tai　　xun　　irʲ-ee.
　　 これ　人.NOM　今　　災い-PROP　人.NOM　来る-PTCP.IPFV

（妃）「こういう奴が、災いをもたらす奴が来た」

(73) bidʲe　　jaa-zʲa　　　　arga-l-n-aa　　　　　　eneen-ii.
　　 1PL.NOM　どうする-CVB.IPFV　方法-VBLZ-IND.PRS-EMP　これ-ACC

（妃）「どうやって片付けようか、こいつを」

(74) tere　xatan=in　　　　xel-zʲai-na.
　　 それ　妃.NOM=3.POSS　言う-PROG-IND.PRS

お妃様は話している。

(75) ger-te　　ɔr-ɔɔd　　　　tere　namaiji　xar-aad　　　bai-g-aa=bsʲa
　　 家-D/L　来る-CVB.PFV　それ　1SG.ACC　見る-CVB.PFV　いる-E-PTCP.IPFV=CONC

　　 bii　　dee,　namaiji　　mansʲiji　　barag　　med-ee　　　g-eesʲe=gu
　　 いる　SFP　 1SG.ACC　 1PL.ACC　 ほとんど　知る-PTCP.IPFV　という-PTCP.AGT=Q

　　 jum　 g-ee,　　　　　 ene　xun.
　　 SFP　 という-PTCP.IPFV　これ　人.NOM

（妃）「家に入って私をじっと見ていたんだが、どうやら私のことを、われわれのことを知っているようだ、こいつは」

(76) tii-g-eed　　　　　　tere　uxer=in　　　　xel-zʲai-na　　　　ge-ne.
　　 そうする-E-CVB.PFV　それ　牛.NOM=3.POSS　言う-PROG-IND.PRS　という-IND.PRS

するとその牛は言う。

(77) tere　sar=in,　　　　　xal　dal　　deeguur　　gui-zʲe　　　　jab-aad
　　 それ　牡牛.NOM=3.POSS　さっと　肩　上を通って　走る-CVB.IPFV　行く-CVB.PFV

　　 jag　　　nam　deer　on-aa=bsʲa　　　　　　bii　　dee,　ene　ɔdɔɔ
　　 ちょうど　1SG　上に　落ちる-PTCP.IPFV=CONC　いる　SFP　これ　今

　　 maansʲiji　med-zʲai-na　　　　daa.
　　 1PL.ACC　 知る-PROG-IND.PRS　SFP

その牡牛は「さっきさっと肩の上を通って走っていた。ちょうど俺の上に落ちたんだが、俺たちのことに気づいているようだな」

(78) jaa-xa=mnai   g-eesʲe=b,   ene   ge-ne.
     どうする-PTCP.FUT=1PL.POSS という-PTCP.AGT=Q   これ   という-IND.PRS

「どうしたものだか」と話している。

(79) aa,   tii-g-eed   tere   xun=sʲ   ɔdɔɔ   med-zʲee.
     INTJ そうする-E-CVB.PFV それ   人.NOM=2SG.POSS   今   知る-IND.PST

さあ、それで男はわかった。

(80) med-ee   daa.
     知る-PTCP.IPFV   SFP

わかったよ。

(81) ger-te   ɔr-ɔɔ   jum   ge   jum   g-ee.
     家-D/L   入る-PTCP.IPFV   SFP   という SFP   という-PTCP.IPFV

（王の）家に戻ったんだそうな。

(82) uglɵɵder=in   tere=sʲni=le   mɔdɔ   ɔbɔɔl-ool-dag
     翌日=3.POSS   それ=2SG.POSS=FOC   木.INDF   積む-CAUS-PTCP.HBT

     bulee.
     SFP

翌日、男は木を積み上げさせたんだっけか？

(83) ɔbɔɔ   mɔdɔ   ɔbɔɔl-ool-aad=le   ii-g-eed   xulʲee-ne
     多い   木.INDF   積む-CAUS-CVB.PFV=FOC   こうする-E-CVB.PFV   待つ-IND.PRS

     ge-ne.
     という-IND.PRS

たくさん木を積ませて、こうして待っているそうな。

(84) ter-iin   sɔɔ   xaan-ai   xatan,   ene=le   ɔdɔɔ   xaan-iiji
     それ-GEN   中に   王-GEN   妃.NOM   これ=FOC   今   王-ACC

     barʲ-zʲa   idʲ-zʲai-xa   sʲolam   bai-na.
     捕る-CVB.IPFV   食べる-PROG-PTCP.FUT   魔女.NOM   いる-IND.PRS

（男）「その中にいる王妃、これが王様を捕って食おうとしている魔女だ」

(85) ende   xatan-ii   ohadxa-xa-gui   bɔl-xɔ-gui.
     ここに 妃-ACC   滅ぼす-PTCP.FUT-NEG   なる-PTCP.FUT-NEG

「ここで妃を殺さなければならない」

(86) tʲeg-eer   xatan-ii   tere   dondo   ende-xʲe   tere
     そのような-INS 妃-ACC   それ   間に   ここに-EXST   それ

     uxer-ii=n   baha   jaa-g-aa   jum   buddee.
     牛-ACC=3.POSS   再び   どうする-E-PTCP.IPFV   SFP   SFP

     そうしてお妃様を、その一方で、牛をどうしたんだっけ。

(87) tere   sar=in   jaa-dag=han   bulee   daa,
     それ   牡牛.NOM=3.POSS   どうする-PTCP.HBT=PFV   SFP   SFP

     その牡牛をどうしたんだっけか。

(88) urөөhen   eber-tee   sar=in.
     片方の   角-PROP   牡牛=3.POSS

     片角の牡牛を。

(89) ii-g-eed   gal   nɔɔcɔ-xɔ-dɔ=n   tere   gal   sɔɔ-hɔɔ
     こうする-E-CVB.PFV   火.INDF   点ける-PTCP.FUT-D/L=3.POSS   それ   火   中に-ABL

     tere=sʲni   nege   unegen   gar-aad   gui-g-eed,   xaan-ai
     それ=2SG.POSS   一   狐   出る-CVB.PFV   走る-E-CVB.PFV   王-GEN

     xatan   unegen   sʲolam   bai-g-aa.
     妃.NOM   狐.NOM   魔女.NOM   いる-E-PTCP.IPFV

     こうして火をつけると、火の中から一匹の狐が走り出てきた。お妃様は狐の魔女だったのだ。

(90) ii-g-eed   tere   ɔdɔɔ   xaan=in=sʲe   hain   bɔl-ɔɔ
     こうする-E-CVB.PFV   それ   今   王.NOM=3.POSS=FOC   よい   なる-PTCP.IPFV

     jum   buddee,   edg-ee.
     SFP   SFP   治る-PTCP.IPFV

     こうして王様も回復したのだ。

(91) ene   xaan-ai   xatan   unegen   sʲolam,   xaan-aa   ɔdɔɔ
     これ   王-GEN   妃.NOM   狐.NOM   魔女.NOM   王-REFL   今

     al-zʲai-dag   xatan   bai-g-aa=bsʲa,
     殺す-PROG-PTCP.HBT   妃.NOM   いる-E-PTCP.IPFV=CONC

     一方、お妃様は狐の魔女、王を殺そうとする魔女だったのだが、

(92) xun   xɔɔ   med-ee,   ii-g-eed.
     人.NOM   すべて   知る-PTCP.IPFV   こうする-E-CVB.PFV

     こうして人は皆それに気づいた。

(93) tii-g-eed   tere=sʲ   gaxai   tulegsʲe   ge-zʲe
     そうする-E-CVB.PFV   それ=2SG.POSS   豚   占い師.NOM   という-CVB.IPFV

    ixe   aldar-sʲ-aad=le   xaan=in   baha   ixe   urgel
    大きい   名声-VBLZ-CVB.PFV=FOC   王=3.POSS   再び   大きい   褒美.INDF

    baha=sʲe   ug-ɵɵ   jum   buddee.
    再び=FOC   与える-PTCP.IPFV   SFP   SFP

    そうして彼は豚占い師としてたいそう有名になって、王様もまたたくさんの褒美を与えたんだ。

(94) ii-g-eed   hehehe,   amban-d-aa   haixan
     こうする-E-CVB.PFV   (笑い)   平和-D/L-REFL   よい

    zʲarg-aa=xa-d-aa.
    喜ぶ-PTCP.IPFV=FUT-D/L-REFL

    こうして、へへへ、幸せに暮らしたんだよ。

(95) tiim=hen=bel,   dooh-aa.
     そのような=PFV=COND   終わる-PTCP.IPFV

    そうなったら、おしまい。

注
1 この物語はいくつかの異本があるが、そのうちのソーマデーヴァ本とされる伝本の日本語訳として『屍鬼二十五話：インド伝奇集』（ソーマデーヴァ；上村勝彦訳、平凡社、1978 年）が刊行されている。
2 古代インドのヴェーターラ・パンチャヴィンシャティは 25 話で構成されているが、モンゴル高原に伝わるシデット・フーリーン・ウリゲルは必ずしも 25 話の構成にはなっていない。吉原(1941: 367)によると、「普通、二十三話より成っているが、諸種の異本があり、その典據たる印度のヴェターラ二十五故事集に倣ひ、二十五話より成つてゐるものもある」という。
3 上記吉原(1941)では第四話「豚頭の占師（とんづのうらなひし）」という題名で収録されている。
4 コンサルタントが話の展開を忘れ、自問している。(26) も自問している文である。
5 食事用のフォークではなく、干し草を集めるときなどに用いる農具としてのフォークをさす。
6 これは主語のため、本来であれば ureen という主格形があらわれる。このように倒置法的に主語を後置した場合、しばしば主格形ではなく不定対格形があらわれることがある。

テキスト3. ブリヤートからシャーマンがいなくなったわけ

【語り手】 アビダ氏
【収録日】 2000年9月1日
【収録場所】 内モンゴル自治区フルンボイル盟ハイラル市(現・フルンボイル市ハイラル区)・ご本人宅

【解説】社会主義体制崩壊後、ロシアやモンゴルに暮らすブリヤートの中から非常に多くのシャーマンが生まれている(cf. 島村2011)。シネヘン・ブリヤートにもシャーマンがいるということだが、この語りでは「シャーマンがいなくなったわけ」を説明している。話者のアビダ氏が亡くなられたため確認するのが困難であるが、社会主義体制下におけるシャーマンの弾圧を理由付けするためにこういった説話が広まった可能性も考えられる。

(1)　erte　　or^jda　　sag-ta,
　　　早い　　以前　　　時-D/L

　　　昔々、

(2)　hain-ii　　sag-ta,
　　　よい-GEN　時-D/L

　　　よい時代に、

(3)　sax^jalz-ain　　xuxe-de,
　　　アイリス-GEN　　青い-D/L

　　　アイリスが青かった頃に、

(4)　nɔxɔi　　mɔdɔn-ii　　zagduul　　bai-xa-da,
　　　犬　　　木-GEN　　　短い　　　いる-PTCP.FUT-D/L

　　　モンゴルマツの木が若葉の頃に、

(5)　lab　　　minii　　　gurøøhen-ii　　enzegen　　bai-xa-da,
　　　確かに　1SG.GEN　　獣-GEN　　　　仔.NOM　　いる-PTCP.FUT-D/L

　　　獣たちがまだこどもだった頃に、

(6)　aa,　　er^jedi　　s^jed-ii　　ixe-tee,
　　　INTJ　奇術　　　魔術-GEN　　大きい-PROP

　　　ああ、魔力の大きな、

(7) erlig   xaan-ahaa=sʲe   dotoo-gui,
    閻魔   王-ABL=FOC   不足の-NEG

閻魔大王にも劣らない、

(8) ee,   mɔrgɔn   xar   bɵɵ   ge-zʲe   bai-han   jum
    INTJ   PN   黒い   シャーマン.NOM という-CVB.IPFV   いる-PTCP.PFV   SFP

    ge-n-ee.
    という-IND.PRS-EMP

ええ、モルゴン・ハラというシャーマンがいたのだそうだ。

(9) tere   xun-ii   ubsʲen   bɔl-xɔ-dɔ   mɔrgɔn   xar
    それ   人-GEN   病気.NOM   なる-PTCP.FUT-D/L   PN   黒い.NOM

    ejed-uul-ne.
    治す-CAUS-IND.PRS

人が病気になるとモルゴン・ハラは治療する。

(10) tere=n   nege   xun=sʲe   xun-ii=sʲeje   ux-uul-deg-gui.
     それ=3.POSS   一   人.INDF=FOC   人-ACC=FOC   死ぬ-CAUS-PTCP.HBT-NEG

彼は一人の人をも死なせない。

(11) ubsʲen-ii=n   edg-ee-deg   bai-g-aa.
     病気-ACC=3.POSS   治る-CAUS-PTCP.HBT   いる-E-PTCP.IPFV

人の病を治していた。

(12) ii-g-eed,   aa,   tere   xun   ux-xe-gui   bɔl-xɔ-dɔ
     こうする-E-CVB.PFV   FIL   それ   人.NOM   死ぬ-PTCP.FUT-NEG   なる-PTCP.FUT-D/L

     erlig   xaan-d-aa   ɔsʲi-dɔg   xun   ugui   bɔl-ɔɔ.
     閻魔   王-D/L-REFL   着く-PTCP.HBT   人.NOM   ない   なる-PTCP.IPFV

こうして、人間が死ななくなると閻魔大王のところに行く人間はいなくなった。

(13) ii-xe-de=n,   aa,   tere   ubsʲenten-ii   irʲ-xe-de=le
     こうする-PTCP.FUT-D/L=3.POSS   FIL   それ   病人-GEN   来る-PTCP.FUT-D/L=FOC

     tere   mɔrgɔn   xar   bɵɵ   ene   xun   jaa-g-aad
     それ   PN   黒い   シャーマン.NOM   これ   人.NOM   どうする-E-CVB.PFV

     ubd-ee=b   ge-zʲe   hor-dag   ge-ne.
     病気になる-PTCP.IPFV=Q   という-CVB.IPFV   尋ねる-PTCP.HBT   という-IND.PRS

こうして、病人が来るとモルゴン・ハラ・シャーマンはこの人はなぜ病気になったのかと尋ねるそうな。

(14) ii-g-eed, aa, bɵɵ-l-zʲe bɵɵ-l-ɵɵd ubsʲen
  こうする-E-CVB.PFV FIL シャーマン-VBLZ-CVB.IPFV シャーマン-VBLZ-CVB.PFV 病気

  xun-ei hunehe-jⁱ=n bidʲer-eed, aa, xerbe tam-da
  人-GEN 魂-ACC=3.POSS 探す-CVB.PFV FIL もし 地獄-D/L

  ona-han bai-g-aasʲa=haa, ɔl-ɔɔd ab-sʲa
  落ちる-PTCP.PFV いる-E-PTCP.AGT=COND 見つける-CVB.PFV 取る-CVB.IPFV

  ir-deg bai-g-aa.
  来る-PTCP.HBT いる-E-PTCP.IPFV

こうして巫術を使ってその人の魂のありかを探して、もし地獄に落ちている魂があれば、見つけて持ち帰っていた。

(15) ii-xe-de=n tere ubsʲen xun edge-deg
  こうする-PTCP.FUT-D/L=3.POSS それ 病気 人.NOM 治る-PTCP.HBT

  bai-g-aa.
  いる-E-PTCP.IPFV

こうするとその病人は治るのだった。

(16) erlig xaan ɔgtɔrgoi-dɔ gar-aad, esege malaan manaixan
  閻魔 王.NOM 天空-D/L 出る-CVB.PFV 父 PN われわれの

  xaan, ene tere xormasta teŋgerʲ-ii xel-zʲe bai-na, -da
  王.NOM これ それ 帝釈天 天-ACC 言う-CVB.IPFV いる-IND.PRS -D/L

  ɔsʲ-zʲɔ, gɔmdɔl xed-uul-ee ge-ne.
  着く-CVB.IPFV 不平.INDF 言う-CAUS-PTCP.IPFV という-IND.PRS

閻魔大王は天界に行き、父なる天の神、これはホルマスタ・テンゲリ（帝釈天）ともいう、のところに行って不平を言ったという。

(17) ene mɔrgɔn xar-iiji zaald-aa jum bai-na.
  これ PN 黒い-ACC 訴える-PTCP.IPFV SFP いる-IND.PRS

このモルゴン・ハラを訴えたのだ。

(18) aa taa esege malaan xaan teŋgerʲ-iin amʲda xun
  FIL 2SG.HON.NOM 父 PN 王 天-GEN 生きている 人

  buxen mɔrgɔn xar-iiji hain bɔl-zʲɔ, jaa, amʲ
  すべて PN 黒い-ACC よい なる-CVB.IPFV INTJ 命.INDF

  talbi-han xun minii tende jerdee ɔsʲ-dɔg-gui
  放つ-PTCP.PFV 人.NOM 1SG.GEN そこに 普通に 着く-PTCP.HBT-NEG

  bai-na.
  いる-IND.PRS

「ああ、父なる天の神よ、天の生ける者は皆モルゴン・ハラをうやまい、死んだ人間が私の世

界に全く来なくなっています」

(19) taa   zarlig   bɔl-gɔ-zʲo   mɔrgɔn   xar-iiji   nege   xun-ei
     2PL.NOM   命令.INDF   なる-CAUS-CVB.IPFV PN   黒い-ACC   一   人-GEN

     huneh-ii=sʲe   nam-da   ug-uul-xe   ugui-ji=n   ɔdɔɔ
     魂-ACC=FOC   1SG-D/L   与える-CAUS-PTCP.FUT   ない-ACC=3.POSS   今

     bɔlʲ-ool-zʲa   ug-gtii,
     止まる-CAUS-CVB.IPFV   与える-2PL.IMP

「どうかモルゴン・ハラが魂を地獄に渡さないのをやめるよう命じていただけますか」

(20) ge-zʲe   zaalda-han   bai-g-aa   ge-ne.
     という-CVB.IPFV   訴える-PTCP.PFV   いる-E-PTCP.IPFV   という-IND.PRS

と訴えたのだそうな。

(21) tii-g-eed   tere   bɵɵ   xaana   ubsʲen   xun
     そうする-E-CVB.PFV   それ   シャーマン.NOM どこに   病気   人.NOM

     bai-bal   tere   hunhe-jii   bidʲer-eed=le   edger-uul-ne.
     いる-CVB.COND   それ   魂-ACC   探す-CVB.PFV=FOC   治す-CAUS-IND.PRS

そうしてそのシャーマンはどこかに病人がいればその魂を探して治療する。

(22) iim   bɔl-x-ɔɔr=in   aa,   tere   erlig   nomin   xaan   ɔdɔɔ
     このように なる-PTCP.FUT-INS=3.POSS   FIL   それ   閻魔   瑠璃   王.NOM   今

     xun-ii   ɔl-zʲo,   xun   ɔl-zʲo   sʲad-xa-gui,
     人-ACC   見つける-CVB.IPFV   人.INDF   見つける-CVB.IPFV   できる-PTCP.FUT-NEG

こうなっているので、その閻魔大王はもう（死んだ）人間を見つけられなくなっている。

(23) iige-zʲe   ɔdɔɔ   gɔmdɔ-hɔn   bai-g-aa.
     こうする-CVB.IPFV   今   不平を言う-PTCP.PFV   いる-E-PTCP.IPFV

このことに不平を言ったのだ。

(24) tii-bele,   moo   zajaatan-ai   turuu   erlig   xaan-ai
     そうする-CVB.COND   悪い   運命の人-GEN   リーダー   閻魔   王-GEN

     zaaldagan   lab-tai   unen   besʲe   ge-x-ii=n
     訴え.NOM   確かに-PROP   真実   NEG   という-PTCP.FUT-ACC=3.POSS

     sʲalga-zʲa   ug-x-iin   tulɵɵ   manaixan   sagaan   teŋgerʲ,
     確かめる-CVB.IPFV   与える-PTCP.FUT-GEN   ために   われわれの   白い   天.NOM

     aa   ɔdɔɔ   baisaa-xa   bɔl-ɔɔ   jum   bai-na.
     FIL   今   審査する-PTCP.FUT なる-PTCP.IPFV   SFP   いる-IND.PRS

すると、冥界の王である閻魔大王の訴えの真偽のほどを確かめようと、帝釈天は試すことにし

た。

(25) tii-g-eed　　　　　nege　xun-ei　　huneh-iiji　nege　sʲil　　dɔmbɔ　sɔɔ
　　　そうする-E-CVB.PFV　—　　人-GEN　　魂-ACC　　　—　　ガラス　壺　　　中に

　　　x-ee,
　　　入れる-PTCP.IPFV

　　　ある人間の魂を天界へ持ってきて、ガラス壺の中に入れた。

(26) deer-ehee　xorg-aar-aa　dar-aad　　　ii-g-eed　　　　xulʲee-zʲe
　　　上に-ABL　指-INS-REFL　押す-CVB.PFV　こうする-E-CVB.PFV　待つ-CVB.IPFV

　　　bai-g-aa　　　　　ge-ne.
　　　いる-E-PTCP.IPFV　という-IND.PRS

　　　上から指で押さえて待っていたそうな。

(27) tʲeed　　dɔmbɔ　dɔtɔr-xʲɔ　hunehe,　tere　ɔr-ool-han　　　　xun-ei
　　　そして　壺　　　中に-EXST　魂.INDF　それ　入る-CAUS-PTCP.PFV　人-GEN

　　　hunehen=in　　gente　ubd-eed　　　mɔrgɔn　xar-iiji　dalaalga
　　　魂.NOM=3.POSS　突然　　痛む-CVB.PFV　PN　　　　黒い-ACC　呼び出し

　　　jum=haa.
　　　SFP=COND

　　　すると壺の中にある魂を入れられた人間が突然病気にかかってモルゴン・ハラを呼んだのだ。

(28) tʲeen　 mɔrgɔn　xar　bɵɵ　　　　bɵɵ-l-zʲe　　　　　　　uz-eed
　　　そして　PN　　　黒い　シャーマン.NOM　シャーマン-VBLZ-CVB.IPFV　見る-CVB.PFV

　　　hunehen=in　　xaana　bai-xa　　　　ge-zʲe　　　　　　erʲ-eed　　　tere
　　　魂.NOM=3.POSS　どこに　いる-PTCP.FUT　という-CVB.IPFV　探す-CVB.PFV　それ

　　　xun-ei　huneh-jii　ɔl-ɔɔ-gui.
　　　人-GEN　魂-ACC　　見つける-PTCP.IPFV-NEG

　　　そうしてモルゴン・ハラが巫術を使って魂はどこにあるか探したが、その魂が見つからない。

(29) daraa-da=n　　　　tere　basa　deer-ee　　xese　deer-ee　　hoo-g-aad,
　　　後に-D/L=3.POSS　それ　再び　　上に-REFL　太鼓　上に-REFL　座る-E-CVB.PFV

　　　teŋgerʲ　ɵɵde　degde-zʲe　　　ɔsʲ-zʲe　　　　uz-be　　　　ge-ne.
　　　天　　　上方へ　飛ぶ-CVB.IPFV　着く-CVB.IPFV　見る-IND.PST　という-IND.PRS

　　　すると彼は太鼓の上に座って、天界に飛んで行って占ったという。

(30) tere　xun-ei　hunehen=in　　aa,　xormasta　teŋgerʲ-iin　dɔmbɔ　sɔɔ
　　　それ　人-GEN　魂.NOM=3.POSS　FIL　帝釈天　　　天-GEN　　　壺　　　中に

bai-x-iiji=n	ɔl-zʲɔ	med-eed,	xii-g-eed
いる-PTCP.FUT-ACC=3.POSS	見つける-CVB.IPFV	知る-CVB.PFV	する-E-CVB.PFV

mɔrgɔn	xar	bөө	nʲude	sabsʲa-xa	zoor	nege
PN	黒い	シャーマン.NOM	目.INDF	まばたきする-PTCP.FUT	間に	一

zugui	bɔl-zʲɔ	xobʲl-aad,	ee,	xormasta	teŋgerʲ-iin
蜂.NOM	なる-CVB.IPFV	変身する-CVB.PFV	FIL	帝釈天	天-GEN

sɔxɔ	deer-ii	xatx-aa	ge-ne.
こめかみ	上に-ACC	刺す-PTCP.IPFV	という-IND.PRS

その人の魂が帝釈天の壺の中にいるのを知ると、モルゴン・ハラはまばたきをする間に蜂に姿を変えて、帝釈天のこめかみを刺したそうな。

(31)
tii-xe-de=n	xormasta	teŋgerʲ=in	handar-aad	baroon
そうする-PTCP.FUT-D/L=3.POSS	帝釈天	天=3.POSS	驚く-CVB.PFV	右

gar-ai-g-aa	alʲag-aar	sɔxɔ	alʲaga-d-aa	jum	bai-na.
手-GEN-E-REFL	手のひら-INS	こめかみ.INDF	手のひら-VBLZ-PTCP.IPFV	SFP	いる-IND.PRS

すると帝釈天は驚いて右の手のひらで叩いたのだ。

(32)
mɔrgɔn	xar	bөө	tere	zabhar-da=n	tere	gar-aa
PN	黒い	シャーマン.NOM	それ	隙間-D/L=3.POSS	それ	手-REFL

alʲaga-da-xa	zabhar-da=n	tere	xun-ei	hunehe-jii=n
手のひら-VBLZ-PTCP.FUT	隙間-D/L=3.POSS	それ	人-GEN	魂-ACC=3.POSS

xolga-zʲa	ab-aad,	aa,	ɔdɔɔ	terʲegʲl-eed	jab-aad
盗む-CVB.IPFV	取る-CVB.PFV	FIL	今	逃げる-CVB.PFV	行く-CVB.PFV

ug-ee	jum	bai-na.
与える-PTCP.IPFV	SFP	いる-IND.PRS

モルゴン・ハラはその隙に、平手で叩こうとする隙にその人の魂を奪って逃げていってしまったのだ。

(33)
xormasta	teŋgerʲ-ii	erʲ-xe-de=n	tere	lɔŋxɔ	sɔɔ=n
帝釈天	天-GEN	来る-PTCP.FUT-D/L=3.POSS	それ	瓶	中に=3.POSS

xɔɔhɔn	bɔl-ɔɔd	bai-g-aa.
空っぽ	なる-CVB.PFV	いる-E-PTCP.IPFV

帝釈天が戻るとその瓶（壺？）の中は空っぽになっていた。

(34)
ene	erʲedi	sʲedi	ixe-tee	tere	bөө-de,	ee,	xormasta
これ	奇術	魔術	大きい-PROP	それ	シャーマン-D/L	FIL	帝釈天

teŋgerʲ	ix-eer	oorla-zʲa,	dood-zʲa	ab-zʲa
天.NOM	大きい-INS	怒る-CVB.IPFV	呼ぶ-CVB.IPFV	取る-CVB.IPFV

```
irʲ-eed          tereen-ei    xele-hen=in,
来る-CVB.PFV      それ-GEN     言う-PTCP.PFV=3.POSS
```

魔術を使うシャーマンに帝釈天はたいそう怒り、呼びつけて言うには、

(35)
```
delxii   deer-ee      xun-iiji    ee,    xun-ei      xusʲe      ixe-tee       moo
世界     上に-REFL    人-ACC      FIL    人-GEN      力.NOM     大きい-PROP    悪い

zajaatan-aa      xamgaal-xa        ge-zʲe         sʲam-da      ug-hen
運命の人-REFL    守る-PTCP.FUT     という-CVB.IPFV 2SG-D/L      与える-PTCP.PFV

xes-ee      bos-aa-zʲa             ab-na           ge-zʲe,
太鼓-REFL   帰る-CAUS-CVB.IPFV     取る-IND.PRS    という-CVB.IPFV
```

「世界中の人を、大きな力で運の悪い人間を守るよう言ってお前に与えた太鼓を返してもらう」と言って、

(36)
```
mɔrgɔn    xar-iin      deer=in        hoo-g-aad          dalai    dɔɔr      aa,
PN        黒い-GEN     上に=3.POSS    座る-E-CVB.PFV     海       下に       FIL

alʲ       dor-tai        gazar-t-aan         xur-zʲe          ɔsʲ-dɔg           ge-hen
どれ      好み-PROP      土地-D/L-REFL       着く-CVB.IPFV    着く-PTCP.HBT      という-PTCP.PFV
```

モルゴン・ハラの上に座って、海の下の、どこでも好きなところに行けるという

(37)
```
tere      xɔjɔr     xeseg       bɔl-gɔ-zʲɔ              xeŋgerʲ-een    xes-iiji=n
それ      二        部分.NOM    なる-CAUS-CVB.IPFV      太鼓-REFL      太鼓-ACC=3.POSS

xaxal-aad         xɔjɔr     bɔl-g-ɔɔd              ee,    nege    tal-iiji=n         alxa-tai
割る-CVB.PFV      二        なる-CAUS-CVB.PFV      FIL    一       面-ACC=3.POSS      取っ手-PROP

nugөө     tal=in              alxa-gui           bɔl-gɔ-hɔn              jum    ge-ne.
一方      面.INDF=3.POSS      取っ手-NEG         なる-CAUS-PTCP.PFV      SFP    という-IND.PRS
```

それを二つにして、太鼓を二つに割って、取っ手のあるほうと無いほうに割ったのだそうな。

(38)
```
tii-g-eed            daraa-da=n          xormasta    teŋgerʲ     bөө-jii
そうする-E-CVB.PFV   後-D/L=3.POSS       帝釈天       天.NOM      シャーマン-ACC

zal-zʲa              zalxaa-zʲa           exʲel-hen.
命ずる-CVB.IPFV      命ずる-CVB.IPFV      始まる-PTCP.PFV
```

そして次に帝釈天はシャーマンに命じだした。

(39)
```
jal-da-zʲa              exʲel-hen            bai-g-aa.
罰-VBLZ-CVB.IPFV        始まる-PTCP.PFV      いる-E-PTCP.IPFV
```

罰しはじめた。

(40)
```
gazar    delxii-n     zuun    xɔitɔ    zug-te       bai-dag          jee,    hejii
土地     世界-GEN     東      北       方向-D/L     いる-PTCP.HBT    FIL     フェルト
```

ger-ei   sʲeŋ-ein   xabtagai   xar   sʲoloon   deere   mɔrgɔn   xar
ゲル-GEN   のような-GEN   平らな   黒い   石   上に   PN   黒い

bөө-jii   tabʲ-aad,
シャーマン-ACC   置く-CVB.PFV

世界の東北のほうにある、フェルトのゲルのような平らな黒い石の上にモルゴン・ハラ・シャーマンを置き、

(41) tii-g-eed   ene   sʲoloon-do   ene   elʲe-gde-ter   sʲii
     そうする-E-CVB.PFV   これ   石-D/L   これ   すり減らす-PASS-CVB.TERM   2SG.NOM

     ende   elʲegel-deg   xereg-tee   ge-hen   zarlig
     ここに   肝臓でなめす-PTCP.HBT   必要-PROP   という-PTCP.PFV   命令.INDF

     boo-lg-aa   ge-ne.
     下りる-CAUS-PTCP.IPFV   という-IND.PRS

そうして「この石、これがすり減るまでお前はここで擦りつづけろ」と命令を下したそうな。

(42) ii-g-eed   ene   sʲoloon   deere   elʲegel-ze-zʲe
     こうする-E-CVB.PFV   これ   石   上に   肝臓でなめす-FREQ-CVB.IPFV

     bai   ge-zʲe   ɔdɔɔ   zarlig   boo-lg-aa   jum
     いる(2SG.IMP) という-CVB.IPFV   今   命令.INDF   下りる-CAUS-PTCP.IPFV   SFP

     bai-na.
     いる-IND.PRS

こうして「石の上でこすり続けていろ」という命令が下ったのだ。

(43) mɔrgɔn   xar   xar-iin   hain   bai-xa-da=n   buxui
     PN   黒い   黒い-GEN   よい   いる-PTCP.FUT-D/L=3.POSS   すべての

     bөө-ner-tee   xarba-han   homon=in   bai-zʲa   ted-ner
     シャーマン-PL-COM   射る-PTCP.PFV   矢.NOM=3.POSS   いる-CVB.IPFV   それ-PL:NOM

     gar-aan   hɔŋɔ-bɔl   hɔŋɔ-bɔl,   aa,   hana-han   gazar-t-aan
     手-REFL   選ぶ-CVB.COND   選ぶ-CVB.COND   FIL   考える-PTCP.PFV   土地-D/L-REFL

     xur-deg   bai-han   ge-ne.
     着く-PTCP.HBT   いる-PTCP.PFV   という-IND.PRS

モルゴン・ハラが力があった頃は、全てのシャーマンたちとともに矢を射れば、思い通りの場所に命中していたそうな。

(44) dail-xa-gui,   diil-xe-gui-d-een,   aa,   arʲxʲ-aan   xede
     争う-PTCP.FUT-NEG   勝つ-PTCP.FUT-NEG-D/L-REFL   FIL   酒-REFL   いくつ

     xeden   tʲeb-t-ee   xur-ter   sas-dag=han   ge-ne.
     いくつ   大陸-D/L-REFL   着く-CVB.TERM   散る-PTCP.HBT=PFV   という-IND.PRS

争いの無いように、酒をいくつもの大陸にまで撒いていたそうな。

(45) buxe   delxii-n   xumuus   moo   bujuu   hain   zajaa-tai-ji
    全ての   世界-GEN   人々   悪い   または   よい   運命-PROP-ACC

    jalga-zʲa   xarʲ   xara-dag=in   bilig-ei   xorsa
    見分ける-CVB.IPFV 外界.INDF   見る-PTCP.HBT=3.POSS   知恵-GEN   鋭い

    nʲud-tee   bai-g-aa   ge-ne.
    目-PROP   いる-E-PTCP.IPFV   という-IND.PRS

すべての世界の人々の善悪を見極める、遠くを見渡す鋭い知の眼を持っていたそうな。

(46) xeden   ɔlɔn   zʲel-ei   daraa   bɔl-xɔ-dɔ=n   jabdal-ai
    いくつ   多い   年-GEN   後に   なる-PTCP.FUT-D/L=3.POSS   行い-GEN

    negen-te   nege   gɔj   baidal-iiji   med-deg   ene   sʲadal-tai
    かつて-PROP   一   美しい   状態-ACC   知る-PTCP.HBT   これ   能力-PROP

    bai-g-aa   ge-ne.
    いる-E-PTCP.IPFV   という-IND.PRS

何年も経った後には行いの一つ一つに美点を見出す能力があったそうな。

(47) mɔrgɔn   xar   bɵɵ   xabtagai   sʲoloon   deere
    PN   黒い   シャーマン.NOM 平らな   石   上に

    elʲe-gde-zʲe   elʲe-xe   xɔr-xɔ   burʲ-ee
    すり減らす-PASS-CVB.IPFV すり減らす-PTCP.FUT   減る-PTCP.FUT   ごとに-REFL

    bɵɵ-ner-iin   sʲadal=in   boor-zʲa   exʲel-ee.
    シャーマン-PL-GEN   能力=3.POSS   弱くなる-CVB.IPFV   始まる-PTCP.IPFV

モルゴン・ハラ・シャーマンが平らな石の上をこすり続け、（自分の体が）すり減ってくるたびに、シャーマンたちの能力は弱くなっていった。

(48) mɔrgɔn   xar-iin   ee,   elʲe-zʲe   dooha-xa-da=n
    PN   黒い-GEN   FIL   すり減らす-CVB.IPFV   終わる-PTCP.FUT-D/L=3.POSS

    delxii   deere   nege=sʲe   bɵɵ   ugui   bɔl-xɔ,   iim
    世界   上に   一=FOC   シャーマン.NOM   ない   なる-PTCP.FUT   このような

    zarlig-tai   jum   bai-na.
    命令-PROP   SFP   いる-IND.PRS

モルゴン・ハラがすり減りきると、この世界にいるシャーマンは一人もいなくなる。こういう命令だったのだ。

(49) mɔrgɔn   xar-iin   xɔjɔr   xul=in   elʲe-zʲe
    PN   黒い-GEN   二   足.NOM=3.POSS すり減らす-CVB.IPFV

    dooha-xa-da=n   bɵɵ-ner   xordan   gui-zʲe
    終わる-PTCP.FUT-D/L=3.POSS   シャーマン-PL.NOM   速い   走る-CVB.IPFV

sʲad-x-aa	bɔlʲi-nɔ.
できる-PTCP.FUT-REFL	終わる-IND.PRS

モルゴン・ハラの両足がすり減ってなくなると、シャーマンは早く走ることができなくなる。

(50)
gedehe	xɔdɔcɔ=n	elʲe-zʲe	dooha-xa-da=n
腸	胃.NOM=3.POSS	すり減らす-CVB.IPFV	終わる-PTCP.FUT-D/L=3.POSS

bөө-ner	xɔmxɔi	icxbdɔg	bɔl-zʲɔ	sad-x-aa
シャーマン-PL.NOM	貪欲な	いやしい	なる-CVB.IPFV	満腹になる-PTCP.FUT-REFL

bɔlʲi-nɔ	jum.
終わる-IND.PRS	SFP

胃や腸がすり減ってなくなると、シャーマンたちは卑しく貪欲になり、満たされることがなくなる。

(51)
mɔrgɔn	xar-iin	zurxe=nʲ	elʲe-xe-de=n
PN	黒い-GEN	心臓.NOM=3.POSS	すり減らす-PTCP.FUT-D/L=3.POSS

bөө-ner-ei	xun-iiji	xairla-xa	setgel-gui	bɔl-nɔ	jum.
シャーマン-PL-GEN	人-ACC	愛する-PTCP.FUT	心-NEG	なる-IND.PRS	SFP

モルゴン・ハラの心臓がすり減ってなくなると、シャーマンたちの人を愛する心もなくなる。

(52)
xun-ii	jadral-iiji	hain	xar-xa-gui	bɔl-dɔg	bai-na
人-GEN	貧しさ-ACC	よい	見る-PTCP.FUT-NEG	なる-PTCP.HBT	いる-IND.PRS

jum.
SFP

人の貧しさを考えなくなるのだ。

(53)
gar-ai	alʲaga	elʲe-zʲe	dooha-xa-da=n
手-GEN	手のひら.NOM	すり減らす-CVB.IPFV	終わる-PTCP.FUT-D/L=3.POSS

xɔlɔ	bai-han	juumen-de	harbai-zʲa	xur-zʲe
遠い	いる-PTCP.PFV	もの-D/L	手を伸ばす-CVB.IPFV	着く-CVB.IPFV

sʲad-x-aa	bɔlʲi-nɔ	jum.
できる-PTCP.FUT-REFL	終わる-IND.PRS	SFP

手のひらがすり減ってなくなると、遠くにあるものに手を伸ばすことができなくなる。

(54)
am	xelen-ei=n	dooha-xa-da=n	bөө-ner
口	舌-GEN=3.POSS	終わる-PTCP.FUT-D/L=3.POSS	シャーマン-PL:NOM

xereg	ugui	ug	xel,	aa,	xodal	xɔbdɔx	ug
必要	ない	言葉	言語.INDF	FIL	嘘	いやしい	言葉.INDF

jarʲ-dag	bɔl-nɔ	jum.
話す-PTCP.HBT	なる-IND.PRS	SFP

口や舌がなくなると、シャーマンたちは必要ない言葉、嘘や不満を話すようになる。

(55) ee,   mɔrgɔn xar-iin   xɔjɔr nʲuden   elʲe-zʲe
     FIL   PN   黒い-GEN   二   目.NOM   すり減らす-CVB.IPFV

   dooha-xa-da=n   hain   zajaa   bɔl-ɔɔd   moo
   終わる-PTCP.FUT-D/L=3.POSS   よい   運命.INDF   なる-CVB.PFV   悪い

   zajaa-jii   jalga-zʲa   sʲad-xa-gui   xun-ei   bej-iin
   運命-ACC   区別する-CVB.IPFV できる-PTCP.FUT-NEG   人-GEN   身体-GEN

   ubsʲen-ii   tanʲ-zʲa   med-x-iin   sʲadal-gui   bɔl-nɔ   jum.
   病気-ACC   気づく-CVB.IPFV   知る-PTCP.FUT-GEN   能力-NEG   なる-IND.PRS SFP

モルゴン・ハラの両目がすり減ってなくなると、善悪を区別できなくなって人の病気を診る能力がなくなる。

(56) mɔrgɔn xar-iin   oorag   tarʲxʲa=n   dooha-xa-da=n
     PN   黒い-GEN   脳みそ   頭.NOM=3.POSS   終わる-PTCP.FUT-D/L=3.POSS

   bøø-ner   martamgai   bɔl-nɔ.
   シャーマン-PL.NOM   忘れっぽい   なる-IND.PRS

モルゴン・ハラの頭がなくなると、シャーマンたちは忘れっぽくなる。

(57) iige-zʲe   bøølelg-iin   onsʲalg-aa   xɔɔ   marta-sʲxʲ-ɔɔ.
     こうする-CVB.IPFV   巫術-GEN   呪文-REFL   全て   忘れる-PFV-PTCP.IPFV

こうして巫術の呪文も忘れてしまった。

(58) aa,   zajaa   teŋgerʲ-iiji   ner-tee   boroo   nerle-deg   bɔl-nɔ
     FIL   運命   天-ACC   名前-PROP   悪い   名づける-PTCP.HBT   なる-IND.PRS

   ge-zʲe   jaa-zʲa   taxʲalga-tai   daillaga-tai   daga-zʲa
   という-CVB.IPFV   どうする-CVB.IPFV   祈る-PROP   もてなす-PROP   従う-CVB.IPFV

   sʲad-xa-gui   bɔl-hɔn=sʲe   bai-na.
   できる-PTCP.FUT-NEG   なる-PTCP.PFV=FOC   いる-IND.PRS

ああ、悪い名前をつけてしまったときに吉祥天（＝帝釈天）をどうやって祈りもてなすかもわからなくなってしまった。

(59) ee,   xɔnin-ii   dal-iin   tul,   tuleg-ii=sʲe   balarxai   med-zʲe
     FIL   羊-GEN   肩甲骨-GEN   FIL   占い-ACC=FOC   ぼんやり   知る-CVB.IPFV

   sʲad-x-aa   bɔlʲ-bɔ   ge-ne.
   できる-PTCP.FUT-REFL   終わる-IND.PST   という-IND.PRS

羊の肩甲骨でする占いもわからなくなってしまったそうな。

(60) mɔrgɔn   xar   bɵɵ-jii=n   mɔxar   tɔlgɔi-n   jahan   mɔxar
    PN   黒い   シャーマン-ACC=3.POSS   愚かな   頭-GEN   骨.NOM   愚かな

    tɔlgɔi-n   jahan=in   elʲ-eed   bai-xa,   bai-na
    頭-GEN   骨.NOM=3.POSS   すり減らす-CVB.PFV   いる-PTCP.FUT   いる-IND.PRS

    gene.
    という-IND.PRS

    愚かなモルゴン・ハラ・シャーマンの頭骨がすり減ってなくなっているそうな。

(61) tere   jahan=in   ugui   bɔl-xɔ-dɔ,   borʲaad   ɔrɔn-dɔ
    それ   骨.NOM=3.POSS   ない   なる-PTCP.FUT-D/L   ブリヤート   土地-D/L

    bɵɵ   ge-zʲe   nege=sʲe   bai-x-aa   bɔlʲ-hɔn.
    シャーマン.NOM   という-CVB.IPFV   一=FOC   いる-PTCP.FUT-REFL   終わる-PTCP.PFV

    その骨がなくなると、ブリヤートの土地にシャーマンは一人もいなくなってしまったそうな。

(62) hahaha.
    (笑い)

    ははは。

コラム　伝統文化と近代技術の融合

　シネヘン川流域に暮らすブリヤートは、移住・亡命した人々でありながら、エウェンク族自治旗において一定の社会的地位を確立しており、行政・教育等においても重要な役割を果たしている。これは移住時に持ち込んだ三つの機械（草刈り機、手動ミシン、クリームセパレーター）の力が大きいとされる（現地インタビューおよびナムサラエワ〔2015〕参照）。これらの機械は生産効率を高める重要な役割を果たすものだが、移住当時の当地にはこれらの機械が存在しなかった。そのため、近代化の進んだロシアの技術を導入した人々として周囲に認知され、当地で確固たる地位を築くことができたとされる。

　彼らの衣・食に関する文化も人気が高い。シネヘン・ブリヤートが着用する伝統的な民族衣装（写真1）は、ミシンによる縫製技術の高さに加え、機能性に優れたデザインと色使いが人気となり、周囲の他の民族集団にも受容されている。華美な中国製生地と伝統的デザインとの融合により、シネヘン・ブリヤートの民族衣装はロシア領内のブリヤートの衣装よりも高い人気を誇っており、ブリヤート共和国など外国で開催される民族衣装コンテストで優勝することが多い。またモンゴル系民族に広範に伝わる伝統料理、ボーズ（booz）と呼ばれる肉饅頭は、とくにブリヤートのものがひだが多く、大きくて美味であると言われている（写真2）。ハイラル区やマンジョール市だけでなく、ロシアのウラン・ウデ市などでもシネヘン出身のブリヤートが作るボーズが売られ、好評を博している（写真3）。

　彼らは移住後に常に幸せな暮らしを続けてきたわけではない。現在の社会的に安定した生活の基盤は、こうして移住前に培った先人たちの技術と移住後の努力によって築かれてきたことを彼ら自身も誇りとしている。

写真1．民族衣装をまとう一家

写真2．ボーズ

写真3．ブリヤート料理のファストフード店の看板。漢語とモンゴル語が併記されている。南屯にて。

参考文献

Janhunen, Juha.（1991）*Material on Manchurian Khamnigan Evenki*. (Castrenianumin toimitteita 40). Helsinki: The Finno-Ugrian Society.

─── （2005）*Khamnigan Mongol*. (Languages of the World / Materials 173). München: Lincom Europa.

ナムサラエワ・サヤナ（2015）「ブリヤート人の移動と分断：ディアスポラの軌跡」ボルジギン・ブレンサイン編著『内モンゴルを知るための60章』338-343．明石書店．

西脇隆夫編（2013）『シッディ・クール：モンゴル説話集』（名古屋学院大学総合研究所叢書）広島：渓水社．

島村一平（2011）『増殖するシャーマン：モンゴル・ブリヤートのシャーマニズムとエスニシティ』横浜：春風社．

ソーマデーヴァ（上村勝彦訳）（1978）『屍鬼二十五話：インド伝奇集』平凡社．

山越康裕（2002）「シネヘン・ブリヤート語テキスト」『環北太平洋の言語』8: 95-129.

─── （2006）「シネヘン・ブリヤート語」中山俊秀・江畑冬生編『文法を描く：フィールドワークに基づく諸言語の文法スケッチ』271-298．東京外国語大学アジア・アフリカ言語文化研究所．

─── （2007）「ハムニガン・モンゴル語」中山俊秀・山越康裕編『文法を描く2：フィールドワークに基づく諸言語の文法スケッチ』229-258．東京外国語大学アジア・アフリカ言語文化研究所．

Yamakoshi, Yasuhiro.（2011）Shinekhen Buryat. In: Yasuhiro Yamakoshi (ed.) *Grammatical Sketches from the Field*. 137-177. Research Institute for Languages and Cultures of Asia and Africa, Tokyo University of Foreign Studies.

吉原公平（1941）『蒙古シッディ・クール物語』ぐろりあ・そさえて．

執筆者紹介

編　者
李　林静（り　りんせい）
成蹊大学法学部教授。博士（文学）。専門はヘジェン語の記述的研究。著書に『ニューエクスプレス・スペシャル日本語の隣人たち』（白水社、2009年、共著）、主な論文に「ホジェン語の動詞屈折形式とその統語機能」（『北方言語研究』4、北海道大学大学院文学研究科、2014年）他がある。

山越　康裕（やまこし　やすひろ）
東京外国語大学アジア・アフリカ言語文化研究所准教授。博士（文学）。専門はシネヘン・ブリヤート語ほかモンゴル諸語の記述的研究。著書に『詳しくわかるモンゴル語文法』（白水社、2012年）、主な論文に「シネヘン・ブリヤート語の2種類の未来表現：分詞の定動詞化に関する3類型」（『北方人文研究』10、北海道大学北方研究教育センター、2017年）他がある。

児倉　徳和（こぐら　のりかず）
東京外国語大学アジア・アフリカ言語文化研究所助教。博士（文学）。専門はシベ語の記述的研究。著書に『ニューエクスプレス・スペシャル日本語の隣人たち2』（白水社、2013年、共著）、主な論文に「シベ語の三つの動詞完了形 -Xei, -Xeŋe, -Xe の機能と節の階層：なぜ -Xe のみが連体用法を持つのか？」（『北方言語研究』3、北海道大学大学院文学研究科、2013年）他がある。

執筆者（掲載順）
風間　伸次郎（かざま　しんじろう）
東京外国語大学大学院総合国際学研究院教授。修士（言語学）。専攻は主にアルタイ諸言語に関する記述言語学、および言語類型論。著書に『世界のなかの日本語④（くらべてみよう、言葉と発音）』、『世界のなかの日本語⑤（くらべてみよう、文のしくみ）』（ともに小峰書店、2006年）、一部の章を執筆したものに、「コピュラ文の諸相」（影山太郎・沈力（編）『日中理論言語学の新展望2 意味と構文』、くろしお出版、2012年）、主な論文に「日本語の類型について——「アルタイ型言語の解明を目指して」（『北方言語研究』4、北海道大学大学院文学研究科、2014年）他がある。

山田　洋平（やまだ　ようへい）
東京外国語大学大学院地域文化研究科博士後期課程在学中。専門はダグール語ほかモンゴル諸語の記述的研究。主な論文に "Breaking-verbalization" of Mongolian preverb.（『알타이학보』26、한국알타이학회、2016年）他がある。

※東京外国語大学アジア・アフリカ言語文化研究所
基幹研究「多言語・多文化共生に向けた循環型の言語研究体制の構築」(LingDy3)
プロジェクトが開発したアプリ LingDyTalk を通じ、本書に収録した音声の一部
を聞くことができます。アプリの詳細は下記 URL をご参照ください。

https://lingdy.aa-ken.jp/publications/tools-and-archives/3980

アプリ起動後に本ページの QR コードを読み取り、各ページ番号をスキャンして
ください。該当ページの文章の音声が再生されます。

成蹊大学アジア太平洋研究センター叢書
中国北方危機言語のドキュメンテーション
ヘジェン語／シベ語／ソロン語／ダグール語／シネヘン・ブリヤート語

発行日………2018 年 4 月 20 日 初版第 1 刷

編　著………李林静＋山越康裕＋児倉徳和

発行所………株式会社 三元社
〒 113-0033　東京都文京区本郷 1-28-36 鳳明ビル
電話／ 03-5803-4155　FAX ／ 03-5803-4156

印　刷
製　本………㈱モリモト印刷

2018 © Seikei University Center for Asian and Pacific Studies
ISBN978-4-88303-451-2
Printed in Japan
http://www.sangensha.co.jp